広東語文末助詞の言語横断的研究

ひつじ研究叢書〈言語編〉

第131巻 日本語の活用現象 三原健一 著

第132巻 日英語の文法化と構文化 秋元実治・青木博史・前田満 編

第133巻 発話行為から見た日本語授受表現の歴史的研究 森勇太 著

第134巻 法生活空間におけるスペイン語の用法研究 堀田英夫 編

第135巻 ソシュール言語学の意味論的再検討 松中完二 著

第136巻 インタラクションと学習 柳町智治・岡田みさを 編

第137巻 日韓対照研究によるハとガと無助詞 金智賢 著

第138巻 判断のモダリティに関する日中対照研究 王其莉 著

第139巻 語構成の文法的側面についての研究 斎藤倫明 著

第140巻 現代日本語の使役文 早津恵美子 著

第141巻 韓国語 cita と北海道方言ラサルと日本語ラレルの研究 円山拓子 著

第142巻 日本語史叙述の方法 大木一夫・多門靖容 編

第143巻 相互行為における指示表現 須賀あゆみ 著

第144巻 文論序説 大木一夫 著

第145巻 日本語歴史統語論序説 青木博史 著

第146巻 明治期における日本語文法研究史 服部隆 著

第147巻 所有表現と文法化 今村泰也 著

第149巻 現代日本語の視点の研究 古賀悠太郎 著

第150巻 現代日本語と韓国語における条件表現の対照研究 金智賢 著

第151巻 多人数会話におけるジェスチャーの同期 城綾実 著

第152巻 日本語語彙的複合動詞の意味と体系 陳奕廷・松本曜 著

第153巻 現代日本語における分析的な構造をもつ派生動詞 迫田幸栄 著

第154巻 「主題－解説」構造から見た韓国語 -n kes-ita と日本語ノダ 李英蘭 著

第155巻 接続表現の多義性に関する日韓対照研究 池玟京 著

第157巻 日本語指示表現の文脈指示用法の研究 庵功雄 著

第158巻 広東語文末助詞の言語横断的研究 飯田真紀 著

ひつじ研究叢書
〈言語編〉
第158巻

広東語文末助詞の言語横断的研究

飯田真紀 著

ひつじ書房

まえがき

　本書は広東語の文末助詞について、体系的分析・包括的記述を行ったものである。

　広東語は中国語の一方言とされるが、聞いた感じの印象が共通語とは相当異なった言語である。広東語話者どうしが話している会話を聞くと、文末を長く伸ばした話し方がとりわけ耳に残る。長く伸びた文末の正体は、十中八九、文末助詞である。

　文末助詞とは日本語の終助詞に相当する語類である。広東語では文末助詞が用いられる頻度が極めて高い。文末に何も付けないと生硬な響きがするのである。種類の豊富さもさることながら、2つ3つと重ねて使用されることも多い。

　広東語の文末助詞には、中国語共通語を通り越して、むしろ全くの異言語である日本語と類似する点が多々ある。

　その1つに、本文では掘り下げて触れられなかったが、いわゆる「の（だ）」文の発達がある。広東語には、日本語の「の」に当たる、連体修飾句（節）導入や名詞化の働きをする助詞"嘅"（ge3）があり、これから転じてきた文末助詞がある。日本語では「の（だ）」（口語では「ん（だ）」）は、それそのものが文末で使われるほかに、他の文末表現と組み合わさることがあり、「の」（「ん」）の有無による区別をもたらす。例えば、「〜じゃないか」と「〜んじゃないか」、あるいはまた「〜だろう」と「〜んだろう」など。「の」（「ん」）の有無による微妙な意味の違いはノンネイティブには時として難しい。同じように、広東語の文末助詞の組み合わせにおいても"嘅"由来の文末助詞の有無が対立を成しており、その意味の違いはノンネイティブには捉えがたい。

　そのほか、文末助詞にかぶさるイントネーション（音調）のあり方も広東語と日本語は似ている。これらはむしろ中国語（共通語）

v

には見い出しがたい。

　筆者は大学院から広東語の文法研究を始め、修士論文では方向動詞・方向表現をテーマに取り上げたが、その頃から広東語の文末助詞の豊かさと、日本語との漠然とした類似点は気になっていた。折しも日本語学の研究成果、特にモダリティの研究文献を渉猟している中で、その緻密な分析に得るところが大きく、広東語の文末助詞の分析にも日本語学の研究成果や日本語母語話者の視点を生かした貢献ができるのではないかと感触を得た。そこで、博士論文では迷わず文末助詞をテーマに選んだ。

　本書はこの博士論文を土台にしているが、その後の研究の進化に伴い、体系整理の仕方や個々の文末助詞の記述に大きく変更を加えている。何よりも異なるのは、本書では、中国語研究のほかに、日本語研究、語用論、言語類型論など様々な研究分野への貢献を意識した点である。そこで、不十分ながらも、上述したような日本語との間の類似性を描出し、言語横断的研究への足掛かりとなるよう心がけた。

　目下、中国語（共通語）に関しては文末助詞全体を論じた専門書というのは日本では出ていない。共通語は通用地域があまりに広域にまたがり様々な地域変種があるため、文末助詞のような方言差が現れやすい文法項目の体系的分析はかえって難しい。その点、広東語は通用地域が限定され、それでいて華南中国における地域共通語の地位を有するため内部の同質性が高く、文末助詞の体系的分析に適している。本書をきっかけに、広東語という中国語（共通語）とは異なる独自の文法体系を持つ言語への関心をも呼び起こすことができれば、筆者にとって望外の喜びである。

　本書の執筆に当たっては、たくさんの方々にお世話になった。この場を借りてお礼を申し上げたい。

　最後に、本書の出版を引き受けてくださった、ひつじ書房の松本功社長、そして粘り強く筆者の身勝手なお願いに応じてくださった担当編集者の丹野あゆみさんに感謝を申し上げたい。

目　次

まえがき	V
例文グロス略号一覧	XII

第1章　序論　　　　　　　　　　　　　　　　　　　1

1.	本書の目的	1
2.	広東語とは	1
3.	本書の執筆に至る背景	3
	3.1　日本語の視点から見た広東語の文末助詞	3
	3.2　言語横断的な文末助詞の研究に向けて	5
4.	本書の方針	7
	4.1　用語について	7
	4.2　使用するデータ	9
5.	本書の構成	10

第2章　広東語の概要と文末助詞の研究史　　　　　　13

1.	はじめに	13
2.	広東語の言語学的特徴	13
	2.1　共通語との異同	13
	2.2　音韻論と文法の要点　文末助詞との関連において	14
	2.2.1　音節構造	15
	2.2.2　文法的特徴　共通語と対比して	16
3.	文末助詞の研究史	20
	3.1　初期の包括的研究	20
	3.1.1　Yau (1980)	20
	3.1.2　Kwok (1984)	21
	3.2　多様な理論的枠組みによる展開	23
	3.2.1　意味論・語用論的アプローチ	23
	3.2.1.1　梁仲森（1992）	23
	3.2.1.2　Fung (2000)	25
	3.2.1.3　方小燕（2003）	26

VII

	3.2.2 生成文法による統語論的アプローチ	27
	3.2.2.1 Law (1990)	27
	3.2.2.2 Sybesma and Li (2007)	29
	3.2.3 談話分析・会話分析的アプローチ	30
3.3	その他	31
3.4	先行研究で残された問題	32

第3章　文末助詞体系の整理　　37

1.	はじめに	37
2.	中心形式と周辺形式	37
3.	中心形式の体系	39
3.1	文末助詞の連用についての従来の見解	39
3.2	従来の見解の問題点	41
3.3	本書の分析	44
	3.3.1 概要	44
	3.3.2 各類の成員	47
	3.3.2.1 A類の自由形式	48
	3.3.2.2 B類の自由形式	49
	3.3.2.3 C類	50
	3.3.3 単用・連用の具体例と表記法の凡例	52
3.4	まとめ	54
4.	周辺形式の整理	54
5.	本章のまとめ	57

第4章　〈伝達態度〉を表す文末助詞C類　　59

1.	はじめに	59
2.	文末助詞と文類型、発話行為類型の関係	60
2.1	文類型と文末助詞	60
2.2	文末助詞付き文の発話行為類型	64
3.	一方向型伝達	67
3.1	はじめに	67
3.2	aa3　聴取要請	70
3.3	wo3　認識更新要請	76
3.4	aa3 と wo3 の対立	81
3.5	関連形式aa4 と wo4、wo5	81
	3.5.1 aa4　聴取による受容	82
	3.5.2 wo4　認識更新による受容	86

		3.5.3　wo5　責任逃れの情報伝達	88
		3.6　aa3とwo3と関連諸形式の意味的関連	93
	4.	同意形成型伝達	96
		4.1　laa1　同意形成企図	98
		4.2　lo1　同意形成済み	105
		4.3　関連形式aa1　反想定的提案への同意取り付け	111
	5.	対命題的態度を含む伝達態度	117
		5.1　aa1maa3　自明命題	117
		5.2　gwaa3　推測命題	121
		5.3　me1　成立を疑う命題	123
		5.4　maa3　成立可否判定要求	125
	6.	その他の伝達態度	126
		6.1　ne1①　対比的項目提示と思い惑い	126
		6.2　ne1②　聞き手認知領域内の事物の指し示し	131
		6.3　le5　成立承認誘導	133
		6.4　le4　行為の押しつけ	136
	7.	本章のまとめ	137

第5章　〈相対定位〉を行う文末助詞B類　143

1.	はじめに	143
2.	l系形式の意味　新事態としての位置付け	144
3.	z系形式の意味　低ランク事態としての位置付け	151
4.	B類自由形式の伝達態度	158
	4.1　かばん形態素としてのB類自由形式	158
	4.2　個々のB類自由形式が表す伝達態度	161
	4.2.1　l系の伝達態度	161
	4.2.2　z系の伝達態度	162
	4.3　拘束形式を立てた意味的根拠	165
5.	l系形式とz系形式の意味の共通点	166
6.	本章のまとめ	167

第6章　〈恒常化〉を行う文末助詞A類　171

1.	はじめに	171
2.	文末助詞ge3と構造助詞"嘅"（ge3）の区別	172
3.	A類形式の意味	175
	3.1　事態の恒常化	175
	3.2　構造助詞"嘅"との意味的つながり	180

4.	A類自由形式 ge3 の伝達態度	181
5.	関連形式 gE2　事態恒常化及び対立事態の存在示唆	183
6.	本章のまとめ	188

第7章　文法化型の周辺形式　191

1.	はじめに	191
2.	"添"（tim1）、"先"（sin1）	191
	2.1 "添"（tim1）	192
	2.1.1 "添1"　動作の追加	192
	2.1.2 "添2"　事態の追加	194
	2.1.3 "添3"　予定外の事態発生	197
	2.1.4 "添4"　指令の追加	200
	2.2 "先"（sin1）	202
	2.2.1 "先1"　事態の先行発生	202
	2.2.2 "先2"　動作の優先的実行	204
	2.2.3 "先3"　返答の優先的実行	206
3.	その他の形式	208
	3.1 "話"（waa2）　聞き手発話引用 wh 疑問	208
	3.2 ge2　予期に反する事態	210
4.	本章のまとめ	215

第8章　意味分析を踏まえた文末助詞体系の再解釈　217

1.	はじめに	217
2.	中心形式	217
	2.1 中心形式の体系についての再解釈	217
	2.2 範疇と配列の関係	222
	2.2.1 〈時間的安定性〉と〈相対定位〉	222
	2.2.2 〈伝達態度〉	225
	2.3 意味的階層構造	226
	2.4 共通語との比較対照から見える文法化の進展	229
3.	周辺形式の位置付け	233
4.	本章のまとめ	235

第9章　文末助詞の位置付け　239

1.	はじめに	239
2.	広東語文法体系内における位置付け	240

2.1	本書が考える文末助詞の機能	240
2.2	隣接する言語カテゴリーとの異同	240
	2.2.1 機能が類似するとされる他の言語カテゴリーとの異同	240
	2.2.2 伝達態度を表す他の言語手段との異同	243
3.	言語横断的位置付け　広東語と日本語の文末助詞の対照	249
3.1	類似する諸特徴	249
	3.1.1 統語的特徴　句末、従属節末に生起する用法	249
	3.1.2 音韻的特徴	251
	3.1.2.1 母音	251
	3.1.2.2 音調	252
3.2	文末助詞の使用の義務度	261
4.	言語横断的研究への示唆	265
4.1	共時的な視点から	265
4.2	通時的な視点から	267
5.	本章のまとめ	268

第10章　結論 271

1.	本書の見解の総括	271
1.1	文末助詞の体系分析	271
1.2	個々の文末助詞の意味記述	273
1.3	文末助詞という語類の位置付け	275
2.	本書の課題と今後の展望	277

参考文献及び例文出典一覧	279
索引	289

例文グロス略号一覧

CL	類別詞	(classifier)
intj.	間投詞	(interjection)
pref.	接頭辞	(prefix)
SP	文末助詞	(sentence-final particle)
suff.	接尾辞	(suffix)

第 1 章
序論

1. 本書の目的

　本書は中国語方言（中国語では"漢語方言"）の1つである広東語（Cantonese）の文末助詞の全体像についての記述を行い、さらには文末助詞という語類（word class）の位置付けを言語横断的視点も交えつつ行うことを目指す。

　本書の課題は以下の3つに集約される。

　　①広東語の文末助詞の体系分析

　　②個々の文末助詞の意味記述

　　③文末助詞という語類の位置付け

　次に本書で扱う広東語について説明しておく。

2. 広東語とは

　よく知られるように、中国語には互いに意思疎通ができないほど異なる方言が多数存在する。広東語はその中でも主な代表的方言の1つである。

　なお、一般に「広東語」と言った時には、それが指す対象には広い意味での広東語と狭い意味での広東語とがあり得るため、以下で定義をしておく。*1

　広義の広東語は、中国の広東省中部から広西チワン族自治区東南部にかけての地域（香港、マカオ（澳門）の2つの特別行政区を含む）で話される中国語の主要方言の1つを指す（図1と図2参照）。より学術的には「粤語」（Yue dialects）と呼ばれるもので、そこには様々な下位方言が含まれる。この意味での広東語、すなわち粤語は、上記のエリアの他に東南アジア、北米、オセアニア等の華僑・

華人の間でも使用され、世界中でおよそ6800万人が使用するとも言われる（伍巍2007）。

それに対し、狭義の広東語は、粤語のうちでも特に香港、マカオ、広州を中心とする珠江デルタ一帯で話される変種を指し、粤語の中の標準語としての地位を有する。以下、本書で「広東語」として指す対象は狭義の広東語の方である。

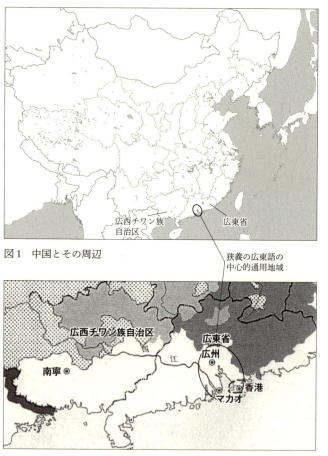

図1　中国とその周辺

図2　広義の広東語（＝粤語）分布地域：図の中央から左端にかけての白塗りの部分
　　　　　　（曹志耘（主編）2008《汉语方言地图集》第2版を改変）

3. 本書の執筆に至る背景

3.1 日本語の視点から見た広東語の文末助詞

広東語は日本ではほとんど専門に研究する者がいないが、香港・広東省など広東語圏では比較的よく研究されており、中国語方言の中では研究水準も高い。

そうした中、一貫して研究者の注目を集めているのが文末助詞という語類である。文末助詞は後に議論するように、日本語の終助詞に相当するものである。以下では簡単に例を挙げておく。（文末助詞はローマ字表記を行うが、ローマ字表記法については2章2.2.1で述べる。）

(1) 隨便　坐　laa1。
　　自由に　座る　SP

　　〔自由に座ってね。〕　　　　　　　　（Matthews and Yip 1994: 351)

(2) A: 你　　緊張　　　　aa4？
　　　あなた　緊張している　SP

　　　〔緊張してるの？〕

　　B: 係　gwaa3。
　　　〜だ　SP

　　　〔そうじゃないかな。〕　　　　　（Matthews and Yip 1994: 353)

文末助詞が注目を集めるのは、広東語では文末助詞がとりわけ発達しており、一大特色と見なされているからである。まず、数の多さが特色として挙げられる。例えば、Kwok（1984: 8）では30個もの基本的文末助詞が挙げられており、これは中国語方言の中では抜きんでて多いと言える。また、使用頻度も高く、ある非公式の統計によると、日常会話の中では平均すると実に1.5秒に1回の割合で文末助詞が用いられるという（Luke 1990: 11）。

もう1つ広東語の文末助詞に特徴的なのは、しばしば2つないし3つの形態素が連なって使用（連用）され、連鎖を形成することである。例えば以下の例は2つの文末助詞形態素を含むが、こうした連用に関して様々な組み合わせパターンがある。

(3) 葉小姐 返 咗 屋企 laa3wo3。
　　葉さん 帰る［完了］家 SP SP

　　〔葉さんはもう帰宅したよ。〕　　　　　　（Matthews and Yip1994: 344）

　こうして見ると、広東語は確かに文末助詞が発達しており、主要な中国語方言の中では広東語独特の顕著な特徴と言える。しかし、ひとたび中国語の外に目を転じれば、文末助詞という語類を発達させているのは広東語に限らない。日本語でも終助詞と呼ばれる文末助詞に相当する語類が発達しており、その研究は広東語の文末助詞以上に厚みがある。しかし、広東語学界は香港や広東省を拠点とする研究者が中心であることから、日本語やその他の言語の文末助詞の研究知見が参照されたり、言語対照が行われたりすることはほとんどない。むしろ、文末助詞は英語のような文末助詞を持たない言語におけるイントネーションに相当するものであるとの見解（Yau 1980）に示唆を受け、英語のイントネーションとの対照研究がなされている（Wakefield 2010）。筆者は広東語の文末助詞の研究を長年行ってきたが、広東語学界におけるこのような文末助詞の位置付け方や研究の現状に対して、日本語という、同じく文末助詞を豊富に持つ言語の母語話者として、物足りなさを感じていた。

　むろん、広東語と日本語とは統語論や形態論など様々な面において類型的に異なる言語であり、そのため文末助詞の体系全体については異なる点も多い。しかし、文末助詞という同じ語類である以上、個々の文末助詞の中には近似した意味を持つ形式もあると思われ、そうした個々の形式の意味分析においては、随所に日本語の文末助詞の精緻な意味分析の知見が参考にできるはずである。また、その先、広東語文法における文末助詞という語類の機能や位置付けを検討する段においては、なおさら日本語の視点が有効に生きてくるであろう。

　このようにして日本語の母語話者としての視点を生かすことで、広東語を母語とする研究者には見えない大小様々な問題を掘り起こし、広東語の文末助詞の全体像についてより的確につかむことが可能だと思われる。また、広東語の文末助詞の研究状況や全体像を提示することで、翻って日本語の文末助詞研究にも大きな知見をもた

らすはずである。

3.2 言語横断的な文末助詞の研究に向けて

本書は日本語という異言語の視点から広東語の文末助詞を眺める
という立場の延長として、さらに、文末助詞という語類の言語横断
的な位置付けにも関心を持つ。9章で述べることになるが、広東語
と日本語とは系統や類型が異なる言語であるにもかかわらず、文末
助詞に関しては共通点が多く見い出される。このことは文末助詞と
いうものが言語の別を越えた言語横断的に有効な言語カテゴリーで
ある可能性を示唆している。

文末助詞の言語横断的考察については、日本では藤原（1990,
1993）による論考がある。ただし、そこでは文末助詞という語類
を持たない英語などの印欧語の文末助詞的な形式も共に含めて考察
されている。他方、海外においては最近、Hancil et al. (2015b) に
よって「終助詞」(final particle) という言語横断的な言語カテゴリー
を打ち立てようとする初めての論文集が出された。Hancil et al.
(2015a) でいう「終助詞」とは、文や発話の終了位置（final
position）に現れ、語彙的・概念的意味を持たず、それが付加され
た文や発話をどのように理解すべきかの手掛かりを聞き手に与える
という点で「手続き的意味」(Blakemore 1987 参照) を主に持つ諸
種の形式を指す。ここで扱われている言語もまた、広東語や日本語
のようなアジア言語のみならず、英語、オランダ語、ドイツ語、フ
ィンランド語など様々である（以下 Hancil et al. 2015a より例を引
く）。

【英語】

(4) I wouldn't care actually / anyway / but / even / so / then /
    though.

【オランダ語】

(5) Die avond moest 't gebeuren dus / immers / maar / misschien.
    'That evening it had to happen thus / after all / but / perhaps.'

【広東語】

(6) 你　　識　　佢 maa3 / me1 ?
　　あなた 面識ある 彼

〔あなた彼を知ってる？/知ってるの？〕

　Hancil et al.（2015a）の立場は、英語の例から見てわかるように、本来は文や発話の非終了位置に出現する言語形式が終了位置に出現し手続き的意味を持つようになっている場合、特にそれらを区別して終助詞と見なしているのである。終了位置というのは別の言い方をすれば「右の周辺部」（right periphery）のことであり、位置の違いによる機能の違いを重視している点で、こうした終助詞の研究は、近年、さかんに研究されている歴史語用論・談話的アプローチによる周辺部の研究（澤田・小野寺・東泉 2017 参照）と関心が重なると見られる。このような元来、語類としての文末助詞を持たないヨーロッパ言語などにおける終助詞化の現象についての考察は、広東語や日本語などの文末助詞の通時的な発展の経緯を考えると非常に示唆的である。

　他方で、共時的に見た場合、名詞や動詞などと同様1つの語類として確立した広東語や日本語の文末助詞とこのような「終助詞」的形式とを並列に扱うことは、これらの言語の文末助詞に特有の性質（形式的・機能的両面）を覆い隠してしまうことになりかねず、広東語や日本語の文末助詞を知る筆者にはやはりためらいがある。実際、Hancil et al.（2015a）でも「アジア言語の終助詞」というものが別のタイプを立てて分類されており、ヨーロッパ言語のそれとは機能面においてやや異なると述べられている。

　むしろ、広東語（やその他の中国語諸方言）や日本語の文末助詞と同じように位置付けができそうなのは東南アジア言語の文末助詞である。

　試みにこれらの言語の参照文法を当たってみると、例えばラフ語（チベット・ビルマ語族）には、日本語の「よ、ぞ、ぜ、わ、さ、ね、か 」に似た「間投詞的」（interjectory）な「非制限終助詞」（final unrestricted particle）というものがあるとされている（Matisoff 1973: 380）。具体的には "ɛ、ma、va、ne、ya、le"（声調記号は省

く）という形式がそれである。

　また、タイ語族のラオ語についても、参照文法では「文末助詞」に1章分が充てられており、広東語やタイ語、ベトナム語、クメール語などに言語横断的に見られる文末助詞と似ているという（Enfield 2007: 41）。

　これらの文末助詞は記述を見る限り、先述の「ヨーロッパ言語の終助詞」とは異なり、本来そもそも文末に位置するものである。

　以上のような点からすると、一足とびに言語横断的視野から見た言語カテゴリー「終助詞」の考察に向かう前に、その特殊な一タイプである「アジア言語の終助詞」の代表の1つとして、広東語の文末助詞について詳細な知見を提供し、日本語学の研究成果と合わせて、「アジア言語の終助詞」を再定義しておくことは、一般言語学的課題の探究にとって重要な貢献を成し得ると思われる。

　このように、本書は広東語や日本語の個別言語研究での貢献ということのほかに、言語横断的な文末助詞研究への関心をも持つ。しかし、そうした貢献を成し遂げるには、いくつかの個別の文末助詞の表面的振る舞いを見るだけでは不十分で、文末助詞体系の分析と個々の文末助詞の精緻な意味記述とを積み上げて全貌を明らかにする必要がある。このように本書は言語横断的研究も意識するがゆえに、個別言語としての参照的・資料的価値を失わないよう、広東語という言語の文末助詞の記述を丁寧に行っていく。

4.　本書の方針

4.1　用語について

　本書の研究対象について、上では「文末助詞」と呼んできたが、ここで改めて名称について述べておきたい。文末助詞（sentence-final particle、中国語では"句末助詞"）という呼び方は広東語学界で比較的広く用いられているが、理論的背景やアプローチの違いから、他にも「語気（助）詞」（中国語の"語氣（助）詞"の訳）や「発話助詞」（utterance particle の訳）という呼び方がなされる。

　本書では「文末助詞」という名でこれらのものを指すが、その理

由は本書がこの語類に関する文法規則を提示することに関心がある
からである。文末助詞に関する規則も、語を組み合わせて句を作り、
それらを組み合わせて伝達の基本的単位である文を構成していくと
いう広東語の文法規則の一部を成す。その点では、当該の語類が
「文」の最後尾に配置されるという規則は動かしがたい事実である。
むろん、Luke（1990: 7-8）が指摘するように、自然会話では省略
が含まれた文の切片（sentence fragment）の後に起こることがし
ばしばである。しかし、実際の自然会話ではあまり起こらないであ
ろうが、倒置や省略などを含まない文において当該の助詞が置かれ
る位置がどこになるかと言えば、やはり文の最後尾である。したが
って、文末助詞という呼び方は、本書の立場にとっては最もふさわ
しい。

　なお、伝統的な中国語研究の流れを受けた広東語研究では「語気
詞」ないし「語気助詞」という名称が中国大陸の広東語研究者（例
えば、欧阳觉亚1990、李新魁等1995、方小燕2003、彭小川
2010）を中心にしばしば採用される。本書でこれを採用しないの
は、当該の語類が専ら「語気」を表すものであるという意味を前提
視しているからである。文末助詞という語類がどういうことをする
語類なのか、文末助詞が文法化している文法的意味ないし機能は何
なのかということは、個々の形式の意味分析をボトムアップ式に積
み上げた後に検討する（8章、9章）。そのためにも、本書では「語
気助詞」という呼び方は避けておく。

　次に、文末助詞が付加される単位の名称についても規定しておく。
先に、文末助詞は文の末尾に現れると述べたが、これはやや曖昧な
言い方である。本書では、文末助詞は文の後に付加されるのではな
く、節（clause）の後に付加されると考える（以下の図参照）。*2

$$\underbrace{[\quad 節 \quad] + 文末助詞（などの周辺部要素）}_{文}$$

例えば、上の例（1）では"隨便坐"という節にlaa1という文末
助詞が付加されていると見なす。同様に、例（2）Aでは"你緊張"
という節にaa4が付加されている。こうした考え方は、中国語（共

通語）の参照文法の1つである Huang and Shi（2016: 48）による
共通語の文末助詞に関する見解を踏襲したものである。同書は、談
話において独立した機能を果たす最も大きな統語的単位である
「文」は主節といくつかの周辺部要素から成ると見なしており、周
辺部要素の主なものとして文末助詞を挙げている。[*3] ただし、文
末助詞は主節の後ろに付加されるのが最も標準的な用法であるが、
後の章で述べるように、それよりも小さいサイズの統語的単位（語、
句）の後に付くものもある。また、主節だけでなく従属節の末尾に
も現われるものもある。

　そのほか、個々の文末助詞の形態素を指して「形式」と呼ぶこと
がある。本書では文末助詞に自由形態素と拘束形態素の2種類を認
める（3章参照）のであるが、どちらもカバーする便利な用語とし
て「形式」という呼称を適宜用いる。

4.2　使用するデータ

　次に本書で使用する言語データについて説明しておく。

　本書では個々の文末助詞の意味分析を実証的に行うため、母語話
者インフォーマントから内省により提供してもらった言語データの
ほかに、様々なメディアに実際に現れた言語データを用いる。その
中には文字で書き起こされた広東語用例を多く含む。

　本来、広東語は「方言」として位置付けられる以上、話し言葉専
用であり書き言葉には用いられない。したがって、広東語話者であ
っても読み書きにおいては共通語の語彙と文法に依拠した書き言葉
を用いるのが原則である。

　しかしながら、中国大陸の広東語圏とは異なり、香港では歴史
的・社会的背景の特殊性から、ジャンルや文体によっては新聞や雑
誌、書籍など出版物においても例外的に共通語の書き言葉の中に広
東語が混ぜて用いられることがしばしばある。中には全編広東語を
用いて書かれたエッセイ集、小説、ドラマシナリオなども出版され
ている。また、インターネット上のブログ、コメントの書き込み、
フェイスブックなどの SNS でもしばしば広東語が用いられる。そ
こで、全編あるいは会話部分のみ広東語で書かれたこれらのデータ

第1章　序論　　9

も使用する。

こうした文字媒体の言語データは、文字化されている分、実際の話し言葉よりも書き言葉的（すなわち共通語的）になっていることがある。また、インターネット上の匿名の話者によるデータは信頼性に欠ける部分が往々にしてある。そこで、例文引用の際は全て母語話者に妥当性の判断を仰ぐ。

以上のような文字メディアのデータのほかに、映画・ドラマなど音声メディアに現れるデータも利用する。また、インターネットで公開されている広東語の自然会話コーパスも必要に応じて使用する。

その他、筆者による作例のデータも用いる。その場合、インフォーマントに文法性の判断を仰ぐ。インフォーマントは香港、マカオ、広州やその周辺地域出身の広東語母語話者多数である。長期間に渡り様々なインフォーマントに別々の箇所について協力を仰いだため、逐一お名前を挙げて謝意を表明することができないことを予め断わっておく。

なお、例文は全て漢字（繁体字）で表記する。ただし、広東語は方言であるため、共通語と異なる方言特有の語については漢字表記方法が確立しておらず、人によって揺れが見られる。そこで、適宜、統一性を持たせるため、出典に関わらず、特に断りなく改変を加えることがある。また、誤植と思われる箇所も同様である。ただし、例文の中でも、文末助詞の部分だけはローマ字表記を行う。

5. 本書の構成

本書冒頭で述べたような目的を果たすため、本書は以下のような構成で論述を行う。

2章ではまず本書で取り上げる広東語という言語についての概要を述べ、次に研究対象である文末助詞についての研究史を概観する。

3章では広東語の文末助詞体系を整理し、4章以降の各章で意味分析を行う個々の形式をいくつかの類に分類しておく。すなわち、まず周辺形式と中心形式とに分け、後者については生起する順序に従いA類・B類・C類に分類する。

続く4章から6章までの3つの章においては中心形式を取り上げ、生起順序とは逆にC類・B類・A類の順に各類に属す個々の形式の意味記述を行い、それらを統合して類ごとに共通の意味を導き出す。

　次いで7章では周辺形式のうち、文法化型に属すいくつかの形式の意味記述を行う。

　8章では4章から7章までの意味記述を踏まえて、文末助詞の体系を再度捉え直す。

　9章では文末助詞を広東語文法体系内部と言語横断的視野の下の両面から位置付ける。

　10章では本書の結論と課題を述べる。

＊1　英語のCantoneseという用語も二面性を持つ（Norman1988: 214–215、Yue-Hashimoto 2015を参照）。

＊2　そうした考えからすると、「節末助詞」（clause-final particle）というのが最も適切な用語かもしれない。こうした名称は例えばChappell and Peyraube（2016）に見られるが、あまり一般的ではないため、本書でも慣例に従い文末助詞と呼ぶ。

＊3　Chappell and Peyraube（2016）も同様の見解を有している。

第2章

広東語の概要と文末助詞の研究史

1. はじめに

　本章では、まず広東語の言語学的特徴を簡単に説明しておく。次に研究対象である広東語の文末助詞についての研究史を概観し、そこで残された課題を述べる。

2. 広東語の言語学的特徴

2.1　共通語との異同

　広東語は中国語方言の1つである。方言と位置付ける以上、言語学的特徴の説明においても、共通語との異同を中心に述べていく。

　中国語方言は、しばしば言われるように（例えばChao1965: 15）、音韻や語彙の面で互いに差が大きく、文法においては相対的に差が小さい。広東語についても同じで、共通語の基礎方言である北京語との差が最も顕著に現れるのは音韻と語彙で、文法については根幹部分はほとんど共通している。すなわち、形態論的類型としては孤立語タイプであり、統語論的類型としてはS（主語）＋V（動詞）＋O（目的語）を基本語順とするタイプに属す。その他、文成分の種類や組み立て方も大差はない。したがって、主な相違点は音韻と語彙ということになる。

　例えば、以下の例を見られたい。

　「彼女たちは日本人ではない。」

(1)　她們　　不　　是　日本人。　　　　　　　　　　【共通語】
　　　彼女–たち［否定］～だ 日本人

(2)　佢哋　　唔　　係　日本人。　　　　　　　　　　【広東語】
　　　彼女–たち［否定］～だ 日本人

13

まず、文法について言えば、この例では共通語と広東語ともに形
態素の並ぶ順序は全て同じで差がない。
　しかし、語彙について見てみると、代名詞「彼女」、代名詞複数
形接尾辞をはじめ、否定副詞「〜ない」、コピュラ動詞「〜だ」は
いずれも非同根の形態素で表される。音韻については、両言語を全
面的に対比して示すことは本書の射程を越えるので行わないが、こ
こで現れた唯一の同根語「日本人」の発音の違い（共通語 [ʐ̩51
pən21 ʐən35]、広東語 [jɐt22 puːn25 jɐn21]）を見るだけでも差の
大きさが伺われるであろう。
　このように、音韻と語彙に比して、文法は差が小さいというのが
傾向として存在する。したがって、広東語の文法の概略については、
まずは近似値として共通語の文法の記述を参照されたい。
　しかしながら、文法についても、より詳細に見て行くと、各方言
の記述が進んできた昨今では方言間の差が少なからずあることがわ
かってきている。中でも広東語は後述するように、共通語と顕著な
差が見られることが知られている。本書が扱う文末助詞の発達もそ
の1つである。
　そこで、以下では文法については本書のテーマである文末助詞と
関連する点に絞って、共通語や他の方言と比べた場合に顕著に見ら
れる広東語の特徴を提示しておく。

2.2　音韻論と文法の要点　文末助詞との関連において

　文末助詞と関わる点として、文法的特徴とともに触れておかなけ
ればならないのが音韻的特徴である。本章3節で概観する先行研究
が示す通り、広東語の文末助詞は音韻論と密接に関わる。そこで、
文末助詞の議論に関わりが深い特徴、具体的には音節構造に絞って
簡単に概略を述べておく。音韻論全般についての包括的記述や関連
する議論については Bauer and Benedict（1997）を参照されたい。
また文法全般の記述については、中国語の知識無しに読める広東語
の参照文法である Matthews and Yip（1994（2011 第2版））を参
照されたい。

2.2.1　音節構造

　まず、音節構造を説明するが、その前に広東語のローマ字表記について補足しておく。広東語のローマ字表記方式には様々なものがあり、統一がなされていない。そうした中、本書では香港言語学会が1993年に公表した"粤語拼音方案"（広東語表音方式）を採用する（同方式の詳細は《粤語拼音字表（第二版）》（香港語言學學會粤語拼音字表編寫小組2002）参照）。

　以下、この方式によるローマ字表記と音韻論分析とを用いて音節構造を説明する。

　広東語の音節の内部構造は、他の中国語方言と同様、後述する声調（tone）を除くと、声母と呼ばれる頭子音（initial/onset）と残りの部分すなわち韻母（final）とに分けて整理するのが通例である。このうち、韻母についてはさらに韻腹（nucleus）と韻尾（coda）とに分けられる。広東語において韻尾に現れることができるのは母音だけでなく鼻音子音 -m、-n、-ng と閉鎖音子音 -p、-t、-k がある。そして声母＋韻母の組み合わせの上に超分節的音素として声調がかぶさる。

　声調には以下の6つが区別される。各声調の具体的な調値に関しては様々な見解があるが、本書では以下の見解（表1）を採用する。*1 声調の調値は最も高い音を5、最も低い音を1とし、その間を等分して数字で表す。

表1　広東語の声調

第1声	[55]	高平ら（High Level）	第2声	[25]	高上り（High Rising）
第3声	[33]	中平ら（Mid Level）	第4声	[21]	低下り（Low Falling）
第5声	[23]	低上り（Low Rising）	第6声	[22]	低平ら（Low Level）

　以上の分析に基づき、音節構造についていくつか具体例を挙げる。ローマ字表記に続く [　] 内は IPA である。

表2　音節構造（1）

形態素	音節全体	声母	韻腹	韻尾	声調
香 いいにおい	hoeng1 [hœ:ŋ55]	h [h]	oe [œ:]	ng [ŋ]	1 [55]
粤 広東	jyut6 [jy:t22]	j [j]	yu [y:]	t [t]	6 [22]
你 あなた	nei5 [nei23]	n [n]	e [e]	i [i]	5 [23]

　このほか、上記で述べた音節構造以外に、成音節性の鼻音（syllabic nasal）が単独で音節を構成する場合がある（表3）。

表3　音節構造（2）

形態素	音節全体	声母	声調
唔 [否定]	m4 [m21]	m [m]	4 [21]
五 5	ng5 [ŋ23]	ng [ŋ]	5 [23]

　最後に、声調に関して重要な点として、広東語にはいわゆる軽声（neutral tone）の現象がないことを述べておきたい。軽声とは、共通語の基礎方言である北京語などに見られるが、声調の対立が失われ、音節が固有の声調を担わず軽く発音される現象を指す。例えば、北京語の"我的"「私の」に現れる"的"「〜の」という語は、それ自身固有の声調を持たず、前の音節の後に軽く添えて発音される。

　しかし、広東語では、"的"に当たる"嘅"（ge3）のような構造助詞（6章を主に参照）や本書のテーマである文末助詞も含め、どの形態素であっても固有の声調を持つと記述される*2（ただし、本書では3章でそれに一部反する見解を提出する）。

2.2.2　文法的特徴　共通語と対比して

　次に、文法面において、文末助詞の発達と関係がありそうな特徴に的を絞り、共通語との顕著な違いをいくつか指摘しておく。

　まず1つは、SVO語順を忠実に守る傾向が強いということである。

　この点を最も象徴的に表すのは、広東語ではいわゆる「処置構文」の使用が限定されていること（Cheung1992、李炜1993）である。処置構文は中国語諸方言に広く共通して見られ、被動者

（patient）を表す名詞句を目的語（O）として動詞（V）に後置するのではなく動詞の前に前置し、被動者に対し何らかの状態変化を加えることを表す構文である。その際、共通語では"把"という前置詞が被動者項を導くのに用いられる。以下、被動者名詞句に下線、動詞（より厳密には「動詞＋結果成分」）を網かけで示す。

(3) 把　這　張　桌子　擦　乾淨。　　　　　　【共通語】
　　 ～を この CL 机　　拭く きれい

　　〔この机をきれいに拭いて。〕

(4) 他 把　那　本 書 放　在 那兒 了。　　　　【共通語】
　　 彼 ～を その CL 本 置く に そこ ［完了］

　　〔彼はその本をそこに置いた。〕

刘丹青（2001）が言うように、こうした処置構文の存在は共通語が少なくとも典型的な SVO 語順の言語ではないことを示している。

　それに比べると、広東語は基本語順である SVO 構文、すなわち被動者を表す名詞句を動詞に後置する文型を好む傾向が強い。そこで、以下のように、共通語なら SVO 構文ではなく処置構文を用いるのが自然なところでも広東語では SVO 構文が選好される（以下は李炜 1993 の例に若干改変を加えたもの）。

「この机をきれいに拭いて。」

(5) 抹　乾淨　張　檯。*3　　　　　【広東語】「SVO 構文」
　　 拭く きれい CL 机

(6)*擦　乾淨　這　張　桌子。　　　【共通語】「SVO 構文」
　　 拭く きれい この CL 机

　　→(3) 把　這　張 桌子 擦　乾淨。　　　「処置構文」
　　　　　～を この CL 机　　拭く きれい

「彼はその本をそこに置いた。」

(7) 佢 放　咗　　本 書 喺　嗰度。　【広東語】「SVO 構文」
　　 彼 置く ［完了］CL 本 に　そこ

(8)??他 放　了　　那　本 書 在 那兒。【共通語】「SVO 構文」
　　 彼 置く ［完了］その CL 本 に　そこ

　　→(4) 他 把　那　本 書 放　在 那兒 了。　「処置構文」
　　　　　 彼 ～を その CL 本 置く に そこ ［完了］

第2章　広東語の概要と文末助詞の研究史　　17

このように処置構文の使用範囲が狭かったり、その他の SVO 語
順と相性のいい語順現象を持っていたりすることから、広東語は中
国語主要方言の中で最も典型的な SVO タイプと位置付けられる
（刘丹青 2001）。

　2つ目に、動詞（句）や形容詞（句）といった述語の末尾に現れ
る助詞的成分が発達している点が広東語の特徴である。鄧思穎
（2015：126）が言うように、量的に言っても三十数個と豊富であ
り、また、意味的に見ても、アスペクトに関わるもののほかに、量
化（quantification）、モダリティに関わるものなど、バラエティに
富む。こうした広東語の動詞（句）末助詞の多くが表す意味は、共
通語では述語の前に生起する副詞など連用修飾語によって表現され
る（施其生 1995 や鄧思穎 2015：127 参照）。その結果、同じ内容を
表現する場合でも、広東語と共通語では言語化の方法で顕著に差が
生じてくる。以下、施其生（1995）からそうした違いを示す例を
いくつか引いておく。

「私は今のところまだそれほどお金がない。」

(9)　我　而家　未　　　有　咁　　多　錢　住。*4　　　【広東語】
　　　私　今　［未実現］ある　そんな　多い　お金　［暫定状態］

(10) 我　現在　暫時　　沒有　這麼　多　錢。　　　　　【共通語】
　　　私　今　暫定的に　ない　こんな　多い　お金

「人はほとんどいなくなった。」

(11) 人　走　　晒　咁滯　laa3。　　　　　　　　　　【広東語】
　　　人　離れ去る　全部　ほとんど　SP

(12) 人　幾乎　走　　光　　了。　　　　　　　　　　【共通語】
　　　人　ほとんど　離れ去る　すっかり　SP

「広東チームは今回は必ず勝つ。」

(13) 廣東隊　　今次　贏　梗。　　　　　　　　　　　【広東語】
　　　広東チーム　今回　勝つ　絶対

(14) 廣東隊　　這回　一定　贏。　　　　　　　　　　【共通語】
　　　広東チーム　今回　絶対　勝つ

　3つ目に、共通語と比べた時に顕著に浮かび上がる広東語のもう

1つの大きな特徴が、本書のテーマである文末助詞の発達である。数の多さのほか、連用の組み合わせパターンの多さが特徴である。

　共通語にも文末助詞という語類があり、話し言葉で多用される。また、連用されることもある（上神1968、胡明扬1987、张谊生2000など参照）。しかし、文末助詞の種類や、連用の組み合わせのバラエティにおいて、広東語ほど豊かではない*5。

　まず単純に文末助詞の数を比較してみる。広東語ではどのように体系を整理するか研究者によって異なるため、数も一様ではないが、比較的少なく整理したKwok（1984）では、基本的な文末助詞として30個が挙げられている（表4参照）。なお、本書の分析はこれとはまた異なるもので、もう少し体系を簡潔にして数を減らすことが可能と考えるが、それでも15個を下回ることはない。

表4　Kwok（1984:8）の挙げる基本的な文末助詞30個

ge3	ge2	tim1	aa3
laa3	laak3	lo3	lok3
zaa3	ze1	laa1	lo4
lo1	ne1	aa1maa3	le5
zek1	bo3	gwaa3	wo5
wo4	aak3	aa1	zaa2
le4	maa3	aa4	me1
aa5	laa3wo3		

　他方、共通語の文末助詞も研究者によって体系整理の仕方が異なるのであるが、比較のため、基本的文末助詞ないし典型的文末助詞というものに言及した文献（それぞれ胡裕樹1992:418、张谊生2000:266）を見ると、"的"（de）、"了"（le）、"麼"（me）、"呢"（ne）、"吧"（ba）、"啊"（a）（张谊生2000では"麼"は"嗎"に当たる）の6個が挙げられている。

　このような数の違いから推し量られるように、広東語には共通語では意味的に対応するものがない独特の文末助詞も多い。

　次に、連用の組み合わせパターンの多さにおいても異なる。

　広東語では2つの連用は頻繁に生じるが、3つの連用も珍しくはない。他方、张谊生（2000:279）や丁恒順（1985）が述べるように、共通語では3つの連用の例は少ない。また、組み合わせのバラ

エティにも乏しい（組み合わせに関する広東語との比較は8章参照）。

　以上で示してきたように、広東語の文末助詞は共通語とは異なった体系を有することが窺われる。したがって、本書の以降の議論では、共通語やその他の中国語方言の文末助詞に関する先行研究は逐一概観しない。ただし、個別の文末助詞については意味的に近似するものもあるため、その場合は比較の便宜を考えて共通語でどれに当たるか、注で言及する。

3. 文末助詞の研究史

　これまで見てきた通り、広東語では文末助詞が一大特色をなしており、研究者の関心を集めやすい。そのため、研究の蓄積は相当豊富である。研究範囲も文末助詞全体を眺めた包括的研究から個々の文末助詞の分析に至るまで膨大な数があり、研究方法やアプローチも様々である。

　そこで、以下では広東語文末助詞全体を視野に置き一定の理念や理論的枠組みのもとで考察を行った先行研究を中心に、研究史を概観しておく。それにより、従来、どのようなことが問題にされてきたのか、残された問題は何かという点を明らかにする。

3.1 初期の包括的研究

　広東語の文末助詞について、古くは教科書や辞書の記述があったほか、文法全体を記述した論考にも部分的に記述が見られる（張洪年1972、高華年1980など）。しかしながら、文末助詞に特化して本格的な分析に取り組んだ最初のものはYau（1980）と言ってよい。[*6] そして、その後に現れた包括的な研究であり、現在に至るまで影響力を持つ代表的論考がKwok（1984）である。以下、順に検討していく。

3.1.1 Yau（1980）
Yau（1980）は文末助詞が表す「文の言外の意味」（sentential

connotation）についての母語話者の内省を、質問紙調査を用いて量的に分析したものである。

　Yau（1980）は単独の文末助詞及び文末助詞の組み合わせ（連鎖）の両者合わせて89種類を取り上げ、これらをそれぞれ“唱”「歌う」という一語から成る節に付加した文を被験者に聞かせ、2種類の調査を実施した。1つ目は文全体が「陳述」（statement）と感じられるか、「質問」（question）と感じられるか、或いは中間的かということを問う。2つ目は「なだめすかし」、「驚き」、「ためらい」などといった12種類の文の言外の意味の積載度を被験者に判断させるものである。

　文末助詞の言外の意味のような捉え難いものを、量的分析で実証的に捉えようとした点において、Yau（1980）の研究は非常に評価できる。しかし、分析の結果は成功したとは言いがたい。そもそも、調査の妥当性に問題がある。Kwok（1984:34）が後に論じているように、調査1では「陳述」か「質問」しかなく、もう1つの有力な候補である「指令」が含まれていない。またYau（1980）自身が述べるように、調査2の言外の意味の評価は被験者にとって非常に難しい。そもそもこの言外の意味の記述自体、妥当なものなのか疑問がある。これらは事前に行った被験者への質問紙調査で自由記述させた回答に繰り返し見られたもので、つまりは母語話者である被験者の内省に専ら頼った意味記述だからである。このようにYau（1980）の研究は意味記述の点で難がある。さらに、後の研究で大いに議論されることになる文末助詞の持つ体系性については、単独の文末助詞とそれらの組み合わせからなる連用形式とを並列的に扱っており、手つかずのままである。

　このようにYau（1980）の研究は様々な不足点があるが、Kwok（1984）や梁仲森（1992）など後に続く多くの文末助詞研究にとって、出発点となる位置付けにある。

3.1.2　Kwok（1984）

Yau（1980）の研究成果に示唆を受け、文末助詞と文類型（sentence type）との間の共起関係に着目し、個々の文末助詞の中

心的意味を探り出し、文末助詞全体の包括的記述を目指した最初の体系的研究がKwok（1984）である。

Kwok（1984）の特色は、意味分析の手掛かりとして平叙文、疑問文、命令文の3つの文類型と文末助詞の共起関係を整理した点である。具体的には、まず個々の文末助詞について、それが文末助詞を伴う前の節の文類型を変えることなく付加され得るかどうかを基準に、以下の3つのタイプに分類した（Kwok 1984: 20, 41–42。名称は筆者による）。

（a）平叙文に付加される形式：ge3　ge2　tim1　aa3　laa3
　　　　　　　　　　　　　　　laak3　lo3…

（b）疑問文に付加される形式：aa3　aa1　zek1 …

（c）命令文に付加される形式：laa1　aa1　laa3　zek1…

このほかに、付加されると文類型を平叙文から疑問文に変える働きを持つ文末助詞として「疑問文助詞」（interrogative sentence particle）という以下のタイプを別に立てている。

（d）疑問文を構成する形式：maa1　aa4　me1　aa5…

そして、30個の基本形式（表5）について、上述の4つのどのタイプに属すかを判定した上で、各形式の中心的意味を記述する。

表5　Kwok（1984: 8）の挙げる基本的な文末助詞30個

ge3	ge2	tim1	aa3
laa3	laak3	lo3	lok3
zaa3	ze1	laa1	lo4
lo1	ne1	aa1maa3	le5
zek1	bo3	gwaa3	wo5
wo4	aak3	aa1	zaa2
le4	maa3	aa4	me1
aa5	laa3wo3		

Kwok（1984）には文末助詞の連用について、どのような順序で組み合わさりその結果どういった形態を取るのかという統語的・形態音韻的特徴の記述もある（Kwok 1984: 9–12）。しかし、パラディグマティックな関係にある諸形式の間にどういった共通性があるか、また、シンタグマティックな関係にある諸形式の間にどういう意味・機能の違いがあるかなど、体系性の解明にはそれ以上取り組

んでおらず、立体性に乏しい分析となっている。

　しかしながら、意味記述の出発点となりうる文末助詞の分布特徴を明確にした点、特に疑問文について、文末助詞が付加される前の節の文類型と、文末助詞が付加された文の文類型とを分けて整理することなどは、後の研究でも必ずしも徹底されていないため、非常に評価される。また、個々の文末助詞の意味についても、約2時間の電話での会話データでの用例を観察し、時に他の文末助詞が付加されたミニマルペアを使用するなどして、簡潔ながらも説得力のある記述を行っており、後の研究（例えばLaw1990（後述）など）でもよく踏襲されている。

3.2　多様な理論的枠組みによる展開

　80年代に見られた初期の研究を受けて、その後、広東語の文末助詞の研究は、様々な言語理論や分析枠組みを取り入れ、様々な方向に開花していく。以下ではそうした研究のうち代表的なものを概観する。

3.2.1　意味論・語用論的アプローチ
3.2.1.1　梁仲森（1992）

　Yau（1980）やKwok（1984）の研究からも窺われるように、文末助詞と文類型との間には密接な関係がある（本書では4章で議論）。したがって、文末助詞が付加されることで文全体がどういう機能を果たすようになるかに関心が集まり、ひいては文末助詞は発話行為（speech act）の標識（マーカー）ではないかとの考えが生じても不思議ではない。Gibbons（1980）は、そうした観点から文末助詞のいくつかの形式を発話行為理論の枠組みで分析したものであるが、一部の形式に対する初歩的な試みにとどまっていた。*8

　そうした中、梁仲森（1992）はその考えを発展させ、文末助詞の総数、個々の文末助詞の意味、連用規則の解明を目的としつつ（梁仲森1992: 7）、発話行為理論の枠組みで分析を進めたものである。梁仲森（1992）はGibbons（1980）と同様、サール（Searle 1976）による5つの発話行為の枠組みを広東語の文末助詞の記述

に適するように部分的に修正し応用しているが、Gibbons（1980）
と異なりほとんどの文末助詞を対象に取り上げ網羅的に考察を行っ
たものである。その結果、連用規則を根拠に、文末助詞について統
語的位置の異なる以下の6つの下位類を帰納し、それぞれが異なる
「発話行為」を担うと見なした（表6）。1から6の各類の成員（類
名に続く括弧内に例示）は前から順に組み合わさり連鎖を成すが、
他方、同じ類の成員どうしは共起できない。

表6　梁仲森（1992: 78）による文末助詞の分類
　1.「陳述表現の行為」（lai4 "㗎"、zyu6 "住"）
　2.「即時表現の行為」（sin1 "先"、tim1 "添"）
　3.「実況表明の行為」（ge3）
　4.「変化制限表現の行為」（laa3、ze1）
　5.「明白事態表現の行為」（tim1 "添"、aa1maa3）
　6.「純感情表現の行為」（aa4、me1、waa2 "話" など）

　このように、梁仲森（1992）は発話行為理論の枠組みで記述を
行っているものの、実際にはサールが提示した5つの発話行為類型
とは程遠いものとなっており、果たして発話行為というラベルが適
切かどうか疑問である。しかしながら、広東語という個別言語にお
ける文末助詞の体系分析としてはむしろ言語事実に即したものとな
っている。
　特に、各形式の統語的特徴を連用規則に基づいて明らかにし、そ
の上で互いにパラディグマティックな関係にある形式群をとりまと
め、それぞれの類に共通の意味特徴（梁仲森1992によれば「発話
行為」）を与えたことの意義は大きい。
　また、個々の形式の意味についてもラジオ・テレビの各種番組や
自然会話から集めた豊富なコーパスデータを基に、文脈の影響を受
けない形式固有の中心的意味を明らかにしようとしており（梁仲森
1992: 9）、多義性にも目を向けたきめ細やかな記述がなされている。
ただし、少しでも意味が異なるものを多義語としてではなく同音語
と見なす方針は首肯しがたい。一例を挙げると、同じlaa1という
文末助詞だけで7つもの同音語に分けられている（梁仲森1992:
137）。その結果、最後尾に位置する第6の類には70個にも及ぶ大

量の文末助詞が帰属させられている。

　しかし、全体として見れば、個々の文末助詞の意味記述のほか、関連する微細な音声・音韻的特徴などおよそ文末助詞に関わる言語事実を注意深く掘り起こしてあり、そうした言語事実を積み重ねて描き出された文末助詞の体系全体の分析は非常に有用である。8章で取り上げるように、本書の文末助詞全体の分析とも似通った点が多々ある。

3.2.1.2　Fung（2000）

　梁仲森（1992）及び次節で述べる Law（1990）によって本格的に掘り起こされた文末助詞の体系性の問題は、Fung（2000）でも引き続き重要なテーマとなっている。Fung（2000）の研究は、先行研究が文末助詞の意味的な複雑性を捉えきれていないことと、大量にある文末助詞を体系的に整理できていないことに対する不満に動機づけられている（Fung 2000: 2）。[*9]

　そうした体系的整理を目指すべく、Fung（2000）は Law（1990）同様、文末助詞の音韻形態に着目した。中でも、多くの文末助詞が z-、l-、g- という 3 つの声母を持つことに着目し（前述表 5 の Kwok（1984）の基本 30 個の文末助詞参照）、25 個の文末助詞をこの 3 つの声母を共有する「助詞家族」（particle family）のいずれかに分類し、それぞれの助詞家族に共通の中心的意味特徴を明らかにした。すなわち、Z- グループは [restriction]（制限）、L- グループは [realization]（実現）、G- グループは [situation givenness]（状況既知性）といったものである。そしてこれらいずれかの声母を持つ各文末助詞は、上記の中心的意味の具現形態であるとして、その中心的意味からの意味拡張の様相を説明する。次に、同一グループに属す各文末助詞間の意味の区別については、ミニマルペアによる比較や共起制限のテストなどに基づく意味分析を行い、互いを区別するのに役立つ機能的原子要素（Fung 2000 のいう "functional prime"）を列挙する。一例を挙げると、同じ Z グループの成員の ze1 と zaa3（本書 5 章参照）についてはそれぞれ以下のような原子要素が挙げられている（Fung 2000: 72）。

表7　ze1 と zaa3 の functional prime（Fung 2000: 72）

ze1	*zaa3*
[+propositional]	[-propositional]
[-h-assumption]	[+h-assumption]
[±connective]	[±connective]
[+concessive]	[-concessive]
[+exhortative]	[-exhortative]
[-temporal]	
[+epistemic]	[-epistemic]

　このような原子要素は、同じグループの成員どうしを区別できさえすればよく、必要最小限を抽出すればよいという（Fung 2000: 22）。そのため、原子要素として取り上げられる概念の取り出し方はややもすれば場当たり的である。

　そもそも、Fung（2000）では同じ声母を共有する形式をグループにまとめ共通の意味を見出そうとする反面、同論文の別の箇所（Fung2000: 4）で述べているように、連用の現象は議論されていない。したがって、梁仲森（1992）や後述する Law（1990）が示したような文末助詞のシンタグマティックな側面が扱われておらず、その点で体系性の把握に限界がある。

　他方、意味記述の側面では、認知的・機能的アプローチをとると述べている（Fung2000: 14）ように、特に Sweetser（1990）による意味変化・意味拡張に関する知見を多く取り入れている。また、言語データとしてもテレビドラマの会話を用いて実証的に分析がなされており、精緻で説得力のある記述を提示している。[*10] そして、z-、l-、g- という声母を共有する文末助詞の間の意味的共通性に着目し、文末助詞全体を体系的に捉えようとした点は、後の Sybesma and Li（2007）でも受け継がれ、本書の分析も似たような結論に達している（3章）。

3.2.1.3　方小燕（2003）

　上述の論考はいずれも海外の言語理論や枠組みを積極的に取り入れ参照する香港の研究者によってなされたものであった。他方で、方小燕（2003）は中国大陸の研究者によってなされた現状では唯

一の文末助詞に関する包括的記述である。*11 同じ広東語研究でも、中国大陸の研究者は、伝統的な中国語研究の成果を継承し、共通語や近隣他方言の研究成果への目配りが多くなされる傾向がある。

　方小燕（2003）も先述のKwok（1984）と同様、各文類型に出現するタイプに文末助詞を分けている。*12 連用の規則についても簡単な記述はあるが、体系性の整理については、従来の香港の研究者による成果をあまり受け継いではおらず、それらを超えるものは見い出せない。意味分析に関しては、文自体の意味から文末助詞そのものの意味を分離できていない部分があり、精緻とは言えないが、随所に母語話者としての豊かな語感を反映した記述が見られる。そのほか、会話や漫才の録音を書き起こしたデータが付録として巻末に載せられており、資料的価値が高い。

3.2.2　生成文法による統語論的アプローチ

3.2.2.1　Law（1990）

　文末助詞の体系性を捉えようとする試みは、生成文法による統語論のアプローチからもいくつかなされている。中でもLaw（1990）は、それ以前の研究が文末助詞の意味的側面に比重が置かれていたことに不足を感じ、個々の文末助詞がどういう統語的機能を果たし、どういう統語的スロットを占めるか（Law 1990: 4）、といった生成文法統語理論の問題の解明を通じ、文末助詞の持つ体系の究明へと比重を移す。

　そして、体系的整理に関してさらに特筆すべきこととして、Law（1990）は多くの文末助詞の間に見られる音韻的特徴の類似にも同時に目を向けている。前述表5のKwok（1984）の基本形式30個（以下に再掲（表8））を眺めればわかるように、文末助詞には互いに類似する形式が多い。

表8　Kwok（1984: 8）の挙げる基本的な文末助詞30個

ge3	ge2	tim1	aa3
laa3	laak3	lo3	lok3
zaa3	ze1	laa1	lo4
lo1	ne1	aa1maa3	le5
zek1	bo3	gwaa3	wo5
wo4	aak3	aa1	zaa2
le4	maa3	aa4	me1
aa5	laa3wo3		

　ここにあるだけでも、aa3、aa1、aa4、aa5やwo5、wo4、あるいはlaa3、lo3やlaa1、lo1のように、声調だけが異なったり、韻母だけが異なったりなど、互いに音韻形態が類似するものが多いことが見て取れる。

　こうした音韻形態の類似に関しては、張洪年（1972: 170–195）でも既に注意が向けられている。そこでは文末助詞の声調の調値というのはイントネーションの影響を受けた結果であるということが指摘されている。そして、例えばaa3、aa4、aa1やwo3、wo4、wo5といった分節音（segment）が同じで声調だけが異なるいくつかの形式を、それぞれaaやwoといった1つの形式の変異形と見なす処理を提案している。Law（1990）はこの考え方をさらに推し進め、特に声調の役割に特別な注意を払い、上記のような分節音が同じで声調だけを異にする文末助詞のペアやグループについては、それぞれ意味の強さの程度が異なっているのだと解釈する（Law1990: 4）。そこで、声調だけを取り出して声調助詞（tonal particle）というものを設定し、個々の文末助詞の表層の形式を1つの基底形式とそれぞれの声調助詞との組み合わせによる派生として説明する（Law1990: 94–95）。

　最後にLaw（1990）は生成文法理論の枠組みで行われた統語論的分析と音韻論的分析の結果から、文末助詞の連用の順序や文末助詞どうしの相互の共起制限が予測できることを主張する。

　Law（1990）は文末助詞の音韻的特徴に着目することで文末助詞の体系をできるだけ少ない要素で描くことを試みた最初の本格的研究である。[*13] これにより文末助詞としての意味を担う単位を従来

28

のような語の単位から音韻的単位へ求める方向が始まるきっかけに
なった。前述の Fung (2000) にもその影響が見られるほか、次に
述べる Sybesma and Li (2007) はその方向を極限まで押し進めた
ものであると言える。

　ただし、Law (1990) は体系性を重視したため、反面、意味の記
述には直感に反する点も多々見られる。これは、1つ1つの文末助
詞の意味を、それを構成する分節音や声調といった音韻的単位が持
つとされる意味に還元して説明しようとしたためである。そのため
これらの単位の意味の記述はどうしても抽象的になり、実際の言語
事実に対する説明力が弱くならざるを得ない。そもそも、Law
(1990) は意味に関しては主に先行研究の記述（特に Kwok1984）
を踏襲し、それに若干の内省を加えているだけで、独自に分析を加
えてはいない。

3.2.2.2　Sybesma and Li (2007)

　個々の文末助詞の音韻的特徴に注意を払いつつ生成文法の統語論
のアプローチにより文末助詞の全体像を分析した代表的なものには、
このほかに Sybesma and Li (2007) がある。*14 これは Law (1990)
や Fung (2000) に示唆を受け、文末助詞には音韻形態が似たもの
が多いという事実に鑑みて、声調や声母、韻腹、韻尾 -k といった
音韻的単位を文末助詞的な意味を持つ最小の単位（minimal
meaning unit (MMU)) として取り出し、そのうえで、カートグラ
フィーの枠組みのもと、各 MMU に文の機能構造上の位置付けを
与えたものである。*15 Law (1990) や Fung (2000) では韻母に
ついては本格的に意味を取り出されていなかったのであるが、
Sybesma and Li (2007) では徹底的に可能な限り小さな単位に分解
してそれらを文末助詞としての意味を担う単位として認定しており、
極限まで体系化が推し進められている。その分、やはり先述の
Law (1990) と同様、個々の文末助詞の意味の記述には説得力に欠
ける部分が多い。Sybesma and Li (2007) でも各文末助詞の意味の
記述は、それまでの先行研究の知見と母語話者への内省調査に基づ
いている。しかし、同じく生成文法の理論的背景を持つ Law

（1990）よりは遥かに経験的な言語事実や直感に即した説明がなされている。

3.2.3　談話分析・会話分析的アプローチ

意味論、語用論、統語論のアプローチを含む先行研究のどれもが文末助詞の本質を捉えるのに成功していないことに不満を覚え、むしろ談話分析的視点が有望であると考えた論考の代表的なものがLuke（1990）である。Luke（1990）は社会学の一派であるエスノメソドロジーの分野で発展してきた会話分析（conversation analysis）の手法を用い、生の日常会話を材料に文末助詞の性質を議論する。*16 この研究では文末助詞を、会話という社会的行為において、参加者が様々な相互行為（interaction）上の問題を処理するために利用可能な道具立ての1つとして捉える（Luke1990: 281）。相互行為上の問題とは具体的には、「受け手に合わせたデザイン」（recipient design）、「シークエンス（会話の連鎖）の組織化」（sequential organization）、「会話の位置取り」（conversational charting）である。

Luke（1990）は個々の文末助詞について中心的な固有の意味や、意味論的ないし語用論的特徴を見い出そうとはしない（Luke 1990: 268）。エスノメソドロジーの主張に従い、あらゆる表現はダイクシス表現のように指標的（indexical）であり、個別のコンテクストに応じて意味が与えられると考える。そこで、文末助詞もdiscourse-deicticな性質を持つという見解から考察が進められる（Luke 1990: 39–45）。とはいうものの、文末助詞についてはコンテクストを離れて何も言うべきことがないというのではなく、基底にある何らかの性質（property）の存在は仮定されている（Luke 1990: 266）。そこで、Luke（1990）は様々な具体的コンテクストにおける使用を観察し、laa1、lo1、wo3という3つの文末助詞が、それぞれ、「共通基盤の確立」、「終了の達成」、「注目に値すること（noteworthiness）をハイライトする」といった一般的性質を持つと結論付ける。

Luke（1990）が豊富な日常会話の例で明らかにしているように、

30

特定の文末助詞が特定の種類の会話連鎖に多く生起するという事実
は、文末助詞自体に固有の意味があると見る立場からしても、個々
の文末助詞の意味を考える上で確かに大きな手がかりになる。それ
は例えば特定の文末助詞が特定の文類型にのみ出現するとか、或い
は特定の語句とは共起しないなどといった、文レベルでの文法的振
る舞いと平行するものであり、談話という文以上のレベルでの文法
的振る舞いと言っても差し支えない。したがって、個々の文末助詞
の理想的な意味記述は、こうした特定の会話連鎖に偏在するといっ
た生起特徴をも同時に説明できるものでなければならない。

　しかしながら、Luke（1990）の分析に関してはいくつか疑問も
ある。まず、文末助詞の機能が第一義的に "conversation
organizational"（会話組織化的）なものである（Luke1990: 286）
と言えるのかどうかという、いわば文末助詞という語類の機能をど
う捉えるかという根本的な問題についての疑問である。文末助詞と
いう語類が担う機能についての本書の見解は9章で述べるためここ
ではさておくとして、もう1つの疑問は、果たしてlaa1、lo1、
wo3以外の文末助詞の振る舞いも同様の手法でうまく説明され得
るかということである。Luke（1990: 17–18）は語類全体の性質を
説明するにはいくつかの個別の形式についての妥当な記述を積み上
げていくべきであるとし、語類全体を最初から性急に考察すること
に対して慎重な姿勢を示している。結果、3つの文末助詞を取り上
げたのであるが、なぜ特にこの3つが選ばれたのかは明らかではな
い。つまり、文末助詞という語類全体においてこの3つがどのよう
に位置付けられるのかが示されていない。そもそも問題意識の違い
に起因することではあるが、他の研究が示唆するような体系性を備
えた文末助詞の全体像は、Luke（1990）では提示されていない。

3.3　その他

　以上で見てきた研究は、いずれも文末助詞という語類に特化して
全体もしくは一部の文末助詞を詳細に論じた代表的論考である。そ
のほかに、張洪年（1972）、李新魁等（1995）、Matthews and Yip
（1994）、鄧思穎（2015）といった広東語文法全体を扱った文法書

においても、それぞれの枠組みの中で文末助詞という語類の記述と位置付けに関して一定の紙幅が割かれており、いずれも参照価値が高い。

3.4　先行研究で残された問題

このように、広東語文末助詞の研究は様々なアプローチで取り上げられ、研究の蓄積も決して少なくはない。しかし、本書が最終的に狙いとするような、文末助詞の言語横断的な考察を可能にするに足る知見は充分に提供できていない。

その原因は、以下に見られるような3点の問題に集約される。

第1に、先行研究では**文末助詞という語類の体系性**が的確に捉えられていないことにある。広東語の文末助詞は非常に数が多い。しかし、それらが全て平面的に無秩序に存在しているわけではなく、いくつかの基準を併用して体系的に整理することが可能である。特に、大きな手掛かりとなるのが広東語の文末助詞の特徴の1つを成す連用現象である。多くの研究で指摘されるように、複数の文末助詞が組み合わさって用いられる場合、その順序には一定のきまりがある。また、同じ統語的位置を占めることのできる文末助詞がいくつかあり、互いに排斥関係にあるものもある。つまり、シンタグマティックな関係とパラディグマティックな関係によって構成される1つの体系が存在している。広東語の文末助詞の全体像を論じるためには、まずもってこのような体系性を明らかにしなければならない。

体系性を捉えるという試みは、上述のようにいくつかの研究でもなされてきている。理想的には、できるだけ少ない規則と要素で体系を記述するのが望ましい。しかし他方で、あまり簡潔に記述しようとしすぎると、今度は個々の文末助詞の意味記述の妥当性が脅かされる。ゆえに、現実に観察される言語事実に忠実に寄り添いながらも、いかにして体系を簡潔に整理できるかが課題となる。

第2の問題点は、第1の問題点と関連することであるが、**個々の文末助詞の意味記述**の妥当性である。そもそも文末助詞のような具体的な語彙的意味を持たない語類の意味を記述するのは難しく、文脈の影響を排除して文末助詞そのものの意味を記述するのは至難の

業である。しかし、個々の文末助詞が見せる文法的振る舞いなどを
丹念に検討していけば、そこに反映された意味を記述することは可
能である。また、いくつかの文末助詞の意味は、それが体系全体の
中において占める位置取りを知らなければ、的確に記述できないこ
ともある。そうした点において、先行研究にはまだ不足点がある。

第3の問題点は、**文末助詞という語類の位置付け**が適切になされ
ていないということである。

これは主に2つの面から言える。

1つは広東語の文法体系において、どういう位置付けになるのか、
言い換えれば、どういう語類固有の機能を持つのか、他の類似する
言語カテゴリーとどのように違うのかという点の考察が不十分である。

例えば、もし文末助詞が、Luke（1990: 286）が述べるように会
話組織化的な機能を担う語類であり、だからこそ日常会話に偏在す
るのだとすれば、同じく会話に限って頻出する談話標識とは何が異
なるのであろうか。

文末助詞の位置付けについて不十分な点の2つ目は、言語横断的
な視野の下で、文末助詞はどういう位置が与えられるべきかという
ことである。先行研究では、文末助詞はしばしば広東語のユニーク
な特徴として見なされがちで、他言語における文末助詞については
ほとんど考慮されない。しかし、1章で述べたように、文末助詞と
いう語類は広東語特有の語類なのではなく、日本語ほかいくつかの
東アジア・東南アジア言語にも見られる。したがって、広東語とい
う個別言語を越えて、言語横断的視点から見て文末助詞という語類
がどのように位置付けられるかということも興味深い課題となり得る。

以上のことから、本書では先行研究で未解決の上記3つの問題を
取り上げ、以下の数章で考察を展開する。

＊1　Bauer and Benedict（1997: 143–144）には声調の調値をめぐるいくつかの
見解がまとめられているので参照されたい。
＊2　ただし、文末助詞が持つ声調は一般の語声調と必ずしも同じ調型ではない。

詳しくは9章参照。

＊3　この例は命令文であるため動詞の前に位置するはずの主語（S）が現れていない。

＊4　"住"は施其生（1995）では"自"とされているが同じものである。

＊5　欧阳觉亚（1990）や梁仲森（1992: 1）にも両言語を比較して同様の趣旨のことが述べられている。

＊6　同著者による以下の修士論文もあるが未見である。Yau, S.C.1965 A study of the functions and of the presentations of Cantonese Sentence Particles. Unpublished M.A. thesis, University of Hong Kong.

＊7　Yau（1980）では他の研究では文末助詞と見なされないような付加疑問形式も含まれている（Kwok（1984: 116）や梁仲森（1992）の指摘も参照）。

＊8　Gibbons（1980）は文末助詞を発話機能の標示手段と見なし、サール（Searle 1976）の帰納した5つの発話行為タイプのうち、広東語の文末助詞の機能に適用できるものとしてRepresentativesとDirectivesのみを取り上げている。RepresentativesとはLyons(1977)の言う'assertion'に相当し、Directivesは'mand'と'question'とに下位分類されるとする。そして、15の単独の文末助詞、及び5種類の文末助詞連鎖について、その3つの発話的機能のうちどれが顕在化しており、それぞれ返答への期待度はどのぐらいの強さか、などといった項目について検討したものである。

＊9　なお、理論的枠組みについてはFung（2000）自身は認知的・機能的アプローチを取ると述べているが（Fung2000: 14）、意味分析にかなりの紙幅が割かれていることから、この節の中で論じることにした。

＊10　Fung（2000）が依拠した言語コーパスは広州のテレビ局の制作したドラマであるというが、Fung（2000: 25–26）が言うには、文末助詞の用法に関して広州の広東語と香港の広東語とに差はないとのことである。

＊11　方小燕（2003）が対象とする広東語は広州の変種に限り、香港・マカオなどの変種を含まないとしているが（方小燕 2003: 15）、実際にはFung（2000: 25–26）が述べるように両者の間には大差はない。

＊12　中国大陸の研究者としてこれに先立つ欧阳觉亚（1990）も、様々な文末助詞について文類型ごとに出現するタイプを分けている。すなわち、文末助詞は陳述、疑問、反語、命令、感嘆の5つの語気に用いることができるとして、類型ごとに意味を説明している。

＊13　なお、これより先にもEgerod（1984）が、広東語の文末助詞について、これらを構成する声母・韻母・声調といった音韻的単位に意味を認めることがある程度可能だとして、初歩的な体系整理を行っている。

＊14　この著者のうちの1人が著した博士論文Li（2006）は、共通語、広東語、温州語の文末助詞をカートグラフィーのアプローチで分析したもので、その3章で提示された広東語の文末助詞の分析はSybesma and Li（2007）とほぼ同じである。これらはいずれもその元となる以下の未刊の原稿に基づくという（Li 2006:119）。Sybesma, R. and Boya Li. 2005 The dissection and structural mapping of Cantonese sentence final particles. Ms. Leiden.

＊15　ほかにも、最近では鄧思穎（2015）が広東語の文法体系全体の議論の中で文末助詞について多くの紙幅を割いて論じており、カートグラフィーの方法

で体系性を描き出している（鄧思穎 2015: 325）。ただし、Sybesma and Li
(2007) と異なり、音韻的単位にまで分解して意味（機能）を取り出してはい
ない。なお、カートグラフィー研究については日本語で読める概説書である遠
藤（2014）が参考になる。また同書には日本語の終助詞の連用についてカート
グラフィーの視点からの説明がある。

＊16　会話分析の用語の日本語訳は好井ほか（1999）を参照した。

第3章
文末助詞体系の整理

1. はじめに

　2章の最後で、広東語の文末助詞は非常に数が多いものの、無秩序に存在しているわけではなく、体系的に整理することが可能であると述べた。広東語の文末助詞の全体像を提示するには、このような体系性を明らかにする必要があるが、先行研究では成功しているとは言い難かった。

　そこで、本章ではまず文末助詞体系の整理を行う。その目的は4章以降で意味分析を行う対象となる個々の形式を分類し、取り出すことである。その後、4章以降で類ごとに分けて個々の形式の意味分析を行い、8章でその結果を踏まえて文末助詞体系の分析を再度行う。したがって、本章の体系整理は意味的特徴は当面考慮せず、専ら形態統語的振る舞いや音韻的特徴に基づくものとなる。

2. 中心形式と周辺形式

　文末助詞の体系を整理する上で本書がまず必要なことと考えるのが、中心形式と周辺形式との区別である。

　2章で述べたように、文末助詞体系の整理は先行研究でも色々と提示されているが、千差万別でおよそ見解の一致を見ない。体系整理の際には、複数の文末助詞が連用されるときの連用規則が大きな手掛かりとなるが、しばしばそこに"添"（tim1）や"先"（sin1）といった周辺的文末助詞が含まれることがその原因の1つとして挙げられる（例えばKwok 1984、梁仲森 1992）。

　確かに、以下の例のように、"添"や"先"はその後に続く文末助詞とともに、文末助詞の四重連鎖を構成しているように見える。

37

(1) 你　話　最多　拖　多　個零月　添　gaa3　zaa1
　　あなた 言う せいぜい 延ばす 多い ひと月ほど ［追加］SP　SP

maa5。*1
SP

〔せいぜいあともう1カ月ほどしか延ばせないっていうんだ
ろ？〕
　　　　　　　　　　　　　　　　　　　　　（梁仲森 1992: 2）

(2) 我　都　係　是但　搵　住　　先　gaa3　zaa3　wo3。
　　私　も　〜だ 適当に 探す ［持続］［優先］SP　SP　SP

〔私もとりあえず適当に探しておこうっていうだけだよ。〕

　　　　　　　　　　　　　　　　　　　　　　　　　　　（ネ）

　しかしながら、"添"や"先"は後続する"gaa3 zaa1 maa5"（例
(1)）や"gaa3 zaa3 wo3"（例 (2)）といった形式群（これらを本
書では「中心形式」と呼ぶ（後述））と比べていくつかの点で顕著
な違いがある。

　まず、"添"や"先"は内容語から文法化を経て文末助詞の機能
を持つようになったものである。すなわち、それぞれ動詞「追加す
る」、副詞「先に」という、これらの起源となる語が現代広東語に
も存在している。そして、7章で詳しく見るが、文末助詞としての
意味にも元の内容語の語彙的意味が大なり小なり反映されている。

　また、これらは非終止位置に現れても音韻的に弱化（本章3.3.1
参照）しない。

　そして最後に、"添"や"先"は連鎖を構成することができるが、
実は生起位置が複数あり得る。

　まず、"添"については、張洪年（1972: 194）が以下の例を用
いて、2つの位置が可能なことを指摘している。

(3) 佢　請　你　食　飯　gə3 添。*2
　　彼　招く あなた 食べる ご飯

〔彼は（しかも）あなたにご飯をおごってくれさえする。〕

(4) 佢　請　你　食　飯　添 gaa3。
　　彼　招く あなた 食べる ご飯

〔彼は（しかも）あなたにご飯をおごってくれさえするんだよ。〕

例 (3)で"添"の前に現れる"gə3"と例 (4)で"添"の後に

現れる"gaa3"とは、張洪年（1972）ではいずれも1つの文末助詞 ge3 の異形態と見なされるものである（なお、本書では後述するようにこれとはやや異なる見解を持つが、ここでは立ち入らない）。このように、"添"は ge3 の後にも前にも生起できる。

もう1つの"先"についても2つの生起位置があり得る。

まず、"先"が上述の ge3 よりも前に生起する例を挙げる。

(5) 佢　硬係　　會　　坐　吓　　　先 gaa3。
　　彼　どうしても［可能性］座る　ちょっと

　　〔彼はどうしたってまずちょっと座ろうとするんだ。〕

（張洪年 1972:193）

一方、"先"には疑問文に付加される用法があり、その場合は"先"は ge3 よりも後に生起する。

(6)《饑饉 30》? 使　　唔　　使　　捐　　　錢　gə3 先？
　　『飢饉 30』　　必要だ［否定］必要だ　寄付する　お金

　　〔『飢饉 30』? まずそもそも（それは）お金を寄付する必要あるのか？〕

（八王子 02:119）

このように、"添"と"先"は、意味や用法の違いによって、連用の際に異なる位置を占める。

こうした事情から、本書ではこれらは中心形式が形作る体系の外に別個に位置付けられるべきと考え、周辺形式と名付ける。そして、中心形式と周辺形式とを区別し、それぞれの体系を整理する。その上で、後に文末助詞体系全体の中で再度両者の位置付けを考える。

そこで、まず次の3節では中心形式の体系を整理する。周辺形式については上述の"添"や"先"以外にも様々な形式を認めることができるが、それらの分類は4節で行う。

3. 中心形式の体系

3.1 文末助詞の連用についての従来の見解

本節では中心形式を体系的に整理する。ここで主な手掛かりとなるのは、連用現象である。すなわち、連用現象を通じて各形式間に見られるパラディグマティックな関係、シンタグマティックな関係

を整理していき、体系性を描出する。この点では、本書の分析方法
は従来の研究の多くと同じである。

　ただし、本書では連用現象に関する根本的な考え方の部分で、従
来とは異なる独自の見解を提出する。そこで、まず、多くの先行研
究（Kwok1984、梁仲森1992、Matthews and Yip 1994、李新魁
等1995、方小燕2003、鄧思穎2015など）において主流を占める
見解を確認しておく。

　連用についての従来の見解は非常にシンプルである。すなわち、
文末助詞の連用とは、単純に個々の文末助詞を複数連ねたものと見
る見方である。

　例えばMatthews and Yip（1994: 344）では、以下の（7）～（9）
の文末助詞連鎖が例に挙げられているが、それぞれ連用以外に単用
ででも用いられる文末助詞ge3、laa3、wo3が互いに組み合わさっ
たものと見なされている。連鎖全体の意味はそれを構成する各形式
の意味を足したものである。Matthews and Yip（1994: 344）の各
形式に対する意味記述を便宜的に引用すると、ge3はassertion、
laa3はcurrent relevance、wo3はnoteworthinessである（本書で
のこれらの意味記述は4章～6章を参照）。

（7）　你　　一月　去　東岸, 好　　凍　ge3wo3。　【ge3 + wo3】
　　　あなた 一月　行く 東海岸 すごく 寒い

　　　〔1月に東海岸に行くと寒いよ。〕

（Matthews and Yip 1994: 344）

（8）　食　　得　　　ge3laa3。　　　　　　　　【ge3 + laa3】
　　　食べる［可能］

　　　〔もう食べられるよ。〕　　　　（Matthews and Yip 1994: 344）

（9）　葉小姐 返　咗　　屋企 laa3wo3。　　　　【laa3 + wo3】
　　　葉さん　帰る［完了］家

　　　〔葉さんはもう帰宅したよ。〕　　（Matthews and Yip 1994: 344）

先行研究ではこれらはいずれも単用可能な2つの文末助詞からな
る連鎖と見なされるのであるが、連鎖における前方、すなわち非終
止位置に生起する形式の母音は、しばしば終止位置に生起する形式
の母音に同化すると言われる。すなわち、Matthews and Yip

（2011: 390）が言うところの「母音調和」的な現象が見られる。

　例えば、（7）〜（9）の例文における連鎖は以下のように発音することも可能である。このように、逆行同化により、非終止位置の形式は異形態をとることがある。

(10) ge3wo3　　→　　go3 wo3

(11) ge3laa3　　→　　gaa3laa3

(12) laa3wo3　　→　　lo3wo3

　ただし、母音の同化は義務的に起こるわけではない。例えば（10）の ge3wo3 については、gaa3wo3 という変異形もあると言われる（Kwok 1984: 116）。さらには、連鎖の中では ge3 の母音は [ə] の音色を持つとも言われる（Law 1990: 192）。

　また、連用においては同化のほかに縮約（contraction）の現象が起こることも知られている。次の例は ge3 と laa3 と aa1maa3 という 3 つの形式からなるとされるが、ここでは laa3 と aa1maa3 が縮約して "laa1maa3" となっている（Matthews and Yip 1994: 344–345）。

(13) 你　　　識　　去　　ge3laa1maa3？
　　 あなた　知る　行く

　　　〔(目的地にちゃんと) 行けますよね？？〕

　以上が従来の研究における連用現象についての基本的な捉え方である。ただし、同じようにこうした見解を採用しつつも、具体的にどのように体系化するかは各研究で異なっている。

　なお、以上の見解に対し、少数派であるが、別のアプローチもある。それは、従来単一の語とされていた個々の文末助詞を、音韻的単位から成るさらに小さな形態素の組み合わせと見るアプローチで、Law（1990）や Sybesma and Li（2007）がこれに当たる（2 章の研究史参照）。したがって、このアプローチでは文末助詞連鎖もまた、そうした小さな形態素の組み合わせとして説明される。

3.2　従来の見解の問題点

　単用可能な個々の文末助詞を連ねて連用が形成されるという、従来の研究で主流を成す見解は、非常にシンプルで直感的にわかりや

すい。しかしながら、一方で、こうしたアプローチでは現実に起こる連鎖の派生をうまく説明しきれないという問題点を抱えている。

　従来の見解にとって特に問題となるのが ze3me1（実際の発音は母音が弱化した zə3me1 に近い）という連鎖の派生である。

　前述したように、同化は常に逆行同化の形で起こるため、後方に位置する形式 me1 の方は形態交替を起こさない。したがって、ここでの主な問題は前方の非終止位置に生起する形式はどれかということになる。

　まず、ze3 という文末助詞は単用可能な語としては現代広東語には存在しないため、前方に生起する形式の候補としては考えられない。*3 すると、残りは以下の候補が考えられる。

　　①ze1 + me1
　　②zaa3 + me1

①は梁仲森（1992）、②は Kwok（1984）や方小燕（2003）で示唆される考え方である。

　しかし、いずれの説も問題がある。

　まず、①については、前方の形式 ze1 の声調が me1 と組み合わさった時になぜ第3声に交替するのかをうまく説明できないことである。ここでは後方の形式 me1 は第1声であり、この2つの文末助詞（ze1 と me1）はこのまま組み合わさっただけで声調も韻母も同じで既に「母音調和的」である。しかし、現実には *ze1me1 という連鎖は成立せず、前方の ze1 は第3声を持つ ze3 に必ず交替しなければならない。つまり、表面的に見るとここでは義務的な異化（dissimilation）が起こっているのである。しかし、文末助詞連鎖については同化（逆行同化）が起こることは一般に知られているが、義務的な異化というのは知られていない。したがって、ze1 が me1 と組み合わさった結果 ze3 となる交替を、この特定の連鎖の場合に限って生じる義務的な異化として場当たり的に処理するのは、記述の一貫性を損なうため望ましくない。

　次に②の可能性、すなわち zaa3 + me1 と見なす説を検討する。この説を採用すれば、①の説のような声調交替の問題はそもそも生じない。韻腹母音の音色について言えば、zaa3 が後方の me1 の母

42

音に同化して ze3me1 となったと解釈できる。しかし、難点は前方に位置する zaa3 自体が 1 つの語ではなく、連鎖である可能性が排除できないことである。具体的に言えば、zaa3 には、aa3 という別の文末助詞が構成要素に含まれている可能性が高い。実際、張洪年（1972）、梁仲森（1992）、Matthews and Yip（1994）は zaa3 についてそのように見なしている。本書でも zaa3 を連鎖であると考えるのであるが、その根拠については飯田（2018b）を参照されたい。

　そして、もし zaa3 が aa3 を含んだ連鎖だとすると、今度は今問題にしている連鎖 ze3me1 を zaa3 ＋ me1 と考える説が成りたたなくなる。なぜなら、aa3 は me1 とパラディグマティックな関係にあり、互いにシンタグマティックに組み合わさった *aa3me1 という連鎖は成立しないからである。そうである以上、aa3 を構成要素として含んだ zaa3 が me1 と組み合わさった zaa3me1 というような連鎖もやはり同様に成立し得ない。こうした点から考えると、ze3me1 が zaa3 と me1 の組み合わせから成るという②の説も受け入れがたい。

　以上は ze3me1 の派生をめぐる問題であるが、このほかに ze3wo5 や ze3wo4 という連鎖の派生についても同様の問題がある。すなわち、前方の形式を ze1 と考えればなぜ第 3 声の ze3 に交替するのかという問題が生じ、zaa3 と考えれば zaa3 自体が aa3 を含む連鎖ではないかという問題に悩まされる。

　このように、連鎖を単用可能な個々の文末助詞が複数組み合わさったものと考える従来の研究のアプローチは、ze3me1 などいくつかの現実に起こる連鎖の派生をうまく説明できないのである。

　なお、この点では、個々の文末助詞を声母、声調などの音韻的単位から成る形態素の組み合わせと見る上述のアプローチ（特に Sybesma and Li 2007）は利点を持つ。詳細は割愛するが、Sybesma and Li（2007）では、問題となる連鎖 ze3me1 の前方形式についても、声母子音 z のみからなる形態素（彼らの呼び方では MMU）を立てるだけで済む。しかしながら、一方でこのアプローチでは、me1 のように、常に終止位置に現れ形態交替しない形式もいくつかの音韻的単位の MMU に分解して説明される。しかし、

このような処理は文末助詞連鎖の形態音韻論的現象を説明する上で
必要なものではなく、むしろそうして取り出された形態素の意味記
述が極度に抽象的になってしまう弊害を持つ。したがって、このア
プローチにも問題がある。

3.3　本書の分析

3.3.1　概要

以上のように、単用可能な語の形式（以下、「自由形式」と呼ぶ）
が組み合わさることによって文末助詞連鎖が構成されるという従来
の見解は、非常にシンプルではあるが、連鎖の非終止位置の形式の
同定においてもはや行き詰まりを見せていることが明らかになった。
また、こうした形態論的根拠のほかに、意味論的な根拠からも、非
終止位置に自由形式を立てる見解には問題があるが、これについて
は後の5、6章、及び8章で明らかにしていく。

　以上のような理由から、本書では非終止位置の形式を自由形式と
見なすことをやめる。代わりに、非終止位置にはそれだけでは自立
して生起できない接辞の形式（以下、「拘束形式」と呼ぶ）を立て
る案を提案する。この拘束形式は音韻的に弱化した軽声音節で、中
舌中央母音 [ə]（あいまい母音）と中音域 [3]（第3声 [33] と実質的
に同じであるがそれより短め）の高さで発音される。広東語の音韻
体系において例外的に軽声音節であることを明示するため、声調番
号はふらないことにする。*4

　実際に、筆者の聴覚印象でも、非終止位置の形式は概ね短くあい
まいな音色の母音と高さを持つ。また、張洪年（1972: 171）も、
一般に広東語には軽声現象はないものの、（文末）助詞はしばしば
軽声に発音されると述べている。張洪年（1972: 193–194）の文末
助詞連鎖の音声記述では終止位置以外の中心形式は、母音は [ə]、
声調は [・]（無声調）として表されている。

　こうして軽声音節からなる拘束形式を立てることで、先に述べた
先行研究で説明できなかった連鎖 ze3me1 の構成についても、本書
の案では拘束形式 zə- と自由形式 me1 の組み合わせとして分析され、
何ら問題を生じない。

以上のように、連鎖の非終止位置を占める形式をめぐって、本書は独自の解釈を提示する。そして、上述の zə- だけでなく、非終止位置に立つ形式をおしなべて軽声音節からなる拘束形式であると解釈することで、中心形式の体系は、表1のようにまとめられる。

表1　本書による文末助詞中心形式の体系分析

A類	B類	C類	音声的調整
gə-	lə-	aa3 wo3 me1 aa1maa3 laa1	[-k (?)] [↘] (高下り音調) ([a] 母音中央化) など
	zə-	lo1 aa4 wo5 gwaa3 　　など	
	laa3 lo3		
	ze1		
ge3			

　以下、表の見方を解説する。
　まず、シンタグマティックな関係にある類としてはA類、B類、C類という3類が立てられる。連鎖を構成する場合はこの順に生起する。その際、上述したように、非終止位置に生起するのはそれだけでは自立して生起できない接辞的形式、すなわち拘束形式である。一方、終止位置は常に自由形式が占める。自由形式はA、B、C各類に存在する。これらは連鎖ではなく単一の形態素からなる1語である。
　連鎖の例をいくつか挙げておく。

(14) gə-lə-me1　　（A類＋B類＋C類）

(15) lə-wo3　　　（B類＋C類）

(16) gə-laa1　　　（A類＋C類）

(17) gə-ze1　　　（A類＋B類）

第3章　文末助詞体系の整理　　45

このように、本書では、文末助詞連鎖は終止位置の自由形式を語根として、前方の非終止位置に拘束形式が接頭辞として付加された形で表される。

なお、表1で示した全ての形式が互いに組み合わせ可能なわけではない。音声的または意味的理由から現実に起こらない組み合わせもある。例えば、C類のlaa1はA類の後には生起するが（例(16)）、B類の後には生起しない。すなわちzə-laa1やlə-laa1といった連鎖は存在しない。実際に起こり得るとされる組み合わせはLaw（1990: 206–211）に（本書で言うところの周辺形式も含めて）網羅的に列挙されているので、参照されたい。

一方、パラディグマティックな関係は同一セル内の縦の関係に表されている。例えば、B類拘束形式lə-とzə-の関係、B類やC類の各自由形式の相互の関係がそうで、これらは互いに排斥しあう関係にある。

なお、非終止位置に生起する拘束形式はあいまい母音 [ə] と中音域 [3] の高さを持つ軽声音節であるとしたが、これはあくまで既定値である。上述のように、非終止位置の形式の母音については様々なバリエーションがあり、後続する自由形式の韻腹母音の音色に同化したり、あるいはしなかったりする。また高さについても、聴覚的印象では第3声と同じ [3] の高さに聞こえるが、厳密に計測してみると揺れがあるかもしれない。

また、これも前述したが、拘束形式は、声母子音を持たない自由形式、すなわち具体的に言えば母音aaから始まるaa3、aa4、aa1maa3などが直後に続く場合は、これら（の第1音節）と縮約を起こし1つの音節に融合する。

(18) gə- + lə- + aa4　　→ gə-laa4
(19) gə- + zə- + aa1maa3 → gə-zaa1maa3 *5

最後に、表1の右端を占める「音声的調整」について説明する。自由形式の一部には、類を問わず、形式の末尾において-k韻尾、高下り音調 "＼" といった音声的な調整が加わることがある。

このうち-k韻尾というのは、しばしば指摘されるように（Matthews and Yip 1994: 339）、実際には軟口蓋閉鎖音 [k] という

46

よりは声門閉鎖音 [ʔ] のように発音されるものである。例えば、
aa3（C類）に -k が加わると aak3 となり、ze1（B類）に -k が加
わると zek1 となる。梁仲森（1992: 116）は -k 韻尾を元の形式の
意味を強める働きがあると見なす。このような -k 付き形式につい
て、それぞれ -k を伴わない元の形式と別の形式と考える立場もあ
る。しかし、本書では -k は元の形式に対し異なるニュアンスを付
加する作用があると考えるものの、別形式として立てないことにす
る（-k 韻尾の位置付けについては 9 章でも触れる）。

　また、音声的調整としては他に高下り音調 "＼" の付加がある。
例えば、me1、laa1、ze1 など第 1 声を持ついくつかの形式は、本
来の高平ら調 [55] のほかに、高下り調 [53] の音調で発音されるこ
ともある。これについては先行研究でも一般的に同じ形式の変異形
と見ている。本書でも別の形式として見なすことはしない（高下り
音調 "＼" については 9 章でも再度言及する）。そのほか、
aa1maa3 は aa1maa5 という変異形を持つ（Matthews and Yip
1994: 352）と言われるが、これも別の形式と見なすことはしない。

　そのほかに韻腹母音に加わる音声的調整もある。梁仲森（1992:
128–131）が「リラックスした」、「軽薄な」感じを表すと指摘する
[a] 母音の中央化や円唇化もその一種と見なせるだろう。[6]

　こうした音声的実現の多様さは、間投詞を除けば他の語類には見
られない文末助詞特有の特徴である。

3.3.2　各類の成員

次に表 1 で帰納した各類の成員について補足説明を行う。

　拘束形式、すなわち連鎖の非終止位置に生起する接頭辞的形式は、
全部で A 類 gə-、B 類 lə-、zə- の 3 つしかない。これらは経験的に
観察される言語事実に即して帰納されたものであり、先行研究にお
ける分類や体系分析とも一致が見られる。例えば、Kwok（1984:
11）ではコーパスデータの観察から得られた三重連鎖のパターン
を列挙している。Kwok（1984）は自由形式の組み合わせで連用を
説明する従来のアプローチである点が本書と異なるが、（周辺形式
の "添" を除いて言えば）初めの 2 つの位置については、最初に

ge3、次に laa3 か zaa3 が占めるというパターンが導き出されている。また、個々の文末助詞を小さな音韻的単位の形態素に分解するアプローチをとる Sybesma and Li（2007）も、純粋に経験的に言えば g-（厳密には "g3"）が初めに現れ、次に l- か z- が続くと述べている。すなわち、どちらの研究も、声母 /g/ を持つ形式が初めに現れ、2番目に声母 /l/ と /z/ を持つ形式が相互排他的に現れるという点で、本書の分析と一致している。このように、拘束形式の成員についてはおよそ異論がないと思われる。

それに対し、自由形式の成員の認定は様々な異論があり得る。そこで、本書の以下の章での分析対象を明確にするために、具体的に各類の自由形式にはどういった成員が含まれるか、認定の根拠とともに示しておく。

3.3.2.1　A類の自由形式

まず、A類について述べる。

A類の自由形式は ge3 しかない。

ge3 は中心形式の中では例外的に由来を辿ることができる。ge3 は連体修飾構造標識であり名詞化標識にもなる（それぞれ（20）（21））、中国語学の用語で言うところの「構造助詞」（"結構助詞"）の "嘅"（ge3）に起源をもつ。[*7] すなわち、構造助詞 "嘅" がさらなる文法化の結果、文末助詞へと機能拡張したものである。[*8]

(20) 我　嘅　行李　　　　　〔私の荷物〕
　　　私　　　荷物

(21) 我　嘅　　　　　　　　〔私の（もの）〕
　　　私

本書では文末助詞としての用法の場合は ge3 とローマ字表記し、構造助詞としての用法は "嘅" と漢字表記して区別する。文末助詞としての ge3（自由形式）及び gə-（拘束形式）と構造助詞の "嘅" との間には意味的なつながりが見られるが、詳しくは6章で論じる。

なお、ge3 と音韻形態が近い自由形式として、声調だけが異なる ge2 という形式がある。ただし、ge2 には先行研究（Kwok1984、梁仲森 1992、Fung 2000: 158 など）が示唆するように、音の長さ

や音調の違いによってさらに2種類が区別される。1つは短く鋭く上昇するge2で、本書ではge2と表記する。もう1つは長めに上昇し下降する[253]といった調型を持つge2で、本書ではgE2と表記する。ge2とgE2とは意味や文法的振る舞いがかなり異なるため、本書では2つの別個の形式として扱う。

このうち、gE2の方は先述のA類自由形式ge3に由来すると考えられる（飯田2018a参照）。したがって、その関連形式として位置付け、6章でge3とともに取り上げる。

他方、短く鋭く上昇するge2については、従来の先行研究では同じくge3に由来すると考えられているが、本書では筆者自身の研究成果（飯田2017）に基づき構造助詞の"嘅"に直接由来し、文末助詞のge3に由来するものだとは考えない。構造助詞はそれ自体が機能語であり文法的機能しか持たないが、先に述べたようにさらに機能が拡張して文末助詞になったと考えられ、これも広い意味では文法化の一種と捉えられる。後に4節で述べるように、周辺形式には文法化・機能拡張を経て文末助詞に転じた「文法化型」形式がいくつかあるが、ge2もその一種と見なすことにする。したがって、ge2の意味分析は周辺形式を取り上げる7章で行う。

3.3.2.2　B類の自由形式

次に、B類の自由形式について述べる。

B類は拘束形式についてはlə-とzə-という、互いにパラディグマティックな関係にある2種類が区別されたが、自由形式についてもその2種類に対応して、声母/l/から始まるものと/z/から始まるものの2種類に大別される。l系についてはlaa3とlo3を認め、z系にはze1を認める。

ここで、これらの形式の認定について本書の判断根拠を示しておく。なぜかと言うと、文末助詞連鎖には先に述べたような音節の縮約があるため、たとえ見かけ上は1音節からなる形式であっても、それが単一の形態素からなる語なのか、あるいは2つの形態素からなる連鎖が1音節に縮約したものなのか、判断が揺れ得るからである。

まず、lo3 及び ze1 について検討する。C 類に o3 や e1 という形式がない以上、これらを lə-＋o3、zə-＋e1 のように B 類＋C 類の連鎖と考えることはできない。したがって、lo3 及び ze1 は単一の形態素からなる語として処理するほかない。他方、laa3 については、C 類に aa3 という形式があるため、lə-＋aa3 という 2 つの形態素の連鎖と見なす可能性もある。本章 3.2 で少し触れたが、同じ B 類でも z 系の zaa3 という形式については本書では zə-＋aa3 という連鎖だと見なす。したがって、laa3 も同様に lə-＋aa3 と見なさなければ整合性がとれないと思われるかもしれない。しかし、本書では laa3 を単一形態素から成る形式として見なすことで、B 類自由形式に laa3 と lo3 という 2 つの形式を立てる解釈を優先する。その理由は、C 類にこれら（laa3 と lo3）と音韻形態が似た laa1 と lo1 という形式（4 章参照）があるからである。それにより、C 類の laa1 と lo1 との意味的な異同を、B 類の laa3 と lo3 との意味的な異同と平行して捉えたいという意図があるからである。

　このように部分的には整合性を欠いている感もあるかもしれないが、文末助詞体系全体を考慮して単一形態素からなる形式と見なすか、2 つの形態素から成る連鎖形式と見なすかを判断した。しかしながら、後に明らかになるように、ある形式が単一形態素からなるのかどうかというのは、本書の 8 章 2.1 で論じる、意味的観点からの文末助詞体系の再解釈に従えば、実は本質的な問題ではない。

　なお、B 類自由形式 laa3、lo3、ze1 はさらに音声的調整が加わった laak3、lok3、zek1 という形式を持つ。先行研究では、laak3、lok3、zek1 という形式は laa3、lo3、ze1 とは別の形式として取り上げられることが多いが、本書ではいずれも先述の -k 韻尾を伴った同一形式の変異形であると解釈しておく。ただし、-k 韻尾が加わった分、意味や用法は異なる。そのほか、ze1 については、高下り調を伴う音声的調整が加わることがある。

3.3.2.3　C 類

　最後に C 類の成員について述べる。本書では、A 類・B 類の自由形式以外で、かつ互いにパラディグマティックな関係にある自由形

式は、たとえA類・B類拘束形式と組み合わさることがなくとも、全てC類に含めるのが体系記述上は妥当と考える。そのためこの類に属す形式は非常に数が多い。例えば本書では次のようなものを認定する。

(22) aa3,wo3,me1,aa1maa3,laa1,lo1,aa4,wo5,gwaa3,aa1,le5, le4,ne1 など

このほかに、一見ここに含まれそうなものとして、haa2（吓）やho2（呵）といった形式がある。これらは先行研究では時折、文末助詞として取り上げられることもあるが、以下の例（23）のようにC類（ここではlaa1）よりもさらに後に置かれたり、付加される部分との間にポーズが置かれたりすることが可能である。したがって、文末助詞とは見なさず、間投詞ないし付加疑問形式としておく（9章で再度触れる）。

(23) 大家　都 聽倒　　laa1, <u>ho2</u>？
　　　みんな も 聞こえる　SP

　　　〔みんな聞こえただろ？なぁ？〕

C類に含まれる形式の認定に関しては、先行研究においても、話者の世代差や個人差、地域差により差が見られる。その上、上述したように、これらの形式の上には音声的調整がさらに加わることがある。特に様々な音調が加わって元の音韻的特徴（特に声調）に変更が生じた場合は、それらを2つの別の形式と見なすかどうか意見が分かれるであろう。このような事情から、C類の成員の認定に関しては一致した見解を得ることはおよそ困難である。

そこで、本書ではひとまず、どの先行研究でも取り上げられている代表的な形式として、（22）で挙げたような形式を認定しておく。

なお、C類の諸形式については、前述のように、互いに音韻形態が似ているものが多く見られ、さらにコンパクトに体系化できそうに見える。しかし、C類内部からいくつかのグループを取り出し体系的にまとめるには、単なる音韻形態の類似性だけでなく、意味の類似性にも基づかなければならない。C類の意味分析は4章で行われるため、類内部のさらなる体系整理も4章に譲る。

第3章　文末助詞体系の整理　　51

3.3.3 単用・連用の具体例と表記法の凡例

最後に、表1で提示した分析に基づき、文末助詞中心形式の単用及び連用の具体例をコーパスからいくつか抜き出して提示する。文末助詞の部分は全てローマ字表記するが、ここでの表記法が本書のこれ以降の文末助詞の表記法の凡例となる。

なお、出版物など文字メディアからの例文の場合、文末助詞にどの漢字をあてて表記するかは著者によって様々に異なっており、実際の発音を確かめようがない。そこで、終止位置に生起する自由形式の場合は、母語話者の補助を得ながら文脈から想定される発音を当てる。そして、非終止位置に生起する拘束形式については、どれもあいまい母音 [ə] と中音域 [3] の高さ（声調番号は表記しない）という既定値を持つものとして表記に一貫性を持たせる。実際には、本章3.3.1で前述したように、拘束形式の母音の音色にはバリエーションがあり得るが、強弱のニュアンスのほかは文末助詞としての意味そのものには影響しないため、微妙なニュアンスの差は捨象し、表記の一貫性を優先する。また、他の先行研究からの例文の場合も、原文の漢字表記やローマ字表記に適宜改変を加え、本書の表記法に揃えることとする。

まずは、単用例を各類につき1つずつ挙げる。

［A類］

(24) 啊, 如果 安排　咗　　出　街, 我哋 一定　會
　　　intj. もし 手配する ［完了］出る 外　私達 きっと ［可能性］

　　　通知　　藍 女士 你　ge3。
　　　知らせる　［敬称］あなた SP

　　　〔ああ、もし放映する手配をしたら、私達はきっとあなた
　　　（藍さん）にお知らせしますよ。〕　　　　　　　（澳門：257）

［B類］

(25) Stephy！我 返　嚟　laa3！
　　　　　　　私 帰る 来る SP

　　　〔Stephy！俺、帰って来たよ。〕　　　　　　　　　（森：397）

［C類］

(26)我 冇 嘢 瞞 住 佢 wo3。
　　私 無い こと だます［持続］彼 SP

　　〔俺には彼をだましていることは何もないよ。〕　　（好天氣：80）

次に、連用例をいくつか挙げる。初めにB類が終止位置に来る二重連鎖の例を1つ、次にC類が終止位置に来る二重連鎖の例を2つ挙げる。

［A類（gə-）＋ B類（ze1）］

(27)呢 層 你 放心,如果 我哋 幾 個 同學 都
　　この CL あなた 安心 もし 私たち いくつ CL クラスメート も

　　「UP」頭 嘅話, 唔 會 好 多 gə-ze1…。
　　頷く 頭 なら ［否定］［可能性］とても 多い SP

　　〔そのことなら安心しろ。もし我々数人のクラスメートが同意したら、そんなに多くはならないだろ？〕　　（八王子02：94）

［A類（gə-）＋ C類（wo3）］

(28)吓, 噉 aa4？我 唔 知 gə-wo3, 等 我 諗
　　intj. そのよう SP 私 ［否定］知る SP 待つ 私 考える

　　吓 先……
　　ちょっと SP

　　〔えっ？そうなんだ。わかんないよ。ちょっと考えさせて。〕

　　　　　　　　　　　　　　　　　　　　　　　　　（出租：110）

［B類（zə-）＋ C類（aa4）］

(29)嘩! 傾 咁 耐 幫襯 買 一 件 zaa4 ?
　　intj. 喋る こんな 長い 引き立てる 買う 1 CL SP

　　〔こんな長い間しゃべってて、たった1枚買うだけなのか！〕

　　　　　　　　　　　　　　　　　　　　　　　　　（903：411）

最後にA類、B類、C類の三重連鎖の例を1つ挙げる。

［A類（gə-）＋ B類（lə-）＋ C類（aa1maa3）］

(30)擺 落 口就會 溶 gə-laa1maa3, 佢 都……。
　　置く 下りる 口 ［可能性］溶ける SP それ も

　　〔（だって）口に入れたら溶けちゃうじゃないか。それも…〕

　　　　　　　　　　　　　　　　　　　　　　　　　（電影2：202）

第3章 文末助詞体系の整理 53

3.4 まとめ

中心形式の体系に対する本書の分析の特徴は、非終止位置に生起するのは軽声音節からなる拘束形式であり、終止位置に生起する形式のみ自由形式であると見なす点である。

以下に表1の体系分析に基づく中心形式の分類を示しておく。

表2　本書の体系分析に基づく中心形式の分類

	接辞（拘束形式）	語（自由形式）	音声的調整
A 類	gə-	ge3	[-k (?)]、[＼] など
B 類	lə-, zə-	laa3, lo3, ze1	
C 類		aa3, wo3, me1, aa1maa3, laa1, aa4 など	

注意されたいのは、非終止位置の形式を拘束形式と見なすのは、あくまで共時的なレベルでの解釈である。先述したように、B類z系については、拘束形式 zə- を立てなければ連鎖に関する形態音韻論的現象がうまく説明できない。しかしながら、通時的には zə- も早期の広東語に存在したと言われる（張洪年 2009）ze3 もしくは ze1 のような自由形式に由来すると考えられる。このように、zə-に関しては、自由形式から拘束形式への変化が進展した形跡が見てとれる。こうした自立性の喪失は文法化の進展の結果と思われるが、それについては8章で論じる。

4.　周辺形式の整理

前節までは中心形式の体系を整理した。この節では周辺形式を整理しておく。

周辺形式には中心形式以外の雑多な形式が含まれる。したがって、どういったものがあるかをめぐっては、見解の差も生じ得る。本書では周辺形式は一部しか取り上げることができないが、以下でいくつかのタイプに分けておく。

まず、大まかに見ると、文末助詞以外の語類に属す語と文末助詞中心形式が組み合わさった「ハイブリッド型」と、動詞など他の語

類に属す語が文法化や機能拡張を経てそれ自身が文末助詞としての機能を持つようになった「文法化型」とに大別できる。

ハイブリッド型には、主に2タイプが挙げられる。

1つは動詞などの内容語に文末助詞が後続したものであり、hai2laa1（係啦）、baa2laa1（罷啦）～baa2laa3（罷喇）、ding2laa3（定喇）といったものが挙げられる（張洪年1972: 192–193、梁仲森1992: 96, 99、鄧思穎2015: 261–262など参照）。"係"「～である」はコピュラ動詞、"罷"「やめる、放棄する」は動詞、"定"「きっと」は副詞由来の動詞句末助詞（2章参照）と見られる。これらの後ろに文末助詞C類laa1やB類laa3が後続していると分析できる。*9

また、もう1タイプとして、文末助詞に間投詞が後続したものがある。例えば、aa1laa4、laa3wai3といったものがそれで、それぞれ文末助詞C類aa1の後に間投詞"嘑"（laa4またはnaa4）「（物を渡しながら）はい、いいかい」、B類laa3の後に間投詞"喂"（wai3）「おい、ちょっと」が組み合わさったものと見られる。

しかしながら、ハイブリッド型は文末助詞中心形式を構成要素に含んでいることから、派生的な形式である。本書は中心形式の分析を何より優先するため、これらの派生形式は取り上げないことにする。

そして、周辺形式のうちのもう1タイプ、すなわち文法化・機能拡張を経てできたタイプである文法化型については、本章冒頭の節で述べた"添"（tim1）、"先"（sin1）のような形式が代表として挙げられる。このタイプの形式は多くはない。他にも先行研究で時折言及される"話"（waa2）もこれに該当すると見てよい。このほか、本章3.3.2.1で触れた構造助詞"嘅"由来と見られるge2も本書では機能拡張を経て文末助詞に転じたものだと考えるため、このタイプに入れる。

なお、この他にも"嚟"（lai4）、"住"（zyu6）といった形式が先行研究で時折文末助詞として扱われてきた。例えば"嚟"についてはYau（1980）、Fung（2000）が、"住"については梁仲森（1992）が文末助詞として取り上げている。これらはそれぞれ"嚟"「来る」、"住"「住む」という動詞から転じてきたと思しき形式である。ただ

し、これらは節の末尾に生起するというよりも、節の一部分である句の内部に生起するという振る舞いを見せることから、そもそも文末助詞と見なせるかどうか疑問である。例えば以下の例を見よう。

(31) 我 覺得 ［好似 ［俾 人 打劫 完 嚹］ 噉］。
　　私 思う　まるで　〜に 人 強盗する 終わる ［属性説明］ そのよう

　　［まるで強奪されたみたいに感じる。］

(32) 可 唔 可以 ［唔 講 呢 樣 嘢 住］
　　できる‐［否定］‐できる ［否定］話す この CL こと ［暫定状態］

　　aa3？
　　SP

　　［このことをとりあえず話さないでおくってことでいい？］

(19: 132)

(31) では"嚹"は"我覺得"「私は〜と思う/感じる」が従える補文節"好似〜噉"「まるで〜ようだ」のさらに内側に生起する動詞句"俾人打劫完"「人に強奪された」の末尾に付加されている。また、(32) では"住"は"可以"「〜してよい」が従える動詞句"唔講呢樣嘢"「このことを話さない」の末尾に付加されている。このような振る舞いは、主節全体に付加されるという文末助詞の統語的特徴からは外れている。よって本書では"嚹"、"住"は文末助詞には含めない。

　以上のように、文法化型の周辺形式には様々に由来の異なる形式がある。*10

　このうちの上述の"添"、"先"、"話"、ge2 は本書7章で取り上げ、意味的特徴を述べる。本書の主要な分析対象は中心形式であるが、周辺形式にも目配りすることにより、文末助詞の全体像をより立体的に見ることができるからである。

　なお、周辺形式は中心形式と異なり連鎖を構成する中核成員ではないという点では周辺的であるが、用いられる頻度が少ないといった意味では決してない。

5. 本章のまとめ

　本章では、文末助詞全体について、形態統語的振る舞いや音韻的特徴を根拠に体系を整理した。まずは、中心形式と周辺形式とに分け、中心形式については連用現象を主な手掛かりにA類、B類、C類の3類に分けた。周辺形式については、ハイブリッド型と文法化型に大別した。

　中心形式は文末助詞の中核であり、本書の以降の章でも出来るだけ多く取り上げて意味記述を行う。ただ、このうちA類とB類は、自由形式だけでなく拘束形式も持っているため、どちらにも共通してあてはまる意味を抽出する必要がある。しかし、拘束形式は自立して出現できず、必ず後ろに自由形式（多くはC類）を伴った連鎖の形で出現する。そうした場合、C類の意味が明らかにされていなければ、前に立つA類またはB類の拘束形式の意味だけを部分的に取り出して説明するのは困難である。

　そのような考えから、以降の各章では、生起順序とは逆にC類を最初に取り上げ意味の分析を行う。そして、次にB類、A類、最後に周辺形式という順序で意味分析を展開していく。

---

*1　ただし、梁仲森（1992: 2）ではこの例は7つの文末助詞の連鎖と分析されている。

*2　張洪年（1972）の原文では文末助詞はIPAで表記しているが、ここではローマ字表記に直した。ただし、[ə]だけはローマ字表記ができないため、そのままIPA表記を採用した。

*3　なお、張洪年（2009）によると、19世紀に編まれた広東語の教科書 *Cantonese Made Easy* には ze3 という文末助詞が見られる。

*4　ここで議論している非終止位置の文末助詞のほかに、例外的であるが、擬声語や一部の口語的語彙にも軽声（無ストレス）の[ə]が現れることがあるとの指摘が Bauer and Benedict（1997: 319–323）にある。

*5　aa1maa3は例外的に2音節から成る単一形態素の形式であるが、聴覚的印象では、前方の音節aa1は後方のmaa3に比べると明らかに短く曖昧で[ə5]のように発音される。しかし、本書では単一形態素であることを重視し、表記

上は通例どおり aa1maa3 としておく。

＊6 Kwok（1984: 13）でも aa3（C類）を例に、母音における音声的調整について指摘している。

＊7 共通語でも構造助詞"的"が文末助詞として用いられる。

＊8 一般に「文法化」（grammaticalization）という用語は、語彙的意味を持つ言語形式が文法的機能を持つ言語形式に発展するプロセスのほかに、もともと文法的機能を持つ言語形式がさらに文法的な機能を担うようになる変化も含めて指すことが多いが（例えば、Lehmann 1995、Heine et al. 1991、Hopper and Traugott 1993、Bybee et al. 1994）、後者の変化を区別して言う場合に本書では「機能拡張」（ないし多機能化）と呼ぶことにする。

＊9 先行研究の中でも鄧思穎（2015）は、とりわけこうした周辺形式も多数、文末助詞に取り入れて分析している。また、黄桌琳（2014）はこのタイプの周辺形式を専ら論じた博士論文である。

＊10 なお、このように明瞭な語彙的意味を持つ語が文末助詞的形式に文法化するという事例は、広東語のみならず他の中国語諸方言にも見られる。一例を挙げれば、徽州方言には"添"、"起"という形式があると言われる（平田1998）。このように、方言横断的に同様の語彙的意味を持った内容語が文末助詞に文法化している事例がしばしば見られ、方言類型論的に興味深い。

第4章

〈伝達態度〉を表す文末助詞C類

1. はじめに

　この章では3章の体系分析によって帰納された文末助詞中心形式C類の意味を考察する。

　C類形式は非常に数が多く、以下のようなものがある。

（1）aa3,wo3,me1,aa1maa3,laa1,lo1,aa4,wo5,gwaa3,aa1,le5,le4,ne1 など

　この上に音声的調整が加わることもあり、そうした形式を別の形式と見るか同一形式の異形態と見るか、見解が分かれることが予想されるため、C類には正確にいくつの形式があるかを判定することは難しい。

　このように夥しい数の形式があるが、これらは無秩序に存在しているわけではない。

　既に指摘したように、いくつかの文末助詞には相互に音韻形態の類似が見られる。例えば、（1）の中ではaa3とaa4とaa1、それにwo3とwo5はそれぞれ分節音が同じで声調だけを異にしている。また、laa1やlo1のように韻母だけが異なるペアもある。

　したがって、一部の研究（張洪年1972、Law1990、Fung2000、Sybesma and Li2007）が試みたように、同じ音韻的単位を持つ形式どうしをまとめてグループ化し、それらに共通の意味を与えることで、C類内部をもう少し秩序だてて整理できる可能性がある。

　他方で、ただ単に音韻形態に類似性が見られるからといって意味的にも類似性があるはずと即断することは避けなければならない。意味的に同じグループにまとめられるかどうかは、個々の形式の文法的な振る舞いを詳細に分析していく必要がある。その大きな手掛かりの1つが文末助詞と文類型（sentence type）との共起関係であ

59

る。先行研究でも、Kwok（1984）や方小燕（2003）のように、各文類型への分布を手掛かりに文末助詞を分類したものがあった。しかしながら、多くの先行研究では文末助詞と文類型との関係が明確に整理されているとは言えず、せっかくの手掛かりが意味分析に十分に生かされていない。

　そこでまず2節で文末助詞と文類型との関係について、本書の考え方を述べておく。その後、3節以降で、文類型への生起の仕方や音韻形態の類似などの手掛かりを総合的に勘案し、適宜、グループ化を施しながらC類形式の意味を記述していく。

2. 文末助詞と文類型、発話行為類型の関係

2.1　文類型と文末助詞

　先述の通り、いくつかの文末助詞については、その文法的振る舞いを明らかにする上で、どういう文類型と共起できるかを見るのが有効と考える。ただし、注意が必要なのは、ここで言う文類型とは、あくまで文末助詞が付加される節が表す発話行為の類型のことを指す。すなわち、文末助詞が付加された文全体の発話行為類型のことではない。この区別は重要である。

　1章の4.1で整理したように、本書では文末助詞が（標準的に）付加される文法的単位を節と呼び、文末助詞が付加された文法的単位を文と呼ぶ（以下の図参照）。

$$\underbrace{［\quad 節\quad ］＋文末助詞（などの周辺部要素）}_{文}$$

　文の中には、節が文末助詞など周辺部要素を伴わずそのまま実現するものもある。

　本書が文末助詞（特にC類形式）の意味分析の手掛かりとして重視する文類型というのは、節がそのまま文として実現した、いわば文末助詞無し文の発話行為のタイプのことである。

　文類型は通言語的には、平叙文、疑問文、命令文の3類型が区別される（例えばSadock and Zwicky 1985、König and Siemund 2007、

Aikhenvald 2016)。文類型が文の単なるコミュニケーション行為ないし発話行為の分類を表すのではなく、文法構造や形式的特徴と結びつけられた分類であることは一般に指摘されるところである。

　その点からすると、平叙文、疑問文、命令文といった文類型は、広東語では文末助詞を含まない文について定義するのが最も適当である。なぜなら、以下で見るように、これらは文末助詞無し文において最も明確に構造的特徴に基づいて定義されるからである。*1

　以下、文末助詞無し文の文類型を見て行く。*2

　まずはじめに、疑問文は最も明示的に構造的特徴が見られるので定義しやすい。

　疑問文には以下の3つのタイプがある。まず、yes-no疑問文（諾否疑問文）に当たるものは、広東語では述語の肯定形と否定形を並置させた構造をとり、その構造的特徴から特に「正反疑問文」と呼ばれる（例(2)）。*3 次に、疑問詞を用いたwh疑問文（疑問詞疑問文）がある（例(3)）。そして、"定（係）"「それとも」や"抑或"「それとも」を用いた選択疑問文がある（例(4)）。

(2) 佢 嚟 唔　 嚟？　　　　　【yes-no疑問文（正反疑問文）】
　　彼 来る［否定］来る

　　〔彼は来る？〕

(3) 佢 幾時 嚟？　　　　　　【wh疑問文】
　　彼 いつ 来る

　　〔彼はいつ来る？〕

(4) 佢 去 定　　 你　 去？【選択疑問文】
　　彼 行く それとも あなた 行く

　　〔彼が行く？それともあなたが行く？〕

　これらの疑問文節は上のようにそのまま文として実現することもあれば、以下の例のように（［　　　］内に表示する）間接疑問節として文中に埋め込まれることも可能である。

(5) 我 唔　　 知 ［佢 嚟 唔　　 嚟］。
　　私 ［否定］知る 彼 来る［否定］来る

　　〔私は彼が来るかどうか知らない。〕

(6) 我唔　知［佢幾時嚟］。
　　私［否定］知る　彼　いつ　来る

　　〔私は彼がいつ来るか知らない。〕

(7) 我唔　　知［佢去　定　　你　去］。
　　私［否定］知る　彼　行く　それとも　あなた　行く

　　〔私は彼が行くのかそれともあなたが行くのか知らない。〕

　次に、命令文が区別される。広東語の場合、動詞には命令形といった特別な形態はない。一般に主語には2人称や2人称複数など、聞き手を含む名詞句が来るが、現れないことも多い。構造的特徴だけでは平叙文と区別しにくいが、様々な語彙的手段によって補助的に命令文が特徴づけられる。たとえば"快啲"「早く、さっさと」（例（8））や"同我"「私のために（多くは命令で用いる）」（例（9））などの語句が述語句の前に現れれば命令文の読みが高まる。

(8) 你　快　啲出　去！　　　【命令文（肯定）】
　　あなた　早い　CL　出る　行く

　　〔さっさと出て行きなさい！〕

(9) 你　同　　我出　去！　　　【命令文（肯定）】
　　あなた　ために　私　出る　行く

　　〔出て行きなさい！〕

　それに対し、否定命令すなわち禁止の場合は、"唔好"、"咪"「～するな」といった語句が述語句の前に用いられ、明示的な構造的特徴を持つ。

(10) 你　唔好　走！　　　　【命令文（否定）＝禁止】
　　　あなた［禁止］去る

　　〔行くな！（その場を去るな！）〕

(11) 你　咪　　走！　　　　【命令文（否定）＝禁止】
　　　あなた［禁止］去る

　　〔行くな！（その場を去るな！）〕

　最後に、上述の2つの文類型のような有標的な構造特徴を持たない、無標の文類型を平叙文と見なす。

　このように、広東語では文類型は文末助詞を伴わない文において十分明示的に定義できる。そこで、Kwok（1984）がしたように、

各文末助詞がどの文類型の節に付加され得るかという分布を整理することが可能になり、ひいてはこうした分布特徴が各文末助詞の意味記述の手掛かりになる。

　文類型に対するこうした限定的な捉え方に対し、あるいは異論が生じるかもしれない。例えば、上では疑問文の構造的定義としてyes-no疑問（正反疑問）、wh疑問、選択疑問を挙げたが、このほかにも疑問文を構成する構造的特徴の1つとして、文末助詞の付加も挙げられるのではないかという見方があるかもしれない。*4 確かに先行研究でも、いくつかの文末助詞（例：maa3、aa4、me1など）には文を「質問」（question）の発話行為に転じる役割があると考えられている（Kwok1984: 84、Matthews and Yip 1994: 310–311、方小燕2003など）。

　しかし、本書では広東語において疑問文を定義する文法構造的特徴として文末助詞の付加というのを認めるべきではないと考える。

　その理由は、文末助詞の付加によって表される「疑問文」というのは、上述した正反疑問構造によって構成されるyes-no疑問文が予測や傾きのない中立の質問を表すのとは異なり、いずれも中立の質問を表さないからである。例えばaa4について、Matthews and Yip（1994: 310）は、予め肯定の返答を前提としたもので、想定の妥当性をチェックするために使われると言う（本書のaa4の意味記述は本章3.5.1参照）。

(12)你　　下個禮拜 放假 aa4？
　　あなた 来週　　　休む　SP

　　〔来週は休みなんだ？〕　　　　　（Matthews and Yip 1994: 310）

　このようにaa4が構成する疑問文はおよそ中立の疑問文とは言い難い。もし、この文で問われている内容「あなたは来週休みなの？」について、傾きのない中立のyes-no疑問文を構成したいのであれば、コピュラ動詞"係"の肯定形・否定形並置を用いた正反疑問構造にするほかない。*5

(13)你　　下個禮拜 係 唔　　係　放假 aa3？
　　あなた 来週　　　～だ〔否定〕～だ 休む SP

　　〔来週は休みなんですか？〕

文末助詞の中で、唯一、中立のyes-no疑問文を構成することができるのがmaa3である。しかしながら、本章5.4で後述するように、広東語のmaa3は共通語の"嗎"（ma）と異なり、平叙文節に付加するだけで文を疑問文に転じることができる汎用的な疑問文末助詞ではない。広東語のmaa3は、そもそも用いられる頻度が低い。また、否定文にも用いられない。こうした点から見ても、maa3を広東語における疑問文形成の一般的な文法的手段と見ることはできない。*6

　以上は、疑問文についてであるが、同様に、命令文や平叙文についても、文末助詞の付加が文類型を決める文法的・構造的手段になっているという事実はない。*7

　したがって、構造的特徴から定義される3つの文類型については、広東語では文末助詞無し文に限定して言及するので十分だと考える。そのようなわけで、以下、本書で文末助詞の文類型への生起について言及する場合は、文末助詞が付加される節の文類型を指していると解釈されたい。例えば、ある文末助詞が疑問文に生起すると言った場合は、疑問文の構造的特徴を持った節に付加される、という意味である。

2.2　文末助詞付き文の発話行為類型

　前の節では、広東語においては、文末助詞無し文においてはじめて平叙文・疑問文・命令文の3つの文類型が適切に定義できると考えた。そして、そのように定義された文類型への生起特徴が文末助詞の意味分析に役立つと述べた。

　一方で、いくつかの文末助詞については、それらが付加された後の文全体のコミュニケーション行為（以下「発話行為」と呼ぶ）のタイプに言及することも、意味記述の上で時に有効である。というのも、いくつかの文末助詞は文全体の発話行為タイプの決定に大きな影響を持つからである。

　一例を挙げると、C類文末助詞の中には「提案」と密接な関係を持つ形式がある。aa1やle4がそうである。以下のように、これらはいずれも平叙文節「私があなたに飲茶をおごる」、「あなたは私に

映画を見るのをおごる」(以上は例（14））、「私達は 1 つゲームで
もする」(例（15））に付加されているが、付加された後の文全体
は提案の発話行為を表している。

(14) 我 請　　你　　飲茶 aa1。你　　請　　我 睇　戲　aa1。
　　 私 おごる あなた 飲茶 SP　あなた おごる 私 見る 映画 SP

　　〔飲茶をおごりましょうか？映画に招待してくれません
　　か？〕
　　　　　　　　　　　　　　　　　　　　（梁仲森 1992: 90）

(15) 我哋　嚟　玩　　個　遊戲　le4。
　　 私たち 来る 遊ぶ CL ゲーム SP

　　〔ゲームをして遊びましょうよ。〕　　（梁仲森 1992: 107）

　文末助詞の選択が文全体の発話行為タイプの決定に影響を及ぼし
得ることは、以下の事実からも見て取れる。次の例で示すように、
副詞“不如”「何なら」を含んだ節は必然的に「提案」の発話行為
を表すため、そうした節の発話行為と適合する文末助詞を用いなけ
ればならない。

(16) 不如　我哋 去 睇　戲　　aa1 / le4 / laa1 / *aa3。
　　 何なら 私達 行く 見る 映画

　　〔何なら映画を見に行かない？/行こうよ/行こう/*行くよ。〕

　このほか、文全体を「質問」の発話行為に変える形式もある。先
に挙げた aa4 や me1 は、傾きや予測が含まれているものの、これ
が付加されることで文全体としては「質問」の発話行為を果たして
いる。

(17) 你　　下個禮拜 放假 aa4 ？
　　 あなた 来週　　 休む SP

　　〔来週は休みなんだ？〕　　　（Matthews and Yip 1994: 310）

　このように、いくつかの文末助詞は特定の発話行為タイプと固定
的な結びつきを持つ。*8 しかし、だからと言って、文末助詞を発
話行為類型の標識と見なす考えは本書では取らない。

　その理由はいくつもあるが、まず 1 つは、全ての文末助詞が発話
行為類型標示に関係するわけではなく、一部の文末助詞は文全体の
発話行為の決定に何の影響も及ぼさないからである。そのよい例が
C 類の aa3 である。後述するように、aa3 は 3 種の文類型の全てに

生起可能である。そして、たとえ付加されても、節が元来持っている発話行為類型を変えない。以下の例ではaa3が付加される節は構造的に命令文、疑問文、平叙文であると定義できる。したがって、これらの節が標準的に表す発話行為はそれぞれ「指令」、「質問」、「陳述」である。しかし、これらの節にaa3を加えても文全体の発話行為は依然として「指令」、「質問」、「陳述」である。伝え方の口ぶりが少し変わるだけである（aa3について詳しくは本章3.2の意味分析参照）。

(18) 唔好　食煙　　　aa3！　　　　　「指令」
　　　［禁止］タバコを吸う

　　　〔タバコ吸うなよ！〕

(19) 有　乜嘢　玩　aa3？　　　　　「質問」
　　　ある　何　遊ぶ

　　　〔何して遊べるの？〕

(20) 冇　嘢　講　aa3。　　　　　　「陳述」
　　　無い　もの　話す

　　　〔何も言うことはないよ。〕

　文末助詞を発話行為類型の標識と見なせないもう1つの理由としては、発話行為と文末助詞とが一対一に対応していないことが挙げられる。

　それは2つの面から言える。

　1つは、同一形式にいくつか複数の発話行為が結びついている場合である。例えば、「提案」を表すと言われるaa1は、「提案」以外の発話行為の表示にも用いられる。本章4.3で取り上げるが、aa1は疑問文にも生起でき、その場合は「追及」の発話行為（「委細を追求し、相手に反応してもらうことを切に期待する」梁仲森1992: 91）を表すとされる。

(21) 到底　你　有　冇　做　過　　aa1？
　　　いったい　あなた　ある　無い　する　［経験］SP

　　　〔いったいやったことあるの（どうなの）？〕

(梁仲森 1992: 91)

このように、1つの形式が複数の異なった発話行為を標示するこ

66

とができるのであれば、それを発話行為標識と見なすことの意義はもはやない。むしろ、そのように複数の発話行為を表すのは表面的な現象で、aa1固有の意味がそうさせていると解釈した方がよいであろう。

　もう1つは、逆に1つの発話行為を表す標識としていくつか複数の形式が用意されている場合である。例えば、上述の「提案」を表す形式にaa1やle4があるとされるが、同じく「提案」であっても形式間でニュアンスに違いがある。したがって、表すことのできる大まかな発話行為を述べただけでは不十分で、結局は個々の形式の表す発話行為のニュアンスを掘り下げていく必要がある。そして、もしこのように文末助詞の形式の数だけ発話行為の内実を精査して行くとすると、それはもはや通言語的に意味のある発話行為タイプの記述とはいえず、広東語という個別言語の1つ1つの文末助詞の意味記述になってしまう。

　以上の理由から、本書では文末助詞を発話行為標識とは見なさない。ただし、上述したaa1のように、いくつかの個別の形式については、特定の発話行為と固定的な結びつきを有しており、それに触れることがその形式の意味分析の際に、役立つことがある。

　そこで、文末助詞付き文の発話行為類型についても、必要に応じて触れることにする。

3. 一方向型伝達

3.1　はじめに

　本章冒頭で述べたように、C類に属す成員は数多い。しかし、音韻形態の類似性に着目しつつ、文類型への分布などの文法的振る舞いを見ていくと、その中にもいくつかのグループがあることが見えて来る。まず1つに、C類形式は数が多いとはいえ、平叙文・疑問文・命令文の3種類のいずれにも生起できるのはaa3、wo3及びaa1に限られる。*9

　以下にこれらの文末助詞が3種類の文類型に生起する例を挙げる。*10

第4章　〈伝達態度〉を表す文末助詞C類　　　67

［aa3］

(22) 冇　嘢　講　aa3。　　　　　　　　　　　【平叙文＋aa3】
　　　無い　もの　話す

　　　〔何も言うことはないよ。〕

(23) 唔好　食煙　　　　aa3！　　　　　　　　　【命令文＋aa3】
　　　［禁止］タバコを吸う

　　　〔タバコ吸うなよ！〕

(24) 有　乜嘢　玩　aa3？　　　　　　　　　　　【疑問文＋aa3】
　　　ある　何　　遊ぶ

　　　〔何して遊べるの？〕

［wo3］

(25) 佢　早　過　　我　一個禮拜　到　香港　wo3。【平叙文＋wo3】
　　　彼　早い　越える　私　一週間　　着く　香港

　　　〔彼は私より一週間早く香港へ着いたぞ。〕

(26) 唔好　話　俾　人　聽　wo3。　　　　　　　【命令文＋wo3】
　　　［禁止］話す　～に　人　聞く

　　　〔他言するんじゃないぞ。〕

(27) 做乜　唔　　睇　wo3？　　　　　　　　　　【疑問文＋wo3】
　　　なぜ　［否定］見る

　　　〔なんで見ないのよ？〕

［aa1］

(28) 我　冇　話　你　唔　　啱　　aa1！　　　　　【平叙文＋aa1】
　　　私　無い　言う　あなた　［否定］正しい

　　　〔あなたが間違ってるなんて言ってないじゃない。〕

　　　　　　　　　　　　　　　　　　　　（李新魁等 1995：510）

(29) 入　嚟　坐　aa1！　　　　　　　　　　　　【命令文＋aa1】
　　　入る　来る　座る

　　　〔中へ入って座らない？〕

(30) 試　唔　　試　aa1？　　　　　　　　　　　【疑問文＋aa1】
　　　試す　［否定］試す

　　　〔試してみる？〕

このようにaa3、wo3、aa1は文類型への分布において共通する。

68

しかし、このうち aa3 と wo3 は様々な点で振る舞いが似ているが、aa1 だけは少し異なる。

　例えば、aa1 は（28）のように平叙文に生起できるとはいえ、その場合は"申辨"「申し開き」を表す（李新魁等1995: 510）ニュアンスになる。そのため、aa3 や wo3 とは異なり、聞き手の知らない情報を単純に相手に伝えるだけの場合には使いづらい（例（33）、（36））。

（31）喂, 有 人 搵 你　　aa3。
　　　　intj. ある 人 探す あなた

　　　〔おい、誰かが訪ねてきてるよ。〕

（32）喂, 有 人 搵 你　　wo3。
　　　　intj. ある 人 探す あなた

　　　〔おい、誰かが訪ねてきてるぞ。〕

（33）??喂, 有 人 搵 你　　aa1。
　　　　　intj. ある 人 探す あなた

　　　　〔おい、誰かが訪ねてきてるじゃない？〕

（34）佢 想　　見 你　　aa3。
　　　　彼 〜たい 会う あなた

　　　〔彼が君に会いたがってるよ。〕

（35）佢 想　　見 你　　wo3。
　　　　彼 〜たい 会う あなた

　　　〔彼が君に会いたがってるぞ。〕

（36）??佢 想　　見 你　　aa1。
　　　　　彼 〜たい 会う あなた

　　　　〔彼が君に会いたがってるじゃない？〕

　次に、aa3 と wo3 は「提案」の文に常用される副詞"不如"「何なら」と共起しない点でも一致する。

（37）*不如 我 幫　 你　 做　 aa3。
　　　　何なら 私 助ける あなた する

　　　　〔何なら私が代わりにやってあげるよ。〕

（38）*不如 我 幫　 你　 做　 wo3。
　　　　何なら 私 助ける あなた する

〔何なら私が代わりにやってあげるよ。〕

他方、先述の通り aa1 は"不如"と相性がよい。

(39) 不如　我　幫　　你　　做　aa1。
　　　 何なら 私 助ける あなた する

〔何なら私が代わりにやってあげようか。〕

　こうして見ると、aa3、wo3 とが文法的振る舞いの点で 1 つのグループを成しており、一見、似た文類型分布を示す aa1 には別の位置付けがふさわしいことがわかる。そこで aa1 については別グループに帰属させ（本章 4 節参照）、そちらで改めて述べることにする。

　以上の議論から、aa3 と wo3 という分布の類似する 2 つの形式が 1 つのグループとして取り出された。以下では、まずこの 2 つの形式について比較しながら意味記述を行い、その関連形式についても見ていく。

3.2　aa3　聴取要請

　まずは aa3 を取り上げる。*11 aa3 は全ての文類型に生起するのであった。

(40) 冇　嘢　講　aa3。　　　　　　　　　　【平叙文＋aa3】
　　　 無い もの 話す

〔何も言うことはないよ。〕

(41) 唔好　食煙　　　 aa3 !　　　　　　　　【命令文＋aa3】
　　　 ［禁止］ タバコを吸う

〔タバコ吸うなよ！〕

(42) 有　乜嘢　玩　aa3 ?　　　　　　　　　【疑問文＋aa3】
　　　 ある 何 遊ぶ

〔何して遊べるの？〕

　先述のように、aa3 は文全体の発話行為タイプの決定に寄与しない。こうした一見すると無色透明の意味特徴から、aa3 には特に意味的内容はなく、文をぶっきらぼうに響かせない機能を主とする（Kwok 1984: 45）と説明されたりする。しかしながら、上述の文類型への分布特徴、ならびにほぼ同じ分布を持つ wo3 との比較対照を行うことで、aa3 にも固有の意味を定義することが可能である。

70

結論から述べると、本書では、aa3 は聞き手に対し、それが付く節（ないし語句）の内容を聴取するよう要請する伝達態度を表すと考える。

　そのように考える1つ目の根拠としては、aa3 が聞き手が不注意で話し手の言ったことが聞こえていないような時に、聞かせたいポイントを重点的に示し、きちんと聞くように注意を促すのに使われるからである。すなわち、梁仲森（1992: 93）が言う「重点提示」の機能である。

（43）輪 到　　　你　　aa3。── 你　　aa3。
　　　〜に順番がくる あなた 　　　あなた

　　　〔君の番だよ。…君だよ。〕　　　　　　　　（梁仲森 1992: 93）

（44）入　　　錢　aa3。── 錢　aa3。── 入　　aa3。入
　　　入れる お金 　　　　 お金 　　　　　 入れる 　　　　 入れる

　　　laa3。戇居居　噉。
　　　SP　　ぼんやり suff.

　　　〔お金を入れるんだよ。お金だよ。入れるんだよ。（さあ）入れるんだ。ぼんやりして…。〕　　　　　　（梁仲森 1992: 93）

　以下の例でも同様に、聞き取れなかった部分を繰り返して聞かせる文脈でaa3 が用いられている。

（45）占：噉 我 幫　 你　 返 去 攞　laak3！
　　　 　では 私 助ける あなた 帰る 行く 取る SP

　　　　〔じゃあ俺が代わりに（学校に）取りに行ってやる。〕

　　　3： 咩 話？
　　　 　何 SP

　　　　〔何だって？〕

　　　占：我 幫　 你　 返 去 攞　aa3。
　　　 　私 助ける あなた 帰る 行く 取る

　　　　〔俺が代わりに取りに行ってやるってんだよ。〕

　　　　　　　　　　　　　　　　　　　　　　（好天氣：41）

　次に、aa3 が聴取要請という伝達態度を表すと考えられる理由は、上述のように、平叙文・命令文・疑問文の3つの文類型全てに生起できるからである。

特に注目に値するのは、疑問文に生起する用法である。Kwok（1984: 71）によれば、疑問文に生起する aa3 はしばしば軽く [ə] のように発音されるが、特別な意味を込めるのでない限り通常用いられる中立の形式である。実際、以下で示すように、aa3 は yes-no（正反）疑問文（例（46））、wh 疑問文（例（47））、選択疑問文（例（48））のいずれのタイプの疑問文にも自由に生起する。

(46) 買　咗　　個波　　未　　　aa3 ？
　　　買う［完了］CL ボール［未実現］

　　　〔ボール買った？〕　　　　　　　　　　　　　（Kwok 1984: 71）

(47) 我哋 幾時 去　aa3 ？
　　　私達　いつ　行く

　　　〔私達いつ行くの？〕　　　　　　　　　　　　（Kwok 1984: 72）

(48) 男仔　定　　　女仔　aa3 ？
　　　男の子 それとも 女の子

　　　〔男の子？それとも女の子？〕

このように aa3 は疑問文に自由に生起するのであるが、ここで注目すべきは、平叙文・命令文と疑問文とでは、話し手・聞き手間の情報のやり取りの方向が逆になる点である。すなわち、平叙文・命令文では話し手から聞き手へ情報ないし指令が与えられるのに対し、疑問文では逆に話し手に情報が欠けているため聞き手から情報を得ようとする。したがって、もし aa3 を情報の伝達や提示といった意味を表す文末助詞だと解釈すると、他方で疑問文に生起するという事実が説明できなくなってしまう。その点、本書の提案のように、聞き手にそれが付く節の内容を「聴取させる」というただそれだけのことを要請する意味を持つと解釈すれば、平叙文・命令文だけでなく疑問文にも生起する事実を無理なく説明できる。

実際、Kwok（1984: 72）は、母音が広い [a] で長く大きな音声で発音される時は、繰り返された質問を表すと述べ、上記の（47）をそうした例として挙げている。

このような言語事実に鑑みると、aa3 が付加される節が表すのは、情報としての価値を付与されていない、単なる発話ないし言語表現、さらに比ゆ的に言えば話し手の発する「声」のようなもの、と見な

すのが適切である。

　aa3 が聴取を要請する意味を持つと考える第3の理由は、呼びかけ（vocative）語句のような情報価値のない言語表現に後続するからである。aa3 はこの用法ではもはや文末ではなく文中の語句の後ろに生起する。

(49) Mark 哥　　aa3, 唔好　　嗽　　　玩　我 laa1。豪 哥　　aa3,
　　　　　　 兄さん　　　［禁止］そのように 遊ぶ 私　　　 兄さん

　　有　　咗　　你　　我哋 唔　　掂　　 gə-wo3。我（哋）重
　　無い　［完了］あなた 私達 ［否定］いける　SP　　　私（達）まだ

　　有　好多　　嘢　要　　向　　你　　學 gaa3。
　　ある たくさん もの 必要だ 〜に あなた 学ぶ SP

　　〔マーク兄貴、からかわないでくださいよ。ホー兄貴、兄貴がいなくなったら俺たちダメですよ。まだまだ兄貴に学ぶこといっぱいあるんですから。〕　　　　　　　　（電影：72–74）

(50) 占：司機　 aa3 …可　　唔　　　可以　熄　細　　少少　個
　　　　　 運転手　SP　　できる–［否定］–できる 消す 小さい 少し　CL

　　　冷氣 aa3 ？
　　　冷房　SP

　　　〔運転手さんねー、ちょっと冷房を弱めてくれませんか？〕

　　司：Ok !　有　　問題, 咦…阿哥仔　 aa3, 頭先 嗰　個　係
　　　　 オーケー 無い 問題　intj. お兄ちゃん　　 さっき あの CL　〜だ

　　　你　　女朋友 aa4 ？
　　　あなた 彼女　 SP

　　　〔了解。大丈夫ですよ。あれ？お兄さんさー、さっきのあの子、彼女かい？〕　　　　　　　　　　　　　　（好天氣：167）

次のように2人称代名詞を用いた呼びかけ表現の後にも生起する。

(51) 唉… 你　　aa3 你　　aa3。唔好 成日　　　蝦　　我
　　 intj. あなた　　 あなた　　 ［禁止］しょっちゅう いじめる 私

　　aa3…
　　〔はぁ…あんたね〜、あんたね〜、いつも私のこといじめるんじゃないよ。〕　　　　　　　　　　　　　　　　　（ネ）

呼びかけは聞き手に対し話し手の方に注意を向けるよう促すだけ

第4章　〈伝達態度〉を表す文末助詞C類　　73

で、そこで用いられた呼称表現は、情報として伝えられているのではない。

また、次のように、aa3 は談話標識的な語句にも付加される。

(52) 李：喘氣　　aa4 你？　嘻　嘻…
　　　息切れする SP　あなた intj. intj.

　　　〔息切れしてるの？ふふふ。〕

　　占：邊　有　aa3？你　又　話會　　講俾我
　　　　どこ ある　　　あなた また 言う［可能性］話す 〜に 私

　　　　知？
　　　　知る

　　　　〔どこが？なあ、教えてくれるって言ってたじゃないか。〕

　　李：我 話　aa3, 今日 好　　好天氣 aa3, 冇　落雨
　　　　私 話す　　今日 とても いい天気　　無い 雨が降る

　　　　aa3, 同埋　　aa3, 我 想　知 你　究竟　有
　　　　　　それと　　　　私 〜たい 知る あなた いったい ある

　　　　幾　　鍾意 我 aa3！
　　　　いくら 好き 私

　　　　〔だからー、今日はすごくいい天気だねって。雨降って
　　　　ないし。それとねえ、私のこと一体どれぐらい好きなの
　　　　か知りたいの！〕　　　　　　　　　　　　（好天氣：286）

　ここでは何度も aa3 が生起しているが、とりわけ"我話"「だから、あのね」や"同埋"「それと」という語句の後に使用されている aa3 に着目されたい。"我話"は元来は「私は〜と言う」という「1人称代名詞＋発話動詞」の組み合わせであるが、ここでは次に来る発話の内容に注意を払うよう聞き手に要請する談話標識として機能している。また"同埋"「それと」も発話接続の機能を持つ談話標識として用いられている。*12 これら2つの言語表現そのものは、聞き手にとって何ら情報価値はない。

　以上のように、情報価値を持たない語句や節に接続することから、aa3 は聞き手に発話をきちんと聴取させることを意図した伝え方を行う標識だと考えられる。

　なお、既に上で見たように、aa3 は文末だけでなく、しばしば文

74

中の語句にも付加される。以下のように aa3 が付けられた語句は文
の主題であったり、時間・場所などの場面設定語句であったりする。

(53) 喂, 呢 件 事 aa3, 關乎 我 前途 gaa3。你 應承 過
intj. この CL こと 　関わる 私 将来 SP 　あなた 約束する［経験］

我 咩嘢 先？你 話 好好哋 招呼 人哋 gaa1maa3？
私 何 SP あなた 話す ちゃんと 世話をする (他)人 SP

〔ねえ、この件はさぁ、僕の将来に関わるんだよ。前に僕に
何を約束してくれた？この人たちを大切にもてなすって言
ってたじゃない？〕 (電影：120)

(54)（マージャンをしていて、A が大当たりなのを C が他の 1 人
B と組んでいんちきをしているのではないかと問い詰めてい
るところで）

P: 我 aa3, 都 未 開過糊 添 aa3！
私 SP 全く ［未実現］あがる−［経験］SP

〔俺なんかさー、あがってもいないんだぞ！〕 (好天氣：155)

(55) 呢, 有時 aa3, 帶 幾 個人番 嚟 瞓 aa3, 宵夜 都
intj. ある時 SP 連れる いくら CL 人 帰る 来る 寝る SP 夜食 〜も

唔 敢 出街 aa3！個個 唔 係 呢度
［否定］勇気がある 出かける SP CL CL ［否定］〜だ ここ

傷 就 嗰度 斷 gaa3！
怪我する そこ 切る SP

〔ほら、ある時なんかさぁ、何人か連れて帰って来て一緒に
寝るんだよー、夜食だっておちおち食べに出かけられない
よー。どの人も体のどこかしら傷があったり切れてたりす
るんだよ！〕 (我和：103–104)

これらは聞き手に自分の発話をきちんと聴取させ、聞き間違える
ことがないよう念を押した述べ方で、上述の「重点提示」の用法
（(43)〜(45)）につながると見られる。ただし、ここでは aa3 が
付けられた語句そのものが重点ないし焦点になっているというわけ
ではなく、文末にも aa3 が同時に現れていることから窺われるよう
に、むしろ節全体の表す内容をきちんと聞いてもらいたいという場
面において、節の後ろ以外に主題や場面設定の語句の後ろにも二重

にaa3が付けられていると見た方がよいかもしれない。先の談話標識の末尾に現れるaa3（例（52））も同様で、節内容自体をきちんと聞いてもらいたいという時に、途中で現れたものと見なせる。

これらの用法のほかに、aa3は文中において、語句を並列的に列挙する際の区切りにも用いられる。

(56) 英國　　aa3, 法國　　aa3, 度　度都　有　靚　　風景。
　　 イギリス　　　フランス　　　　CL CL みな ある 美しい 風景

〔イギリスとか〜、フランスとか〜、どこでもきれいな風景はある。〕　　　　　　　　　　　　　　（Matthews and Yip 1994: 341）

(57) 喺 英國　　ne1, 其實 真係　有　咩嘢 好做,　　多數
　　 で イギリス SP　実は 本当に 無い 何　するべき だいたい

　　 都　係　同　人 傾 吓 計　　aa3, 食 吓 飯　　　aa3,
　　 みな 〜だ と　人 閑談する−少し　　食事する−少し

　　 出 吓 town　aa3, 上 吓 網　　　　aa3 噉樣　　 gə-zaa3.
　　 街へ出る−少し　　ネットをする−少し　　そのよう SP

〔イギリスではさ、本当言うと特に何もすることがなかったんだ。まあだいたいは人とおしゃべりしたり〜、ご飯食べたり〜、街に出かけたり〜、ネットしたり〜とか、そんなもんだよ。〕　　　　　　　　　　　　　　　　　　　　　（ネ）

上述のように、aa3は聞き手に聴取するよう促す伝達態度を表すのであった。したがって、並列語句の列挙の場合は、引き続き注意して話し手の話に聞き入るよう要請を行い、後ろに他の語句がまだ続くということを知らせる前触れの方略としてaa3が用いられているのではないかと考えられる。

3.3　wo3　認識更新要請

次に、aa3と文類型への分布や文法的振る舞いの点で共通点の多いwo3の意味を見ていく。[13]

前節で述べたaa3は聞き手に話し手の発した発話を聴取するよう要請する伝達態度の表示であった。それに対し、wo3の方は、聞き手に認識更新を要請する伝達態度の表示であると本書では考える。すなわち、aa3と異なり、wo3が付加される発話は必ず何らかの情

報価値を有しており、それでもって聞き手に認識の変化を促すのである。

　先行研究の記述も概ねこの見方と齟齬がない。例えば、wo3について Luke（1990）は「注目に値すべきこと」（noteworthiness）という一般的性質を持つとしている。また、李新魁等（1995: 508）でも、wo3について、聞き手が知らなかったことや気づいていなかった状況に注意を向かせる意味を持つと記述している。

　具体例を見てみよう。

（58）蒋生：羅拔圖　响　邊　　aa3？
　　　　　　ロバート　いる　どこ　SP

　　　　　〔ロバートはどこ？〕

　　　芝：哦！　羅拔圖　冇　做　　呢度 lə-wo3。
　　　　　intj.　ロバート　無い　する　ここ

　　　　　〔ああ。<u>ロバートはもうここで働いてないよ。</u>〕

　　蒋生：冇　做？
　　　　　無い　する

　　　　　〔働いてない？〕　　　　　　　　　　　　　（903: 87）

　ここではロバートがまだ働いていると思っていた相手に対し「ロバートはもうここでは働いていない」という情報を提示することで聞き手の認識更新を図っている。

（59）（仕事の面接に行くのだからもう少しまともな服に変えたらと言われて）

　　　喂！已經　算　　　　　好　gə-lə-wo3, T-shirt　加　　長褲,
　　　intj.　既に　見なされる　よい　　　　　Tシャツ　足す　長ズボン

　　　長褲　　wo3,　唔　　係　　短褲！
　　　長ズボン　　　　〔否定〕～だ　短パン

　　　〔おい！<u>これでももう十分にちゃんとしてる方なんだぜ。</u>T
　　　シャツに長ズボン、<u>長ズボンだぞ！</u>短パンじゃない。〕

　　　　　　　　　　　　　　　　　　　　　　　　　　（19: 13）

　ここでは、1つ目のwo3の例では、面接用としてはまともな服ではないと思っている相手に対し、「もう十分ちゃんとしてる方なのだ」という情報を提示し、2つ目のwo3の例では「（自分が履い

ているのは）長ズボンである」という情報を提示することで、その
ことを十分意識していない聞き手に認識更新するよう促している。

wo3 は上記のような聞き手の認識更新を促す用法のほかに、話
し手自身の認識更新を図る用法も持っている。すなわち、李新魁等
（1995: 508）が述べるように、話し手自身が突然何かを意識した
り、気づいたりすることをも表す。Luke（1990: 242–255）で「気
づき」（realization）の会話文脈に出現するとされる wo3 がこれに
当たる。

(60) 陳：嗰 日 … 我 阿媽 抹 完 張 檯 然後 將 張
　　　 あの日　私 母さん 拭く 終わる CL 机 それから 〜を CL

　　　 相 放 咗 喺 電腦 後面 㗎。
　　　 写真 置く[完了]〜に パソコン 後ろ [説明]

　　　〔こないだ…母さんが机を掃除して、その時に写真をパソコンの後ろに置いたんだ。〕

李：係 wo3, 係 wo3… 喺度 wo3。
　　 〜だ　　 〜だ　　 ある

　　〔ほんとだ、ほんとだ…あるじゃん。〕 (19:301)

また、wo3 の特色の 1 つとして、以下の例のように、周りに誰
もいない話し手の独り言においてしばしば用いられる。

(61) 咦, office 冇 人 wo3, 做 嘢 未 返 定 laak3。
　　 intj. オフィス 無い 人 SP する もの [未実現] 帰る SP

　　 好, 等 我 執吓嘢 先！
　　 よい 待つ 私 片付ける–少し SP

　　〔あれ？オフィスに誰もいないじゃないか。きっと仕事で出
　　 ててまだ帰ってないんだな。よし、ちょっと片付けでもし
　　 ようっと。〕 (出租:166)

(62) 噉 又 奇！ 黃玲 係 舞蹈藝員, 佢 嚟 香港, 唔
　　 そのように また 不思議 〜だ ダンサー 彼女 来る 香港 [否定]

　　 係 表演 跳舞, 「時裝！」 哦！ 噉 黃玲 又 一定
　　 〜だ 演技する ダンス ファッション intj. では また きっと

　　 可以 勝任 wo3。*14
　　 できる 任に堪える

78

〔それはまた変だなあ。黄玲はダンサーだ、香港に来るのに
ダンスの演技をするんじゃない？「ファッション！」ああ、
<u>そういうことなら黄玲はきっと適任だぞ。</u>〕　　（香港仔4:5）

　これらの例における wo3 はいずれも自分自身の認識更新を図る
べく再帰的に用いられているのだと考えられる。すなわち、聞き手
に認識更新を要請する wo3 が話し手の認識更新を図る場合にも用
いられるのである。*15

　なお、比較のために述べておくと、こうした独り言では先述の
aa3 は用いられない。

(63) *咦, office 　行　　人 aa3, 做 　嘢 　未 　　返 　定 laak3。
　　 intj. オフィス 無い 人 SP 　する もの ［未実現］ 帰る SP

　　〔あれ？<u>オフィスに誰もいないよ。</u>きっと仕事で出ててま
　　だ帰ってないんだな。〕

　そもそも独り言として成立する文、成立しない文とはどういった
性質を持つものなのだろうか。森山（1997）は日本語の独り言文
について、文形式との相関を中心に、興味深い考察を行っているが、
それによると独り言として文が成立するには発話時における話し手
の認識変化や思考展開を表していなければならないという。

　翻って広東語の wo3 について見ると、すぐ上で述べたように、
話し手の「気づき」すなわち認識更新を表すのにも用いられる。そ
のため、独り言に現れることができるのだと見られる。日本語にお
いて、「すでに成立している認識的な判断に対して、その場で改め
て強く焦点化することを表す」という「気づき系の終助詞」の
「ぞ」、「わ」が文末に現れると独り言になりやすい（森山1997）と
いう事実と相通じるものがある。

　もう１つ、wo3 が聞き手の認識更新を要請する伝達態度を表す
と見られるのは、疑問文への生起の仕方である。

　先述したように、aa3 はどの種類の疑問文でも自由に生起するの
であった。他方、wo3 は疑問文に生起することは可能ではあるも
のの、より正確に言えば、以下に見るように、正反疑問文や選択疑
問文には現れず、専ら wh 疑問文に現れる。*16

第4章　〈伝達態度〉を表す文末助詞C類　　79

【正反疑問文＋wo3】

(64)＊買 咗 個波 未 wo3 ?
買う［完了］CL ボール［未実現］

〔ボール買った？〕

【選択疑問文＋wo3】

(65)＊男仔 定 女仔 wo3 ?
男の子 それとも 女の子

〔男の子？それとも女の子？〕

【wh疑問文＋wo3】

(66)我 幾時 有 話 過 我 鍾意 佢 wo3 ?
私 いつ ある 言う［経験］私 好き 彼

〔俺がいつあいつのこと好きだって言ったんだよ？〕 (19:2)

(67)占：你 唔好 諗 我 咁 多 laa1！諗 得 我
あなた［禁止］考える 私 そんな 多い SP 考える 私

多，個病情 會 惡化 gaa3！真 gaa3！
多い CL 病状［可能性］悪化する SP 本当 SP

〔そんなに俺のこと考えるなよ。俺のことばっか考えて
ると病状が悪化するぞ。本当だぞ。〕

M：噉 我 唔 諗 你 諗 邊個 wo3 ?
では 私［否定］考える あなた 考える 誰

〔じゃあ、あなたのこと考えないのなら、誰のこと考え
たらいいのよ？〕 (好天氣：275)

(68)助：今次 你 一定 要 走。
今回 あなた 必ず 必要だ 去る

〔今回は絶対帰らないとだめ。〕

記：點解 wo3 ? 做乜嘢 aa3 ?
なぜ どうした

〔なんでよー？どうしたっていうの？〕 (ネ)

(66)～(68)の例ではwo3が付加された節の文類型は確かに疑
問文である。しかし、wo3付き文の文全体の発話行為について見
ると、聞き手に疑問詞が表す不確定要素xについて情報提供を求め
るだけの単なる無色透明の質問ではないことに気づく。情報提供を

80

求めるというよりは、むしろ疑問詞が表す不確定要素 x を話し手が納得できるような形で補うのは難しいのだというメッセージを情報として聞き手に伝える一種の反語文である。このように単純に情報を聞き手から得るのではなく、疑問文の形をとりながら話し手側からも情報を伝えて聞き手の認識更新を要請するという点で、wo3 と共起する余地があるのだと思われる。

3.4 aa3 と wo3 の対立

以上見てきたように、aa3 と wo3 とは共に話し手から聞き手に発話を伝達する際の態度を表していたが、その伝え方に差があった。すなわち、aa3 が聞き手に対して発話を聴取するよう要請するのに対して、wo3 は聞き手に認識更新するよう促すというように、機能分担が見られる。このことは wo3 に比べると aa3 の方が聞こえ度の高い母音であることと無関係ではないと思われる。

このように、aa3 の方は、聞き手に聞き取るということを要請するだけであるため、伝達する発話の内容には情報価値は付与されていない。他方、wo3 の方は、聞き手に認識更新を図るよう促すため、発話内容は情報価値を持っている。

つまり、聞き手への働きかけの種類に着目して見れば、aa3 は聴取要請、wo3 は認識更新要請であるが、話し手の伝達する内容の性質から見れば、aa3 は情報価値の付されていない発話、wo3 は情報価値の付された発話だと整理できる。

以上の aa3 と wo3 の対立関係を踏まえ、以下ではこれらと音韻形態が類似するいくつかの形式について、相互に関連づけながら意味を探っていく。

3.5 関連形式 aa4 と wo4、wo5

この節では、aa3、wo3 と声調のみを異にする aa4 並びに wo4、wo5 という形式について、その意味を aa3 や wo3 と関連付けて記述する。*17

第4章 〈伝達態度〉を表す文末助詞C類　　81

3.5.1　aa4　聴取による受容

2.1. で少し触れたように、aa4 は先行研究ではしばしば「質問」の文を構成する文末助詞と見なされる。ただし、中立の質問ではなく「あることについて少しは知っていたり予測を持っていたりする上で尋ねることで、相手に正しいということを証明してもらいたい」（李新魁等1995: 520）というように、確認疑問を表すと説明されることが多い。

　本書では、aa4 の意味について、声調のみを異にする aa3 と意味的に何らかのつながりがあると見る。そこで、aa3 がそれが付く節や語句が表す発話内容を聞き手に聴取するよう要請する伝達態度を表すのに対し、aa4 の方は逆に話し手が受け取り手として当該の発話内容を聴取したという伝達態度を表すものと考える。すなわち、Chao (1947: 102) に「"Do I hear you right? Am I repeating your statement correctly?" ということを問う」と説明されているように、対話相手（聞き手）の言ったことを話し手の側ではかくかくしかじかの発話内容として受容した、ということを示すものと考える。

　例えば以下の例では、相手の発話の一部を言い換えて、自分としてはこのように聴取したがそれでよいか確認を取っている。

(69) 男：　陳秀雯 ne1, 拍　　咁　　耐　戯　以嚟, 你　　覺得
　　　　　　　　　SP　撮る こんな 長い 映画 以来　あなた 思う

　　　　　最　難　　做　嘅 一 次 鏡頭　係 點様　　ne1？
　　　　　一番 難しい する の 一 回 シーン 〜だ どんなだ SP

　　　　　〔陳秀雯さん、これまで長いこと映画を撮ってきてるけど、一番難しかったシーンってどういうのですか？〕

　秀雯：　最　難　　做　嘅 鏡頭　aa4？
　　　　　一番 難しい する の シーン

　　　　　〔一番難しかったシーンですか？〕

　　男：　有　有　aa3？
　　　　　ある 無い SP

　　　　　〔ありますか？〕　　　　　　　　　　　　　　　　　　（ネ）

(70) Elva：你　　有　有　女朋友 aa3 ？
　　　　　あなた ある 無い 彼女　 SP

〔あなた彼女いるの？〕

陳占：我　aa4　？
　　　私

〔俺か？〕

Elva:　係　aa3。
　　　～だ SP

〔そう。〕　　　　　　　　　　　　　　　　　　　　　（19：65）

このように、aa3 の場合と同様、aa4 が接続する節や語句もまた情報価値が付与されていない発話であると考えられる。

なお、冒頭で述べたように aa4 は確認疑問を表すと説明されることが多い。すなわち、本章の 2 節での定義にしたがえば、aa4 が付いた文全体は「質問」の発話行為を表す。実際、その証拠に、aa4 の発話の後にはしばしば相手からの返答が後続する（例（70））。しかしながら、本書では、aa4 が付いた文がこのような発話行為を表すのは、聴取し受け入れた内容を当の発話者を前にして提示するというところから間接的に生じる含意であると考える。実際、聞き手からの返答を要求せず、以下のように話し手が自分で納得してそれで済ませてしまう場合もある。

(71)阿水：我　決定　咗…　送　你　番　屋企 laa3, 兩點幾
　　　　　私　決める[完了]送る あなた 帰る 家　　SP　2時過ぎ

　　　　laa3 ！
　　　　SP

　　　　〔家まで送ってやることに決めたよ。もう 2 時過ぎだ！〕

阿煩：兩點幾　laa4 ？咁　　快　ge2 ？唔使　　送　laa3,
　　　2時過ぎ SP　　そんな 早い SP　必要ない 送る SP

　　　我　搭　的士　　得 laa3 ！
　　　私　乗る タクシー OK SP

　　　〔もう 2 時過ぎなんだ？ずいぶん早いなぁ。送らなくていいよ。タクシー乗ればいいから。〕　　　　（四：74）

以上の例では、aa4 が付加される節や語句は、先行する相手の発話のほぼそのままの形の繰り返しであった。ただし、細かく見ると、

第 4 章　〈伝達態度〉を表す文末助詞 C 類　　83

例（70）で先行発話の2人称代名詞 "你" がaa4付き文では1人
称代名詞 "我" に変えられており、どういう発話内容を聴取したか
示す際に、話し手の視点からの再編が行われている。

そして、このことが示唆するように、aa4を用いる際、話し手は
必ずしも先行する対話相手の発話をそのまままるごと繰り返すわけ
ではない。実際にaa4の使われる場面の多くは、以下の例のように、
aa4付き文の内容が相手（聞き手）の先行発話の中に現れていない
状況である。

(72) 占： 喂, 你　　今次 返　 嚟　 會　　 留　　 幾耐　　　aa3？
　　　　 intj. あなた 今回　帰る 来る［可能性］滞在する どのぐらい SP

　　　　　〔ねえ、今回の帰国はどれぐらいになるの？〕

　　　 李： 大概　　十零日度　　　laa1。
　　　　　 だいたい 10数日 ぐらい SP

　　　　　〔だいたい10数日ぐらいかな。〕

　　　 占： 跟住 返 去 讀　　　 幾耐　　 話？
　　　　　 それで 帰る 行く 勉強する どのぐらい SP

　　　　　〔それで、あっちへ帰ってどれぐらい勉強するんだっ
　　　　　 て？〕

　　　 李： 如果 讀　　 埋　　 大學 aa4？ 五年 度　　　 laa1。
　　　　　 もし 勉強する［拡充］大学　　　 5年　 ぐらい SP

　　　　　<u>〔もし大学にも行ったらってこと？</u>5年ぐらいかな。〕

　　　　　　　　　　　　　　　　　　　　　　　　　　（好天氣：176）

(73) 你　　 做咩 用 嘅　　 嘅眼神 望住　 我？ 你　 唔
　　 あなた なぜ ～で このよう の 目つき 見つめる 私　 あなた［否定］

　　 信　 我 你　　 懷疑 我 aa4？！
　　 信じる 私 あなた 疑う 私

　　　〔なんでそんな目で私を見るんだ？<u>私が信じられない、疑っ</u>
　　　<u>てるのか？</u>〕　　　　　　　　　　　　　　　　　　（903：395）

(74)（電話での会話）

　　 阿煩： 我……其實 好　 唔　　 開心……我 同 佢 嗌交……
　　　　　　 私　　 実は 大変［否定］嬉しい　 私 と 彼 口論する

　　　　　　〔私……ほんとは…すごく落ち込んでるの……彼とけ

んかして…〕

陳占：<u>你　　喊　aa4？</u>你　　唔好　喊　住　　先
　　　あなた 泣く　　　あなた〔禁止〕泣く ～ておく SP

laa1。
SP

〔<u>お前泣いてるのか？</u>まずちょっと泣くなよ。〕

(19 : 150)

　これらの例では、aa4 を用いることで、あたかも相手が何らかの発話を発したかのように見なし、そうした仮想の発話を話し手としてはどのように聴取したかを示しているのだと考えられる。

　こうした仮想発話の聴取受け入れの用法は、本書が aa4 に対して与えた意味からは一見説明しづらいように思われるかもしれないが、実はそうではない。本書では aa4 の意味は話し手の側で対話相手からどういう発話が聴取されたのかを示すとしたが、これはすなわち「引用」ということと部分的に重なる。山口（2009 : 23）は文字通りの引用と捉えられがちな直接話法というものについて非常に示唆的な指摘をしている。それによると、直接話法は元の発話の忠実な再現引用ではあり得ず、たいていは元発話者が言ったであろうせりふを自分の裁量で作りなおしたものであり、ゆえに仮想引用が可能になるという。そうした仮想引用が目の前の相手の発話の「引用」である aa4 についても同様に起こっていると考えられる。

　このほか、aa4 には Matthews and Yip（1994 : 341）や梁仲森（1992 : 81）が指摘するような、文中の語句の末尾に生起し主題の導入を行う用法があるが、これも仮想発話受け入れ用法の延長線上にあると考えられる。例えば梁仲森（1992 : 81）の次の例には（　）内のような文脈を補足することができるが、ここでは主題の語句は、仮想発話の聴取受け入れという形で導入されている。

(75)（いつもお見合いに連れて行かれて困ると嘆く A に対して、
　　　B が「どうやって相手の人と接してるの？」と質問すると）

A: 鍾意 aa4,　同 佢 有講有笑 lo1,　唔　　鍾意 aa4, 我
　 好き　　と 彼 談笑する　 SP 〔否定〕好き　　私

睬	都	唔	睬	aa3。
相手にする	〜も	［否定］	相手にする	SP

　　〔気にいったら（ってか？そしたら）楽しくおしゃべり
　　する よ。気に入らなかったら（ってか？そしたら）相手
　　に も しないよ。〕　　　　　　　　　　　　　（梁仲森1992: 81）

　この例では下線部の内容をあたかも目の前の聞き手Ｂから発せら
れた発話として受け取ったことを示し、さらに話し手自身がそれに
対して返答を供給するという形で発話が展開されている。

　このような主題導入用法は前述の（72）（以下に一部再掲）のよ
うな用法と連続的である。

（76）占：
跟住	返	去	讀	幾耐	話？
それで	帰る	行く	勉強する	どのぐらい	SP

　　　　〔それで、あっちへ帰ってどれぐらい勉強するんだって？〕

　　李：
如果	讀	埋	大學 aa4？	五年	度	laa1。
もし	勉強する	［拡充］	大学	5年	ぐらい	SP

　　　〔もし大学にも行ったらってこと？5年ぐらいかな。〕

　　　　　　　　　　　　　　　　　　　　　　　　　（好天氣：176）

3.5.2　wo4　認識更新による受容

　次に、wo4について述べる。

　wo4は先行研究では"unexpected"「予想外」（Kwok 1984: 68）、
"意想不到"「思いがけない」（梁仲森1992: 115）、"出乎意料、吃惊、
惊奇等"「予想外、驚き」（方小燕2003: 162）といった意味を表すと
される。また、Lee and Law（2001）はwo4を証拠性（evidentiality）
を表す形式の１つと見なし、当該の出来事に気付いたばかりの話し
手が、自身の知識貯蔵庫に存在しなかった情報を標示するという見
解を提出している。

　本書では、先述のaa4の意味をaa3に関連付けて考察したのと同
様、wo4についてもwo3との意味的つながりを意識してその意味
を考察することが有効であると考える。そこで、先述のwo3が聞
き手に認識更新を要請するような情報伝達の態度を表すのに対し、
wo4は認識更新しながら情報を受容したという伝達態度を表すも

のと考える。

以下に例を挙げる。

(77) 阿 John 琴日 攞 住 本 Maths 書話 呢 條 數
pref.　　昨日 持つ［持続］CL 数学　本 言う この CL 計算

好 難, 係 佢 先 計倒。 哈, 佢 以為 我 唔
とても 難しい ～だ 彼 ～こそ 計算できる intj. 彼 思う 私［否定］

識 計 呢 條 數 wo4。點知 我 一 計
できる 計算する この CL 計算　　　　 なんと 私 ひとたび 計算する

就 計倒。
　 計算できる

〔ジョンが昨日数学の本を持ってきて、この計算はすごく難
しくて、自分にしか解けないって言うんだ。ふん、あいつ
俺には計算できないと思ってたんだよ。ところがどっこい
俺はすぐに解けたんだ。〕

(78) Inv: 佢 可以 坐 呢 張 凳 度 laa1。又 可以 坐 喺
それ できる 座る この CL 椅子 suff. SP　 また できる 座る に

啲 梳化 度 wo3, 你 睇 吓。
CL ソファー suff. SP　 あなた 見る ちょっと

〔このいすに座らせてもいいし、ソファーに座らせても
いいんだよ。ほら。〕

Chi: 呢度 又 有 梳化 wo4。
ここ また ある ソファー

〔ここにもソファーがあるぞ。〕　　　　　 (Lee and Law 2001)

なお、wo3 と wo4 はしばしば互換可能である。

(79) Inv: 佢 可以 坐 呢 張 凳 度 laa1。又 可以 坐 喺
それ できる 座る この CL 椅子 suff. SP　 また できる 座る に

啲 梳化 度 wo3, 你 睇 吓。
CL ソファー suff. SP　 あなた 見る ちょっと

〔このいすに座らせてもいいし、ソファーに座らせても
いいんだよ。ほら。〕

Chi: 呢度 又 有 梳化 wo3。
ここ また ある ソファー

〔ここにもソファーがあるぞ。〕　　　　　　　　((78) の改変)

先行研究の記述もそれを裏付ける。例えば、方小燕（2003:162）は以下の例文の wo4 について "同 bo3"「bo3 と同じ」と述べるが、bo3 は方小燕（2003:67）によれば wo3 の弱化形式である。

(80)阿　珍　成　個人　變　　晒　wo4！
　　　pref.　　全て　CL　人　変わる　全部　SP

　　　〔阿珍はすっかり人が変わってしまったぞ。〕（方小燕 2003:162）

このように wo4 と wo3 とは意味的な近さが見られるが、wo4 と類義的なのは wo3 の気づき用法、すなわち話し手自身に認識更新を促す独り言用法の方である。つまり、認識更新しつつ情報を受け入れたと表明することと、自分自身に認識更新を促し気づきを表明することとはほとんど意味が重なっている。そのためにしばしば互換可能なのだと思われる。

3.5.3　wo5　責任逃れの情報伝達

次にもう１つの wo 系統の形式である wo5 について考察する。

wo5 は 先 行 研 究 で は "reported speech"（Kwok 1984:67、Matthews and Yip 1994:354）、"轉 述"「伝 聞」（梁 仲 森 1992:115）、"转告"「伝聞」（李新魁等 1995:509）、"hearsay"（Luke and Nancarrow 1997）を表すという一致した見解がある。そして、このような使われ方をすることから、広東語における証拠性の担い手の１つと位置付けられる。（Matthews1998、Lee and Law2001）

例えば、以下のような例がある。

(81)阿煩:佢　話……係　一　個　讀書補腦汁　　　嘅　廣告。
　　　　　彼　話す　〜だ　1　CL　勉強脳にきくドリンク　の　広告

　　　〔彼が言うには「勉強脳にきくドリンク」の広告だって。〕

　　陳占:讀書補腦汁？
　　　　　勉強脳にきくドリンク

　　　〔「勉強脳にきくドリンク」？〕

　　阿煩:要　搵　個　傻更更　樣　嘅　男仔　wo5。
　　　　　必要　探す　CL　ばか　様子　の　男の子

　　　〔ばかっぽい様子の男の子を探したいんだってさ。〕

(19：184)

(82) A: 我 同 佢 拍 咗 拖　　 兩個月 zaa3！
　　　 私 〜と 彼女 付き合う–［完了］ 2ヶ月　 SP

　　　〔僕は彼女とたった2ヶ月しか付き合ってないよ。〕

　　 B: 吓？ 幾耐　　 話？
　　　 intj. どれぐらい SP

　　　〔ええっ？どれぐらいって？〕

　　 C: 兩個月 zə-wo5。
　　　 2ヶ月

　　　〔たった2ヶ月だってさ。〕

　本書では wo5 は伝聞・引用といった証拠性を本来的な意味として持つというよりは、伝聞・引用の意味は別の中心的な意味からの意味拡張と見なした方がよいと考える。

　その理由は、まず、wo5 を伝聞・引用を表すと説明するだけでは、上述の wo3 や wo4 との関連が見い出せないからである。むろん、これらとは偶然に音韻形態が類似するだけで、意味的には関連がない可能性もある。しかし、少なくとも wo3 と wo5 に関しては、両者とも聞き手に対し何らかの情報伝達を行う点、したがって、以下のようなミニマルペアが作られることから見て、意味的にも類縁性があると考えられる。

(83) 天氣 報告 話 今日 會　　 落 雨 wo3。
　　 天気 予報 言う 今日 ［可能性］ 降る 雨

　　〔天気予報は今日は雨だと言ってるぞ。〕

(84) 天氣 報告 話 今日 會　　 落 雨 wo5。
　　 天気 予報 言う 今日 ［可能性］ 降る 雨

　　〔天気予報は今日は雨だと言ってるよ〜/けど〜。〕

(85) 爸爸 叫　 你　 即刻 翻 去 wo3。
　　 父さん 命じる あなた すぐ 帰る 行く

　　〔父さんがお前にすぐ帰るようにと言ってるぞ。〕

(李新魁等 1995：509)

(86) 爸爸 叫　 你　 即刻 翻 去 wo5。
　　 父さん 命じる あなた すぐ 帰る 行く

〔父さんがお前にすぐ帰るようにと言ってるよ〜/けど〜。〕

(李新魁等 1995: 509)

　そして、第二に、もし、wo5 が伝聞・引用の意味を専ら表すと考えた場合、(84)、(86) のような例では、それぞれ主節の内容"天氣報告話今日會落雨"「天気予報が今日は雨が降ると言っている」や"爸爸叫你即刻翻去"「お父さんがお前にすぐ帰るように命じている」が、(天気予報やお父さん以外の) 誰か第三者の発言からの伝聞・引用であることを意味することになってしまう。なぜなら文末助詞はそれが付く節全体をスコープに収めるからである。しかし、ここではそういう意味が意図されているのではない。したがって、もしも、wo5 が wo3 と意味的関連を持ち、同じく主節全体をスコープにとると考えるのであれば、wo5 の本質的な意味としてはやはり別の定義を考えた方がよいと思われる。

　そこで、上の wo3 と wo5 のミニマルペアの例 (85)(86) を挙げた李新魁等 (1995: 509–510) の説明を参照してみよう。それによると、wo3 を用いた例 (85) が単純に言付けしているのに比べ、wo5 を用いた例 (86) の方は必ずしも父親の意図に同意していない、さらには納得していないことを表すと述べられている。

　このようなことから、本書では、wo5 はそれが付く節 (や語句) の内容を、話し手が自分とは関係のない、責任を持たない情報として聞き手に伝達するという伝達態度を第一義的に表すと考え、いわゆる伝聞の意味はそこから拡張されたものと見なす。

　前述のように、wo5 は伝聞の意味を表すことから、証拠性の担い手の 1 つと位置付けられることが時折あった。しかし、元々は証拠性標識ではない言語形式が証拠性的なニュアンスを帯びるようになる事例は通言語的によくある (Aikhenvald 2004)。例えば、様々な言語において、非直説法 (non-indicative) の叙法やモダリティの構文が、「遠ざけ」(distancing) の効果、すなわち陳述の正確さを保証しないという効果の産出を通じて、伝聞のような非一次的証拠性の意味を発達させてくると言われる (Aikhenvald 2004: 106–110)。実際、wo5 についてもこうした「遠ざけ」の意味合いが濃厚にある。それは例えば、先述の李新魁等 (1995) の記述ほ

90

か、Kwok（1984: 68）の「責任逃れ、もしくは疑いや疑念表明の手段にすらなり得る」、あるいは梁仲森（1992: 115）の「話し手が他人の話を伝聞しており、自分の意図することではないことを表明している。この種の態度は「自分は言責を負わない。これは自分には関わりない」ということを説明しようとするものだ」という記述からも窺われる。

　このようなことから、本書では自分としては責任を持たない、コミットしないという「遠ざけ」の態度で情報を伝達することをwo5の本質的意味と考える。

　なお、Aikhenvald（2004: 142, 183）によると、伝聞・引用を表す証拠性の標識は、言われている内容についての否定的な態度、アイロニーや皮肉をしばしば表す。*18 したがって、wo5にもそうした意味合いが伴われても不思議ではない。以下の例文もそうした例と解釈できる。

(87) 阿傑：唔好意思, 唔好意思 aa3, 咁　　多　位, 我　想
　　　　　すみません すみません SP　こんな 多く CL 私 ～したい

　　　　同　我 女朋友 ne1, 靜靜哋 食　　餐 浪漫　　　　啲
　　　　～と 私 恋人　　SP　静かに 食べる CL ロマンチック CL

　　　　嘅 飯, 希望　　大家 唔好 介意　　我 陪　　　　我
　　　　の ご飯 希望する 皆さん ［禁止］気にする 私 付き添う 私

　　　　女朋友。
　　　　恋人

　　　　〔すみません。みなさん。彼女と静かにロマンチックな食事を楽しみたいので、僕が彼女と一緒にいるのを気にしないでいただきたいのですが。〕

街坊：浪漫　　　　　wo5, 吓話！？ 我哋　又　浪漫
　　　ロマンチック　　　　でしょう 私たち も ロマンチックする

　　　吓　　　laa1 喂, 喂…。*19
　　　ちょっと SP　intj. intj.

　　　〔"ロマンチック"だって～。ええ？俺たちもロマンチックしようぜ。なあ。〕　　　　　　　　　　　　　（電影：196）

こうしたアイロニー・皮肉の態度が次のような反語用法（李新魁

等 1995: 510、方小燕 2003: 71, 146）へとつながっていると見られる。

> (88)（仕事も探そうとせずぶらぶらしてる友人が、「力のある者には自然と仕事口が見つかるものだ」とうそぶくのに対して）

> 係　lə-wo5, 全世界嘅 工　等　住　你　去　做 wo5？
> ～だ　　　　世界中　CL 仕事 待つ［持続］あなた 行くする

> 〔（へええ？）そうだろうよ。世界中の仕事が君を待ってるんだ？〕

> (89) B: 阿　甲話 同　　　　你　做 生日　　bo3。
> 　　　 pref. A　言う ～のために あなた 誕生日を祝う SP

> 〔A が君の誕生日を祝ってやるって言ってたぞ。〕

> C: 佢 有 咁　　好死　　wo5。
> 　 彼 ある そんな いいやつだ

> 〔あいつそんなにいいやつかって。〕

李新魁等（1995: 510）によると、こうした反語用法では、wo5 が付く発話内容は否定される。ただ、この用法は、例（87）と異なり、現実に現れた他人の発話を否定的な態度で引用し皮肉ったものではない。しかし、先の aa4 について述べた通り、引用というものが現実に誰も何も言っていなくても成り立つ（「仮想引用」）ことを考え合わせると、こうした反語用法も「遠ざけ」由来の伝聞・引用用法の延長上に位置付けられるであろう。

なお、このほか、wo5（lə-wo5 の連鎖で現れる）には次のように、興味をそそるような話題を導入する従属節の末尾に現れる用法もある。

> (90) 呢　隻 係　叫　　　KING企鵝～ 同 emperor 係　同
> 　　 この CL ～だ ～という　　ペンギン ～と　　　～だ 同じ

> 一 個　種族 gaa3～ 叫　　得　　　　KING lə-wo5～
> 1　CL 種族 SP　　～という ～する以上は

> 睇　呢 張 相　就　知　　佢 犀利　laa1～
> 見る この CL 写真　わかる それ すごい SP

> 〔これは king ペンギンといって、emperor と同じ種族なんだ。

kingと言うからにはだねー、この写真を見ればすごいってことがわかるよ。〕　　　　　　　　　　　　　　　　　　（ネ）

(91)（茶館を開きそこにステージを作ることを提案したが、言うのは簡単だが実際は大変だと否定され）

有　我　喺　你　　身邊　aa1maa3！　噂, 到時
有る　私　いる　あなた　そば　SP　　　　　intj. 時が来る

lə-wo5, 呢度　可以　　唱　吓　粵曲　　laa1、
ここ　～してよい　歌う　少し　広東オペラ　SP

地方戲曲　laa1, 你　　重　可以　　客串　吓　添！
地方オペラ　SP　　あなた　さらに　～してよい　友情出演　少し　SP

我　好　想　　你　唱番　嘢！
私　とても　～したい　あなた　歌う〔回復〕もの

〔僕がそばにいるじゃないか。いいかい。その時になったらだねー、ここでは広東オペラとか、地方オペラとかを歌ったりできるし、君は友情出演もできるんだよ。君にもう一度歌ってほしいなぁ。〕　　　　　　　　　　（誰 : 62–63）

　このようなwo5も、仮想引用の形をとった拡張義であると思われるが、詳細についてはさらなる考察を待ちたい。

　以上のように、本書ではwo5の基本的意味を、責任逃れをしつつ情報を伝達するという伝達態度を表すと考える。

3.6　aa3とwo3と関連諸形式の意味的関連

　以上の節でaa3とwo3、及びその関連形式の意味について分析した。まとめると次のようになる。

　aa3とwo3は話し手が聞き手へと伝達を行うのであるが、その際に聞き手にどういうことを要請するかという一点において異なっている。すなわち、aa3は聞き手に聴取を、wo3は聞き手に認識更新を促すのであった。このように、伝達の際に聞き手に何を要請するかが異なることにより、それぞれが付加される節や語句の持つ情報性にも自ずと違いがあった。つまり、aa3が付く節や語句は情報価値を持たされていない。一方、wo3が付く節や語句は情報価値を持った、文字通り情報と呼べるものであった。

このように、aa3とwo3とは広東語の伝達態度の体系において根本的な対立を成しており、aa系とwo系というこの両者の対立はこれらと関連する諸形式の意味的対立にも引き継がれていた。

例えば、同じ第4声を持つaa系とwo系の形式にaa4とwo4があった。上述のaa3とwo3はいずれも話し手から聞き手への伝達を行っていたが、それと平行するように、aa4とwo4はいずれも話し手による受容を表す点で共通する。すなわち、これらは話し手が受け手となっている点で、話し手が送り手となるaa3やwo3とは異なるのである。その上で、ここでもaa系とwo系とでは、話し手が行うのは聴取か認識更新か、そして、それが付く節や語句の内容に情報価値があるかどうかという点で対立が見られる。すなわち、aa4は聴取による発話の受容を表す。したがって、それが付く節や語句に情報価値は付与されていない。それに対し、wo4は認識更新による情報の受容を表す。したがって、それが付く節や語句には情報価値が付与されている。

このほか、wo系の関連形式としてはwo5というのが挙げられた。wo5は話し手自身は責任を持たない情報の伝達というように定義できる。すなわち、wo3が無標の情報伝達であるのに対し、同じ情報伝達でもその情報に責任を持たないという無責任な態度が加味されている。もちろん、いずれも情報伝達であるからには、当然ながら聞き手の認識更新要請も意味に含まれているが、そこはwo3とwo5の違いに関与的ではないためことさら言及する必要はない。

このようにwo系の形式を見渡してみると、wo3は一方でwo5と、他方でwo4と、それぞれ個別に意味的関連が見い出せるが、wo5とwo4の間には直接の関連は見い出しにくい。*20

なお、このほかにaa系としてaa5という形式があるとされる。aa5はKwok（1984: 89）によれば、真実に突然気付いたことを表し、間投詞"哦"「ああ」としばしば共起するという。また、梁仲森（1992: 94）でもたった今気付いたことを表す文に現れ、少し意外な気持ちを含み、確かめようとするものだと説明される。そして、「なるほどそういうことだったのか」といった感じを伴い、"原來"「なるほど、なんだ」と共起し得ると言う。

(92)哦！佢　老公 aa5 ？
　　intj. 彼女 夫

　　〔ああ。彼女の旦那さんのことだね〜。〕　　（Kwok1984：89）

(93)A: 啲 毛 長 咪　　　要　　吹 乾　　　　佢 lo1。
　　　CL 毛 長い じゃない 必要だ 吹く 乾いている それ SP

　　　〔毛が伸びているならドライヤーで乾かさないとだめだろ。〕

　　B: 哦,　隻 牧羊狗　　　aa5 ？
　　　　intj. CL シェパード

　　　〔ああ。あのシェパードのことだね〜。〕

　　　　　　　　　　　　　　　　　　　（Luke and Nancarrow1997）

(94)原來　重　有　aa5 ？
　　なんだ まだ ある

　　〔なんだ、まだあるじゃないか〜？〕　　（梁仲森1992：94）

　Kwok（1984：89）が "Oh, is that what you mean?" と言い換え
られると述べるように、これも aa4 と同様、相手の発話が正しく受
け入れられているかを問題にする形式と考えられ、話し手の役割は
発話の送り手というよりは受け手である。ただ、aa5 は aa4 とは異
なり、聞き手に承認を誘導するような意味合いを持つようである。

　しかしながら、aa5 については、その声調（第5声）が wo5 と
同質のものなのかという点も含め、意味の分析もさらに行う必要が
あり、aa 系と wo 系からなる文末助詞群の体系においてどういう位
置付けをとるかという問題は本書では保留しておく。

　以上、本節で議論してきた aa3 と wo3、及びその関連形式 aa4、
wo4、wo5 の位置付けは以下の表のようにまとめられる。

表1　aa3 と wo3 及び関連形式の位置付け

		聴取	認識更新	
節や語句の情報性		〔−情報価値〕	〔＋情報価値〕	
話し手役割	伝達者（送り手）	aa3	wo3	wo5（責任逃れ）
	受容者（受け手）	aa4	wo4	

第4章　〈伝達態度〉を表す文末助詞C類　　95

最後に、aa3 と wo3 の伝達様式について、次の節で詳しく分析することになる laa1 や lo1 との違いを念頭に、もう 1 つ共通する特徴を述べておく。

　それは、aa3 と wo3 は話し手が聞き手にどのようなことを要請しつつ伝達を行うかという伝達様式においては異なるが、平叙文の節に付加された場合、いずれもその節の内容を聞き手がきちんと聞こえていない、認識できていないといった認知状態にあると見なし、話し手が一方的に教えてやる伝え方となる点で共通するということである。以下の例の日本語訳にそれを示しておく。

(95) 呢度 有　張 凳　aa3。
　　 ここ　ある　CL　椅子

　　〔ここにいすが 1 つあるよ。〕

(96) 呢度 有　張 凳　wo3。
　　 ここ　ある　CL　椅子

　　〔ここにいすが 1 つあるよ／ぞ。〕

　そこでこれらを一方向型伝達の文末助詞として位置付けることにする。

　他方で、C 類文末助詞には、aa3 や wo3 のような一方的な伝え方ではなく、聞き手の認知状態を話し手と同等と見なした伝え方を表す形式もある。森山（1989b）を参照して言い換えれば、聞き手が当該内容を「知っている、わかる」と仮定した伝え方、すなわち、聞き手に当該内容に関する情報があると仮定した伝え方である。次の 4 節では専らそうした伝え方を表す文末助詞の意味を分析していく。

4.　同意形成型伝達

　前節では、話し手から聞き手に一方的に伝達する形式として、aa3 及び wo3 の意味を分析した。本節では、それに対し、聞き手にも当該内容に関する情報があると見なした伝え方を表す、「聞き手情報配慮」（森山 1989b）（木村・森山 1992 では「聞き手情報依存」）の形式をいくつか取り上げる。

その代表的形式が laa1 及び lo1 である。

laa1 については、Fung（2000：96）にも、聞き手が持つ知識についての話し手の想定に関わる意味を表す、との説明がなされている。例えば以下の例では聞き手が当該の知識を持っているとの想定が話し手にあると言う。

(97) 佢　走　咗　　　laa1。
　　　彼　去る［完了］

　　　〔彼は帰ったでしょう？〕　　　　　　　　　（Fung 2000：96）

　一方、lo1 の方は laa1 よりもさらに高い知識、すなわち聞き手も含めた誰もがその命題の知識を持っているべきということを仮定した述べ方だと説明される（Fung2000：116）。

　このように、laa1 や lo1 は、前節で取り上げた aa3 や wo3 と異なり、当該情報が聞き手にも認識できるとの想定に立った伝え方をする形式である。より正確に言えば、本書では以下で述べて行くように、laa1 や lo1 はいずれも聞き手と当該情報をめぐって共通認識または同意を形成するのを目標ないし前提にした伝達態度を表すと考える。そこで本書では、こうした形式を同意形成型伝達の形式と呼び、aa3 や wo3 のような一方向型伝達の形式と対置させることにする。

　このように laa1 と lo1 を 1 つのグループとして取り上げるのは、同じ声母（/l/）と同じ声調（第 1 声）を持ち音韻形態が類似するほか、文法的な振る舞いも似ているからである。

　以下で見るように、laa1 も lo1 も提案を表す副詞 "不如"「何なら」と共起可能である。これは aa3 や wo3 にはなかった特徴である（例（37）（38）参照）。

(98) 不如　我　幫　　你　　laa1。
　　　何なら 私 助ける あなた

　　　〔何なら私が手伝ってあげよう。〕

(99) 不如　我　幫　　你　　lo1。
　　　何なら 私 助ける あなた

　　　〔何なら私が手伝ってあげようじゃない。〕

　この点は本章の 2 節、3 節で少し触れた aa1 についても同様であ

る。したがって、本書では aa1 を laa1 の関連形式と位置付けることにする。

(100) 不如　我　幫　你　　aa1。
　　　何なら　私　助ける　あなた

　　　〔何なら私が手伝ってあげようか。〕

以下では laa1、lo1 そして laa1 の関連形式として aa1 を取り上げていく。

4.1　laa1　同意形成企図

先に述べたように、laa1 及び lo1 は当該の節が表す内容が聞き手にも認識できるとの想定に立った伝え方を表すと考えるが、そのうち laa1 は聞き手と当該内容をめぐって共通認識ないし同意を形成していこうという「同意形成企図」の伝達態度を表すと本書では考える。*21

先行研究においても類似の見解を提出しているものがある。例えば会話分析のアプローチで laa1 を詳しく分析した Luke (1990) では「共通基盤樹立」(common ground establishment) という一般的性質が導き出されている。

共通認識・同意を形成するとはどういうことか、以下、laa1 が用いられる代表的な状況をいくつか具体的に見てみる。

まずは、laa1 が付く節が真偽を問題にできるような命題を表している場合を見る。その場合、次のように、laa1 は話し手の提示した命題について聞き手に真であると同意してもらうよう働きかける「確認要求」として機能する。

(101) 你　　成日　話　「過　咗　　今晩　冇事」,　你　　琴晩　點
　　　あなた　いつも　言う　越す　[完了]　今晩　無事　あなた　昨晩　どう

　　　過?!如果　你　　過　得　　琴晩,　你　　今晩　就　唔
　　　過ごす　もし　あなた　過ごす　[可能]　昨晩　あなた　今晩　　[否定]

　　　會　　喺　　　呢度　laa1！
　　　[可能性]　～にいる　ここ

　　　〔君はいつも「今晩が過ぎたらもう大丈夫」って言うけど、
　　　昨夜はどうやって過ごした？もし昨夜を過ごすことができ

たのなら、今夜、君はここにいたりしないだろう？〕

(電影：56)

(102) 你哋　識　　　gə-laa1,　唔使　介紹　laa1。
　　　あなた達 知り合いだ　　　必要ない 紹介する

〔お前ら知り合いだろ？紹介しなくていいよな？〕 (19：93)

(103) Tony：OK 打　　　得　　俾司機！叫 佢 嚟 得！
　　　　　　OK 電話する［許可］に 運転手 呼ぶ 彼 来る［許可］

〔OK。運転手に電話かけてもいいよ。呼んできてい
　いよ。〕

琳琳：你　　　聽倒　　laa1, 大拿拿 ten thousand aa3,
　　　あなた 聞こえる　　大金だ　　　　　　　SP

文 哥！
兄さん

〔聞こえたでしょう？ 10000 ドルよ、文さん！〕

(903：204)

以上のような確認要求の用法ではしばしば次のように確認を求め
る付加疑問形式が laa1 の後に付けられる。

(104) 如果 你　過　得　　琴晚, 你　　今晚 就 唔
　　　もし あなた 過ごす［可能］昨晩 あなた 今晚　　［否定］

會　　喺　　呢度 laa1, 係咪？！
［可能性］〜にいる ここ　　　　でしょう

〔もし昨夜を過ごすことができたのなら、今夜、君はここ
　にいたりしないだろう、そうだろう？〕 ((101) の改変)

次に、laa1 が節や語句に付き、文全体を提案の発話行為にする
場合を見る。これは laa1 の使われ方の中で最も代表的なものの 1
つである。この場合は、laa1 が付く節や語句が表す内容を実現さ
せることについて、聞き手にも共通認識を形成するよう、すなわち
同意するよう働きかけることになる。

例えば、以下の例では laa1 が語句の末尾に付けられ、「次回」、
「799 香港ドル」という内容を実現させることについての同意形成
が図られている。すなわち、文全体としては提案の発話行為が表さ
れている。

(105) 對唔住, 我 約 咗 人, 下次 laa1！
ごめんなさい 私 約束する［完了］人 今度

〔ごめんなさい。他の人と約束してしまったので、次回に
しましょう。〕
(出租：200)

(106) 平 啲 賣 俾 你……$799 laa1！
安い CL 売る に あなた

〔安く売りますよ。……799 ドルにしましょう。〕 (森：153)

以下では「私達が一緒にご飯を食べに行く」、「私が行く」という
平叙文の節に laa1 が付けられ、その内容の実現について同意形成
が図られている。

(107) 我哋 一齊 去 食飯 laa1。
私達 一緒に 行く 食事する

〔一緒に食事しに行きましょうよ。〕

(108) 好 laa1, 我 去 laa1。
よい 私 行く

〔いいだろう、俺が行こう。〕 (李新魁等 1995：519)

このように、laa1 は聞き手との間で同意を取り付けようとする
伝達態度を表す。そこで、以下のように命令文の節に接続する場合
でも、laa1 が付いた文全体の発話行為は、aa3 や wo3 の場合のよ
うな一方的な「指令」になるのではなく、聞き手と同意を形成しよ
うとする「勧め」になる。

(109) 喂！嗽 你 依家 快啲 去 搵 阿 Moon 先！
intj. じゃあ あなた 今 早く 行く 訪ねる pref. SP

佢 好 想 見 你 gaa3, 你 快啲 去 laa1！
彼女 とても 〜たい 会う あなた SP あなた 早く 行く

〔ちょっと、じゃあ今すぐ Moon に会いに行って。彼女は
とても会いたがってるんだから。早く行きなよ。〕

(好天氣：273)

(110) 你 唔好 諗 我咁 多 laa1！
あなた［禁止］考える 私 そんな 多い

〔そんなに俺のこと考えんなよ。〕 (好天氣：275)

以上のように、laa1 は聞き手との間で当該の内容をめぐって共

通認識・同意を取り付けようとする伝達態度を表すと見られる。

　他方で、一見すると、同意を取り付ける伝達態度とは見なしにくいのではないかと思われる用法もある。例えば、laa1 は話し手が聞き手に一まとまりの連続する出来事を語って聞かせる語り（narrative）の場面によく使われる。このような語りにおいては、laa1 が付加された節の内容は、(101)～(103) のような確認要求のケースと異なり、聞き手には真偽を判定することはできない。いずれも話し手によって語りの中で提示されて初めて知った情報だからである。

(111)（広東語が母語の被験者がビデオを見た後で調査者に向けてストーリーを語って）

　　…嚹　　佢 ne1 喺度 玩 緊　　嗰 陣 時 就 發覺
　　　じゃあ 彼 SP そこで 遊ぶ[進行] その CL 時　気付く

　　佢 係 即係 個男仔 就 跌倒 咗　　laa1, 即係 貪心
　　彼 〜だ つまり CL 男の子 転ぶ [完了] SP　つまり 欲張り

　　個 男仔 跌倒 咗　　laa1。嚹　　就 幫　　佢 e put3 ..
　　CL 男の子 転ぶ [完了] SP　じゃあ　　助ける 彼 払う

　　其中　一 個 就 幫　　佢 put3 身上　啲 泥 laa1, 嚹
　　そのうち 1 CL 助ける 彼 払う 体の上 CL 泥 SP　じゃあ

　　另外 嗰 啲 就 幫　　佢 執 番 啲 生果 落　　個
　　その他 その CL　助ける 彼 拾う 戻る CL 果物 降りる CL

　　籮 度 laa1, 同埋 e 扶番起　　　　啲 單車 laa1。
　　籠 suff. SP　それに 助け起こす-[回復] CL 自転車 SP

　　嚹　　就 嚹　　e .. 嚹　　就 嗰 個 貪心 嘅 小朋友, 就
　　じゃあ　じゃあ　じゃあ　その CL 欲張りの 子ども

　　跟住 都係 踩 番 架 單車 走。
　　それで やはり 乗る 戻る CL 自転車 去る

　　　　　（The Chinese Pear Stories: 広東語話者 C12 のスクリプト）＊22

〔…で、彼はね、そこで遊んでるときに気が付いたの。彼が、つまりその男の子が転んだでしょ？つまりその欲張りな男の子が転んだじゃない？するとその子を助けて…えーっと、そのうちの一人はその子の体の泥を払ってあげるで

しょ？すると、他の子たちはその子を手伝って果物を籠の中に入れてあげるじゃない？それと、えー、自転車を起してあげるでしょ？で、じゃあ、すると、その欲張りな子供はその後そのまま自転車に乗りなおして去ってったわけ。〕

　この例では、laa1が付加された情報は聞き手には現実には初耳である。しかし、laa1を使用することで話し手としては聞き手の方も当該情報について共通認識・同意があるかのように見なし、それにより互いの間の既知情報として前提化し、その次に現れる新しい情報の導入をスムーズに行う効果があると見られる。*23 したがって、こうした用法は、この例のように、語りの終結部付近ではなく、まだこの先に話が続く文脈においてよく見られる。

　また、laa1は次の例のようにいくつかの語句を並列的に列挙する場合に、途中の語句の末尾に生起することが知られている。これも列挙の際に1つ1つの項目をあたかも共有知識であるかのように提示し、聞き手に臨時に既知情報扱いさせて、それを前提として次の話題へとスムーズに移行していく効果が見込めるからだと考えられる。

(112) 我哋　社區　中心　　　　aa3　有　好多　　唔同　嘅
　　　私達　コミュニティセンター　　　　ある　たくさん　異なる　の

　　　小組　　gaa3 …嘩…　織　冷衫　laa1, 烹飪 班 laa1,
　　　グループ　SP　intj.　編む　セーター　　料理 教室

　　　親子 班　laa1, 不如 我 帶　你　　參觀　　吓
　　　親子 教室　　　何なら 私 連れる あなた 見学する ちょっと

　　　我哋 嘅 康樂棋室　　　　　　同 圖書館 aa1…
　　　私達 の 中国式ビリヤード・ルーム と 図書館 SP

　　　〔うちのコミュニティーセンターにはいろんなグループがあるんですよ。ほら。セーター作りでしょう、料理教室でしょう、親子教室でしょう。何なら中国式ビリヤード・ルームと図書館をご案内しましょうか？〕　　　　　　　　　(ネ)

(113) J: …係 ne1, 頭先 你　　見　唔　見倒 佢哋 aa3?
　　　　　〜だ SP　さっき あなた 見える-［否定］-見える 彼ら SP

　　　〔そうだ、さっき彼らを見かけた？〕

M: 邊個 佢哋 aa3 ？
　　誰　　彼ら　SP

　〔彼らって誰？〕

J: 阿 Stephen laa1、黃 仔 laa1、陳經理 laa1, 佢哋 都
　 pref.　　　　suff.　　　　　　　　　　彼ら　も

　係　喺度　買緊　餸　　　aa3。
　〜だ そこで 買う［進行］おかず SP

　〔Stephen だろ、黃仔だろ、陳社長だろ、彼らもあそこ
　で食材を買ってたんだ。〕　　　　　　　　　（John: 148）

　このように、上述のいずれの場合においても、laa1 は聞き手へ
の同意の取り付けの態度を表していると解釈することができる。

　しかしながら、laa1 はこのほかさらに、以下のように聞き手と
の間で共通認識・同意を形成していくということでは一見すると説
明しづらい場合にも生起する。すなわち、laa1 は曖昧さを含んだ
概括的表現の語句や節の後に頻繁に生起することが指摘されるので
ある（Luke1990: 81）。

（114）占：喂, 你　　今次 返 嚟　會　　留　　幾耐
　　　　intj. あなた 今回 帰る 来る［可能性］滞在する どのぐらい

　　　　aa3 ？
　　　　SP

　〔なあ、今回の帰国はどれぐらいになるんだ？〕

李：大概　　十零日 度　　laa1。
　　だいたい 10 数日 ぐらい

　〔だいたい 10 数日ぐらいかな。〕

占：跟住　返　去　讀　　　幾耐　　話？
　　それで 帰る 行く 勉強する どのぐらい SP

　〔それからあっちへ戻ってどれぐらい勉強するんだって？〕

李：如果 讀　　埋　　大學 aa4 ？ 五年　度　　laa1。
　　もし 勉強する［拡充］大学　　　　　5 年　ぐらい SP

　〔もし大学にも行ったらってこと？ 5 年ぐらいかな。〕

　　　　　　　　　　　　　　　　　　　　　　（好天氣：176）

(115)陳：喂，好耐　冇　見，林寶堅。
　　　　intj. 長らく 無い 会う

　　　　〔やあ、久しぶり。林寶堅。〕

　　　林：點　aa3 陳占…
　　　　　どう SP

　　　　〔やあ、（最近）どう？陳占。〕

　　　陳：都係 噉　　　laa1……喂！睇睇　食　咩先。
　　　　　やはり このよう　　　　 intj. 見る–少し 食べる 何 SP

　　　　〔相変わらずかな…　おい、何食うか見ようぜ。〕

(19：93)

(116)恩沙：…搞　成　點　aa3 你　間 地產？
　　　　　やる なる どう SP あなた CL 不動産業

　　　　〔あなたの不動産の方はどうなの？〕

　　　蔣：　OK laa1 ！
　　　　　　OK　SP

　　　　〔まあまあかな。〕

　　　恩：　OK zaa4 ？
　　　　　　OK　SP

　　　　〔「まあまあ」（って程度）なの？〕　　　(903：267)

　これらの例では、話し手は聞き手からの質問に対する返答を提示
する場面でlaa1を用いている。つまり、ここでは話し手は聞き手
が求めている情報を専ら供給してやる役割であり、本来は聞き手の
同意を必要とするような場面ではない。したがって、同意形成とい
う説明がうまく当てはまらないように見えるかもしれない。
　しかしここでlaa1が用いられるのは、次のように考えられる。
これらはいずれも概括的な内容で、話し手としては自信を持って確
定的に断言できる内容というわけではない。そこで、laa1を用い
て聞き手にも話し手と共通の認識・同意に達するよう求める伝達の
方略をあえて取ることで、聞き手を巻き込み、自分一人の責任で発
言することを回避しているのだと考えられる。

4.2　lo1　同意形成済み

　前節では laa1 が当該情報について聞き手との間で同意を形成するよう働きかける伝達態度を表すと定義した。それに対し、lo1 という形式は、当該情報をめぐっては既に聞き手との間の共通認識・同意が形成されているという伝え方を表すと見られる。つまり平たく言えば、当該の情報は既に互いの間での共通知識となっているかのように伝えるのであり、laa1 がこれから形成を図るという未然形の扱いなのに対し、lo1 は既に形成ができているという已然形の扱いとも言える。

　先行研究においてしばしば言われる "obvious"「明白」(Kwok1984: 58)、「顯然事理」「明らかな事がら」(梁仲森 1992: 108) のニュアンスは当該情報をめぐって既に同意形成済みであると見なすことから生じるのだと考えられる。以下、lo1 がよく用いられる状況を挙げる。

　lo1 は Luke（1990）が言うように、質問に対する返答という談話環境でよく出現する。特に疑問詞を用いた wh 疑問文に対する返答という環境で多い。

（117）Pearl：　今日　星期幾　aa3 ？
　　　　　　　　今日　何曜日　SP

　　　　　　　〔今日何曜日？〕

　　　　羅拔圖：星期一　lo1 ！
　　　　　　　　月曜日　SP

　　　　　　　〔月曜日じゃん。〕　　　　　　　　　　　（903：83）

（118）鵝頭：　　你　喺　　邊　aa3 ？
　　　　　　　　あなた　〜にいる　どこ　SP

　　　　　　　〔お前どこにいるんだ？〕

　　　　史提芬周：重　有　喺　　邊　zek1,　喺　　　大陸 lo1 ！
　　　　　　　　他に　ある　〜にいる　どこ　SP　　〜にいる　大陸　SP

　　　　　　　〔他にどこにいるっていうんだ。大陸さ。〕

　　　　　　　　　　　　　　　　　　　　　　　（映画『食神』）

　例（117）（118）では、それぞれ「今日は月曜日だ」、「俺は大陸にいる」という情報について、話し手は聞き手との間で既に共通認

識ないし同意が形成済みであると見なしていることを lo1 によって示している。ゆえに当然であり言わなくても明白だといったニュアンスが醸し出される。

　ただし、重要な点は、現実に共通認識ないし同意が形成済みと考えられるということではなく、話し手の側が当該情報についてはあたかも既に共通認識・同意ができているかのように見なして述べる伝達の仕方にある。例えば以下の例を見よう。

(119) 阿煩：你　　許　佐　咩　願　aa3 ？
　　　　　　あなた 祈る ［完了］何 願い SP

　　　　　〔どういうお願いごとをしたの？〕

　　　陳占：我　許　佐　　發達　　　　　願　lo1, 即係　求其
　　　　　　私 祈る ［完了］金持ちになる 願い SP　つまり 適当に

　　　　　　唔使　　做　就 發達　　　　　嘅 願。
　　　　　　必要ない する　　金持ちになる の 願い

　　　　　〔金持ちになりますようにっていう願いごとさ。つまり、適当に何もしなくてもお金持ちになるっていう願いごと。〕

　　　阿煩：黐線。
　　　　　　ばか

　　　　　〔バカじゃない…。〕　　　　　　　　　　　（19 : 324）

　他人がどういう願掛けをしたかといったことは、本人に尋ねるまでは他人には知りようがなく、したがってそのことについて共通認識が形成済みということは本来は見込めない。それを lo1 を用いてあたかも既に共通認識形成がなされているという捉え方をするのは、逆に言えば親しい間柄でそれが期待できると考えているからである。

　このように、lo1 は共通認識・同意形成済みであることが前提視できる環境・文脈で用いられてこそ適切になる。したがって、目上の人や初対面の人に用いるとしばしば不適切になる。

　例えば以下の例のように、初対面のタクシー運転手に自分の行き先について lo1 を用いて、さも共通認識形成済みかのように提示するのは不適切である。

(120)的士司機：兩　位　去　邊　aa3？
　　　　　　2　CL　行く　どこ　SP

　　　　〔お二人さん、どちらへ？〕

　　客：*尖東　lo1。
　　　　SP

　　　〔*尖東じゃん。〕

　これに対し、友達に尋ねられた質問への返答としてならこのように答えることは可能である。ただし、やはり上述のような当然・明白のニュアンスが生じる。

　次に、lo1 が頻繁に用いられる状況としては、先行研究でよく言われる、副詞“咪”（mai6）「じゃない（か）」と共起する環境が挙げられる。*24

　“咪”はコピュラ動詞“係”「〜だ」の否定形“唔係”「〜ではない」が１音節に融合した形式で述語の前の位置に生起するが、節全体をスコープにとる。“咪”は必ず文末に特定の文末助詞が生起するか、あるいは上昇イントネーションを伴うかする（Lee and Man 1997、Tse 2015、飯田 2018a）。*25　いずれの文末形式をとる場合にも共通して言えるのは、Tse（2015）が言うように、“咪”は聞き手が本来認識していてしかるべき（と想定される）事実に注意を向けていない、ないしは認識していないことが示唆される文脈に用いられる点である。*26　そのような文脈で、“咪”は当該事実を聞き手に気付かせる役割を持つ。

　例えば、以下は文末上昇イントネーションを伴う例である。

(121) ITALIA Sales: 係　aa3！嗰　個　禮拜　嘅　生意額 aa3, 我　諗
　　　　　　　　　　〜だ　　その CL　週　の　売上　SP　私 思う

　　　　　　　　　有　八成 都 係　佢 做　番　嚟　gaa3！
　　　　　　　　　ある　八割 も　〜だ 彼女 する 戻る 来る SP

　　　　　　〔そうなんです。その週の売上高はですね、
　　　　　　たぶん８割がた彼女が稼いだものなんです！〕

　　記者：噉　你哋　咪　唔　使　做嘢？
　　　　　じゃあ あなた達 ではない［否定］必要だ 仕事する

　　　　〔じゃあ、あなた方は仕事しなくてもいい

〔んじゃないですか？〕　　　　　　　　　　　　　　　　　(903：11)

　ここでは聞き手（セールス）自身の話から「（彼女さえいれば）あなたたち（他の従業員）は働かなくて済む」ということが推論され、本来、聞き手もそれを認識していておかしくない。しかし、実際にはそれを認識していないため、話し手の側ではそうした認識のずれを踏まえた上で、上述の事実「あなたたちは働かなくて済む」に注意を向けさせている。

　次の例では文が途中で切れており文末形式が生起していないが、同じく聞き手が認識していてしかるべき事実を提示しようとしている。

(122)（以前、強雄は明鋒にサッカーチームのコーチ役を任せると約束していた）

　　　強雄：你　　個　樣　重　可以　帶　　波　　me1？！
　　　　　　あなた CL 様子 他に できる 連れる ボール SP

　　　　　　收山　罷 laa1。
　　　　　　やめる SP

　　　　　〔お前のそのざまでチームを率いれるのか？諦めろ。〕

　　　明鋒：唔係，雄哥，你　咪　　　話　我……
　　　　　　いいえ　兄さん あなた ではない 話す 私

　　　　　〔いや、雄さん、あなた言ってたじゃ…〕

　　　強雄：我 話 ze1！人 係　要　　面對　　現實
　　　　　　私 話す SP　人 〜だ 必要だ 向き合う 現実

　　　　　　gaa1maa3。
　　　　　　SP

　　　　　　你　　睇　你，　而家 隻 腳 跛　　咗。
　　　　　　あなた 見る あなた 今　CL 足 引きずる〔完了〕

　　　　　〔言っただけさ。人は現実に向き合わなければならないだろ？自分を見ろ、今では足もひきずって。〕

　　　　　　　　　　　　　　　　　　　　　　　（映画 『少林サッカー』）

(122) の例は話し手は聞き手が自分をコーチにしてやると言ったことを当然覚えているものだと期待していたが、実際の振る舞いを見るとどうやら相手は自分の言ったことをきちんと認識していな

いと思われる文脈である。

このように、"咪"は、どの文末形式をとる場合においても、当該の事実は聞き手が本来認識していてしかるべきなのに現実には十分認識できていないものだとして扱う。

翻ってlo1は、先に述べたように、当該情報についてあたかも聞き手との間で既に同意や共通認識が形成済みかのように扱う伝え方をするのであった。つまり、"咪"とlo1とは、いずれも聞き手が当該事実を認識・把握していることを当然視ないし前提視する点で共通している。そのようなわけで、相性がよくしばしば共起するのだと考えられる。以下は両者が共起する例である。

(123) 阿水：啊……嗽……算　　　laa1, 我　再　打　　俾
　　　　　　intj.　じゃあ　よしとする SP　　私　また　電話する　に

　　　　　你　　laa1。
　　　　　あなた SP

　　　　〔あ、じゃあ、いいや。また電話するね。〕

　　　阿煩：你　　今日 唔　使　　開工　　　aa4？
　　　　　　あなた 今日〔否定〕必要だ 仕事をする SP

　　　　〔今日は仕事ないんだね？〕

　　　阿水：唔　　係　aa3, 而家 咪　　　　開緊工　　　　lo1。
　　　　　　〔否定〕〜だ SP　今　ではない 仕事をする–〔進行〕SP

　　　　〔ちがうよ。今やってるじゃんかよ。〕　　　（落雨路：234）

話し手は"咪"を用いることで、「（私は）今仕事しているところだ」という情報は聞き手が認識していてしかるべきなのに不注意で認識できていないことを示すとともに、lo1を用いることで、当該情報については既に共通認識が形成されているという伝え方を行っている。

以下も同様である。

(124) 陳占：咦！原來 買　滿　　三百 蚊　可以　抽獎　wo3！
　　　　　　intj. なんと 買う 満ちる 300　ドル できる 抽選する SP

　　　　〔あれ？なんだ、300ドル分買ったら抽選に応募できるじゃないか。〕

　　　　（略）

第4章　〈伝達態度〉を表す文末助詞C類　　109

阿煩：真係？　我哋　買　咗　　幾多　錢　嘢　aa3？
　　　ほんとう　私達　買う　[完了]　いくら　お金　もの　SP

　　　〔ほんと？いくらぐらい買ったっけ？〕

陳占：三百　幾　蚊　lo1。
　　　300　数　ドル　SP

　　　〔300数ドルじゃん？〕

阿煩：嗽　　我哋　咪　　　有得　抽獎　lo1！
　　　じゃあ　私達　ではない　できる　抽選する　SP

　　　〔じゃあ抽選に応募できるじゃないの！〕

(19:243–244)

　以上で述べてきたのは、lo1 の持つ「明白」（Kwok1984: 58）、「明らかな道理」（梁仲森 1992: 108）といったニュアンスを表す用法であった。

　このほか、梁仲森（1992: 108）では lo1 に「無理やり、しぶしぶ」梁仲森 1992: 109）というニュアンスも指摘している。すなわち、「話す態度が比較的消極的で低姿勢の状況下で頻繁に用いられる」（梁仲森 1992: 109）という意味である。その他の先行研究でも lo1 には「どうにもしようがないという口ぶり」（方小燕 2003: 64）、「いらいらした、冷淡な態度」（Fung2000: 117）といった各種の後ろ向きのニュアンスがあることが指摘されている。以下に、「無理やり、しぶしぶ」の例を梁仲森（1992）から引く。

(125)初初　唔　　慣　　lo1。乜　都　唔　　　識　　　lo1。樣　樣
　　　最初　[否定]　慣れる　SP　何　も　[否定]　分かる　SP　CL　CL

　　　都　要　人　提　　　　lo1。猛咁　　NG　lo1。成日　伸
　　　も　必要　人　気付かせる　SP　ひたすら　　SP　いつも　に

　　　導演　話　lo1。…而家　aa4？而家　慣　　咗　　lo1。
　　　監督　叱る　SP　　今　SP　　　今　慣れる　[完了]　SP

　　　熟　　咗　　lo1。識得　執生　　　　lo1。冇　乜　伸
　　　詳しい　[完了]　SP　分かる　臨機応変にする　SP　無い　何　に

　　　人　話　lo1。
　　　人　叱る　SP

　　　〔最初は慣れなかったんじゃない？何もわかんなかったん

じゃん。何でも人に教えられないとダメだったの。ひたす
らNGばっかり。いつも監督に怒られてたんじゃん。今？
今は慣れたわ。詳しくなったんじゃん。機転がきくように
なったんじゃない。あまり怒られなくなったわ。〕

（梁仲森 1992: 109–110）

　この例は恐らく俳優のインタビューでの受け答えの例と見られる
が、lo1が付加されている節の内容は本人しか知りようがない個人
の経験、内面や意見といった、この場で初めて披歴された、そもそ
も聞き手との間に共通認識が形成されているはずがない情報である。
そうした聞き手にとっては初耳の情報に対して、あたかも既に共通
認識・同意形成済みであるという伝達の仕方をしている。こうした
独りよがりな伝え方が、各種の非協力的で後ろ向きな口ぶりを醸し
出すのだと考えられる。

4.3　関連形式 aa1　反想定的提案への同意取り付け

　4.1で述べたlaa1は、聞き手との間で同意形成を図る態度を示す
のであり、ゆえに文全体を勧めや提案の発話行為に変える際にしば
しば用いられるのであった。laa1と同じように、しばしばそれが
付けられた文全体を勧めや提案の発話行為にする形式がaa1である。
本書ではlaa1との音韻形態の類似性も考慮し、aa1をlaa1と関連
する形式として位置付けておく。[27]

　まず、aa1を用いた勧め・提案の発話行為の例文を見る。

(126) Debby: 多謝　　晒　　馬太,　　　　噉　喇　件　褸
　　　　　　 ありがとう すっかり ミセス・マー では あの CL コート

　　　　改　　埋　　之後 我　一次過　叫　　人　送　　去
　　　　直す ［拡充］後　 私　まとめて 呼ぶ　人　送る　行く

　　　　你　　　屋企 aa1 ！
　　　　あなた　家　SP

〔ありがとうございます。ミセス・マー。では、あ
の上着の方もお直しが終わったら、<u>まとめてお宅
まで届けさせますよ</u>。〕

馬太：OK！　有　咩　新貨　call　我 aa1！
　　　　オーケー　ある　何　新商品　電話する　私

　　〔OK！何か新商品があったら電話してね。〕(903 : 102)

(127)　喂，好　　肚餓，一齊　食飯　　aa1！
　　　　intj. とても　空腹だ　一緒に　食事する

　　〔おい、腹減った。一緒に飯食おうぜ？〕　　(八王子 01 : 193)

　このように、aa1 は先の laa1 と同じような文脈で生起するが、laa1 がストレートに聞き手との同意形成を目指して提案し働きかけるのと異なり、aa1 は聞き手（ないし文脈上）の想定に反するような提案をし同意形成を行おうとする伝え方であると本書では解釈する。

　ここで注意すべき点は、想定を打ち消す、反する提案というものの、聞き手が実際にそのことに関して既に何らかの別の見解を表明しているとは限らないことである。そうではなく aa1 を使用することによる話し手の「見なし」こそが重要である。つまり、aa1 を使用し、話し手の提案が聞き手の想定に反するものであるという「見なし」を行うことで、当該の提案が聞き手に受諾されるとは限らない、ことによると拒絶されるかもしれない、実現可能性の低い案として提示するのである。そうすることにより、当該の提案について聞き手に断ったり検討したりする余地を残す含みを伝えることが可能になる。

　この点は先行研究の aa1 についての記述からも間接的に窺われる。aa1 は先述の laa1 とともに頻繁に提案の文に用いられ、両者はしばしば互換可能であるが、Kwok（1984 : 80-81）によると、aa1 はより「相談的」(consultative) で「生き生きした」(lively) トーンを持ち、他方、laa1 は聞き手の反応や感情にそれほど配慮しない感じがすると述べている。このような聞き手の意向への配慮の強弱の違いは、laa1 が聞き手との同意形成を目指してストレートに働きかけるのに対し、aa1 は聞き手の想定に反する実現性の低い提案であると見なすことで聞き手に拒絶ないし検討する余地を残す伝え方になるからと説明できる。*28

　aa1 がこうした聞き手に検討余地を残す提案の仕方を表すと考え

れば、相手に負担を伴う「依頼」の発話行為の文に頻出することも説明がつきやすい。検討余地のある提案という提示の仕方にした方が、相手の負担感を減じることができるからである。例を見よう。

(128) 員工：唔該　　晒　　　你　　aa3 先生！……小姐！
　　　　　ありがとう すっかり あなた SP　Mr.　　　　　Miss

　　　　麻煩　　你　　過　　嚟　呢　卡 aa1。
　　　　面倒掛ける あなた 越える 来る この CL

　　　〔(男性乗客に対して) どうもありがとうございます！……（女性乗客に対して）すみません。ご面倒をかけますが、こっちの車両に来てもらえませんか？〕
　　　　　　　　　　　　　　　　　　　　　　　　　（森：403）

(129) 唔該！　　俾　　個 set dinner　我 aa1！
　　　　すみません 与える CL セットディナー 私

　　　〔すみません！セットディナーを１つくれませんか。〕
　　　　　　　　　　　　　　　　　　　　　　　　　（愛才：33）

他方で、aa1 を伴う「勧め」の文には挑戦的なニュアンスがあるとも言われる（方小燕2003：77）。

(130) 跳　　落　　去 aa1！
　　　　飛ぶ 下りる 行く SP

　　　〔飛び下りてみな！（そんな勇気はないだろうけど。）〕
　　　　　　　　　　　　　　　　　　　　　　（方小燕2003：77）

以下の例も同様と見られる。

(131) 天仇：上次 你　　重　爭 我 三 個 飯盒, 我 想　　攞
　　　　　前回 あなた まだ 欠く 私 3 CL 弁当　私 〜たい 取る

　　　　返。
　　　　戻る

　　　〔前回そちらは私に弁当３つ分の借りがあったので、取り戻したいんです。〕

　　　場務：哈哈哈……,
　　　　　　intj.

　　　　攞　aa1！攞　aa1！夠姜　　就 攞。
　　　　取る SP　取る SP　勇気がある　取る

第4章　〈伝達態度〉を表す文末助詞C類　　113

〔ははは…（急に怖い表情になり、のこぎりを振り
かざして脅す）<u>取ってみな！取ってみな！勇気があ
るなら取れ！</u>〕

（映画『喜劇王』）

（132）劉：我 以前 冇得　 揀，我 而家 想　 揀 翻 做
　　　　 私 以前 できない 選ぶ 私 今 〜たい 選ぶ 帰る する

　　　　好人。
　　　　善人

〔俺は以前は選べなかったんだ。今は善人になること
を選びたい。〕

　　仁：好 <u>aak3,</u> <u>同 法官　 講　 aa1,</u> 睇 吓 佢　 唔
　　　　 いい SP 　 に 裁判官 言う SP 見る CL 与える〔否定〕

　　　　俾　 你　 做 好人。
　　　　与える あなた する 善人

〔<u>いいとも。裁判官に言ってみな。</u>はたして善人にさ
せてくれるかどうか。〕

（映画『インファナル・アフェア』）

　これらについても聞き手の想定に反する提案ということで説明で
きる。すなわち、当該の行為は奨励されないだろうとの想定が聞き
手あるいは一般通念的に存在していると思われるところへ、話し手
からは意外にもその行為を実行するよう奨励し、鼓舞するような提
案が行われるのである。例えば、（131）では（聞き手は過去に何
度もただで弁当を取ろうとして撃退された経験があり）弁当を取る
のは奨励されない、すべきではない行為だと双方から見なされてい
るとの想定がある。ところが、話し手の方はそうした聞き手の想定
を裏切り、むしろ「取ればよいではないか」という（脅しながら
も）想定外の提案を行う。他の例も同様で（130）「飛び下りる」、
（132）「裁判官に訴える（そして善人になれるよう計らってもら
う）」はいずれも当該場面では奨励されない行為だというのが文脈
上の想定であるが、それに反する提案「飛び下りろ」、「裁判官に訴
えろ」が話し手からなされている。

　以上はいずれも aa1 の付加後、文全体が提案の発話行為になる例
である。

aa1 はこのほかに平叙文の節に付加され、文全体としては「陳述」の発話行為となる用法もある。その場合の意味やニュアンスについて、先行研究では、例えば梁仲森（1992: 90）では話し手は「自分としての強烈な自信」があり「疑いを挟む余地なし」と感じていると説明されている。また、方小燕（2003: 132）は「事実に対して納得できない」、「ある事実が明らかであることを示す」（方小燕 2003: 132）と述べている。梁仲森（1992）から例を引く。

(133) 香港 冇　　問題 aa1。仍然 安定 繁榮 aa1。
　　　香港 無い 問題 SP　依然 安定 繁栄 SP

　　　〔香港は問題ないじゃない？依然として安定して繁栄してるじゃない？〕　　　　　　　　　　　　（梁仲森 1992, 2005）

このように、aa1 には自説の正しさを強く押し出すニュアンスがあることが窺われるが、いずれも相手の想定と反する見解を提案するところから生じると考えられる。

先述のとおり、本書では aa1 は聞き手の想定に反する提案への同意取り付けを表すと考えるが、聞き手は必ずしも実際に何らかの考えを表明しているわけではない。そうではなくむしろ aa1 を使用することで、聞き手がかくかくしかじかの考えを持っているであろうと想定する、そうした話し手の主観的な「見なし」の方が本質的である。

そこで、以下の平叙文に生起する例でも、話し手は aa1 を用いることにより、聞き手が持っているであろうと見なされる想定「自分の演技はよくなかったのではないか」を打ち消す見解「なかなかよかった」を提示し同意を取り付けていると見られる。

(134) 天仇：我 意思 係　話 我 做 成點 aa3。
　　　　　　私 意味 〜だ 言う 私 する なる どう SP

　　　　　〔僕の演技はどうだったかっていう意味なんですけど。〕

　　場務：幾　好　　aa1, 第一次 擔正　　　　做 男主角
　　　　　結構 いい SP　初めて 大役を務める する 男性の主役

　　　　　算　 係 嘅　　　gə-laa3, Good Take。
　　　　　と言える 〜だ このよう SP　　グッドテイク

　　　　　〔なかなかいいじゃない？初めて主役を務めるって

まあこんなもんだよ。グッドテイク。〕（映画『喜劇王』）

このほか、aa1 の特殊な点は、3.1 で少し触れたように、さらに疑問文にも生起することである。

これについて本書では、命令文に生起し、文全体を勧めの発話行為にする aa1（挑戦的なニュアンスの aa1）から拡張した用法だと考える。Kwok（1984: 72）においても、疑問文に生起する aa1 には命令文に生起する aa1 と同様、「強い主張」（insistence）のトーンが伴われると述べられている。*29

しばしば言われるように、疑問文には聞き手に対して返答するよう求める命令文の意味要素が含まれている。*30 そのことを考え併せると、疑問文に生起する aa1 は、聞き手に返答することを求める命令文的な意味要素の部分に作用していると考えることができる。したがって、これは命令文節に付加され挑戦的なニュアンスを持つ「勧め」の用法例（130）～（132）の拡張として位置付けられる。

すなわち、当該の疑問文節が表す質問に「答えてごらん」というように挑発し、鼓舞するのである。それにより、疑問文に現れる aa1 の持つ「抗議」（例（135））、「追及」（例（136））という梁仲森（1992: 90–91）が記述する意味も説明可能だと思われる。

（135）我　點　　會　　唔　　知　aa1 ？
　　　私　どのよう［可能性］［否定］知る

　　　〔どうして私が知らないことがあり得る？〕（梁仲森 1992: 90）

（136）到底　　你　　有　冇　做　過　　aa1 ？
　　　いったい　あなた　ある　無い　する［経験］

　　　〔いったいやったことあるの（どうなの）？〕（梁仲森 1992: 91）

ちなみに、こうした命令文末用法から疑問文末用法という意味拡張のあり方は周辺形式 "先" にも平行して見られる（7 章参照）。

以上のように、aa1 は 3 種類の文類型全ての後に出現可能であるが、本書では冒頭で規定したような、聞き手の想定に反する提案をめぐる同意形成という伝え方を中心的意味として持つと見なす。それにより、その他の用法も統一的に説明できると考える。*31

5. 対命題的態度を含む伝達態度

以上の節で取り上げてきた一方向型伝達の aa3、wo3 及び同意形成型伝達の laa1、lo1 はいずれも聞き手への伝え方、いわば対人的態度を専ら表す形式であった。

このほかに、C類の文末助詞には節が表す命題そのものへの話し手の態度（例えば認識的態度など）をも含む形式がいくつか存在する。これらは音韻形態や文法的振る舞いの上で特に顕著な共通性を見せるというわけではないので、専ら意味に基づきグループ化することにする。

5.1　aa1maa3　自明命題

まずは、命題への態度を含む形式の1つとして aa1maa3 を取り上げる。*32 aa1maa3 は数少ない2音節の文末助詞である。

aa1maa3 は先行研究でしばしば言われるように「明白性、自明性」（obviousness）、特に「原因」の「自明性」を表すとされる（Kwok1984: 61、梁仲森1992: 89、方小燕2003: 63）。*33 また、それに伴い、aa1maa3 は「通常、責めるような口ぶりを伴う」（方小燕2003: 61）と言われる。

本書では aa1maa3 は当該命題が誰にとっても自明で明白だという伝達の仕方を表すと考える。ただし、特に「原因」の自明性を表すとは考えない。その理由の1つは、後述するように、aa1maa3 は命令文にも生起するが、その場合には原因の自明性という説明が成立しがたいからである。

まず、平叙文に生起する例を見よう。

(137) A: 邊個　嚟　　　　gaa3 ?
　　　　誰　　[属性説明] SP

　　　　〔誰なの？〕

　　　B: 我哋　新　　老闆　aa1maa3。
　　　　私達　新しい　主人

　　　　〔我々の新しい上司じゃないか。〕

（Matthews and Yip1994: 352）

(138) 噉　　　做 唔　好 aa1maa3。
そのように する［否定］いい

〔そんな風にしたらよくないじゃないか。〕（方小燕 2003:62）

ただし、aa1maa3 が後続するのはこれらの例のように実際に聞き手にとって自明な命題とは限らない。あくまで伝え方の方略であるため、聞き手が現実には知りようのない命題であっても、あたかも自明かのように見なして表現することもできる。

(139) 今日 咁　　晏 ge2 ？——塞車　　　　aa1maa3。
今日 こんな 遅い　　　　渋滞している

〔今日は随分遅いじゃない？〕〔渋滞なんだもん。〕

（方小燕 2003:63）

下線部の発話が表す命題「渋滞していた」は聞き手は実際には知りようがない。にもかかわらず aa1maa3 でもって誰にでもわかる自明なことだと見なしており、独りよがりな伝え方になる。

また、aa1maa3 は命令文に生起することが可能である。その場合は当該の内容を実現させるべきだ（否定命令文では非実現）という命題を、誰でもわかる自明なこと、言わなくてもわかることであるかのように述べる。

(140) 你　　叫　　佢 自己 去 做 aa1maa3。
あなた 命じる 彼 自分で 行く する

〔お前あいつに自分でやるように言えよな〜。〕

（方小燕 2003:78）

(141) 丁：次次 一　　　　　俾餅帶　　啲 男仔 聽…… 嘩！
毎回 〜するや否や に CL テープ CL 男の子 聞く intj.

雞飛狗走！！！
慌てふためく

〔いつもそのテープをちょっとでも男の子たちに聞かせると、…わ〜、その慌てふためくこと！〕

希：你　　唔　　好 俾 佢哋 聽 aa1maa3！
あなた ［否定］いい に 彼ら 聞く

〔彼らに聞かせたらダメじゃないの！〕　（男上：115）

ところで、aa1maa3 は上述の lo1 と一見、意味的に似ていると

思われるかもしれない。しかし、lo1 が話し手と聞き手の間の同意の形成という伝達の仕方に焦点を当てた形式であるのとは異なり、aa1maa1 は命題の性質（すなわち誰にでも自明であるとの性質）の方に焦点を当てたものであると本書では考える。

　そのようなことから、aa1maa3 には聞き手が知っていて当然だという上記のような用法の他に、話し手が知っていて当然だという意味を表す用法への意味拡張が見られる。

　そうした拡張用法では、話し手が自分の導いた推測命題を自明なこととして見なした上で聞き手に正解かどうか「正解確認」（飯田2016）をするような意味となり、文全体は確認要求の発話行為となる。

(142) Pitar: 你　　知　唔　　知道　我　喺度　　見倒　　邊個
　　　　　　 あなた 知る［否定］知る　私　ここで　見かける　誰

　　　　　　 aa3 ？
　　　　　　 SP

　　　　　　〔ここで誰に会ったと思う？〕

　　　 阿水：阿　煩　aa1maa3 ？
　　　　　　 pref.

　　　　　　〔阿煩だろ？〕

　　　 Pitar: 係　aa3　係　aa3, 你　　點　知　gaa3 ？
　　　　　　 ～だ　　　～だ　　　あなた どう 知る SP

　　　　　　〔そうそう、何でわかったの？〕　　　　　　　（四：37–38）

(143) M: 嘩！犀利　lo3, 由　中四　嗰　年　開始　留,
　　　　　 intj. すごい SP　から 中4　その 年　始まる 留める

　　　　　 兩年幾 lo3。不過 我　想　　剪　短　佢　試　吓
　　　　　 2年余り SP　でも 私　～たい 切る 短い それ 試す ちょっと

　　　　　 gaa3, 不過　ne1…
　　　　　 SP　　でも　SP

　　　　　〔わ～。すごいよ！中4の年から伸ばし始めて、もう2年余りになるの。でも私も短く切ってみたいの。でもね…〕

占：我　知！　你　　唱片公司　唔　　俾　　aa1maa3。
　　私 分かる あなた レコード会社 ［否定］ 与える

　　〔わかってる。レコード会社が許さないんだろ？〕

M：咪　　　係　lo1。
　　じゃないか 〜だ SP

　　〔そうなのよ。〕　　　　　　　　　　　　　　（好天氣：113）

　下線部命題が（聞き手の方ではなく）話し手自身にとって自明で、当然の事態だということへと意味の重点が移っている点は、(143) で"我知"「（そんなこと）私はわかってる」という語句が現れていることからも見て取れる。

　aa1maa3 には上記の「正解確認」の用法を経て、さらには命題が成立するとの言質・確約を聞き手から引き出そうとする「確約取り付け」（飯田 2016）の用法もある。これも発話行為としては確認要求になっている。

(144)（場面の冒頭：男性 J がある女性 M に声をかける）

　J：小姐，你　唔　　介意　我 坐 低　　aa1maa3？
　　　　　　あなた ［否定］ 気にする 私 座る ［下向き］

　　　〔すみません、私が座るのを気にしませんよね？（＝座ってもいいですか？）〕

　M：唔　　介意！　隨便　laa1！
　　　［否定］ 気にする 自由に

　　　〔気にしません。ご自由に。〕　　　　　　　　（John：48）

　これは「一応わかってはいるけど確かめたい」といった時に用いられる「疑問文助詞」の用法（Kwok 1984：93、及び Matthews and Yip 1994：353）として一部の先行研究で指摘されているものに相当する。

(145) 聽日 唔使　　我 aa1maa3？
　　　明日 必要ない 私

　　　〔明日は私は必要ないですよね？〕　　　　（Kwok1984：92）

　以上で見たように、aa1maa3 は、意味的には前節の lo1 と近い部分があり位置付けが難しいが、上述のような意味拡張の現象をも考慮して、命題の自明さの表示という、対命題的態度を含んだ伝達

方式を担う文末助詞として位置付けておく。

5.2　gwaa3　推測命題

gwaa3 は「当該内容は話し手の憶測にすぎないことを示唆する」
（Kwok 1984 : 66）と言われるように、当該命題が話し手の推測で
あるという伝え方を表す。*34

(146) 今日　唔　　會　　落雨　　gwaa3。
　　　今日［否定］［可能性］雨が降る

　　　〔今日は雨は降らないんじゃないかなあ。〕　（Kwok 1984 : 66）

gwaa3 はただ命題が推測であることを示すだけで、その蓋然性
には幅がある（Kwok1984 : 66）。例えば、確実ではないが一定程
度の蓋然性を持つことを表す副詞“可能”「多分」、“或者”「あるい
は、もしかすると」などと共起する。

(147) 我　都　唔　　知　點解 aa3。<u>可能　瞓　得多　　得滯 gwaa3。</u>
　　　私　も［否定］知る なぜ SP　多分　寝る　多い　すぎる

　　　〔私もどうしてなのかわからない。<u>多分寝すぎたんじゃな
　　　いかな？</u></u>　　　　　　　　　　　　　　　　　　　　（ネ）

(148) 張真：點解 你哋　　咁　　容易 識　　倒　　朋友 ge2？
　　　　　なぜ あなた達 こんな 簡単 知る［達成］友達 SP

　　　〔どうしてあんたたちそんな簡単に友達ができるの？〕

　　　周樹：吓？<u>或者　　我　鍾意　講　　嘢 gwaa3, 男女老少</u>
　　　　　intj. あるいは 私 好きだ 話す もの　　　　　老若男女

　　　　　<u>我　都 可以 傾　　一 餐 ge2。</u>
　　　　　私　も できる しゃべる 1 CL SP

　　　〔は？<u>もしかしたらおしゃべり好きだからじゃないかな。
　　　老若男女誰とでも話せるんだ。</u>〕　　　　　（出租：111）

他方で、Kwok（1984 : 66）によると、以下のように、本書でいう
B 類の lə- に後続する gwaa3 は蓋然性はほぼ確実に近いと言われる。

(149) 你　　而家　肚餓　lə-gwaa3。
　　　あなた 今　　空腹だ

　　　〔もうそろそろおなか減ったでしょう？〕　（Kwok 1984 : 66）

ただし、lə- に後続する場合以外にも蓋然性が高いと見られる例

はある。

(150) 冇　理由 gaa3！冇　理由 佢 啲 taste　重　　低
　　　無い 理由 SP　　無い 理由 彼 CL テイスト さらに 低い

過　　我 gwaa3！
越える 私

〔そんなはずないよ！彼のテイストが俺よりさらに低いは
ずはないだろう。〕
（財經：64）

(151) 唔　　係 gwaa3。你　　親眼　　見　　倒　me1？
　　　〔否定〕〜だ　　　あなた 自分の目で 見える〔達成〕SP

〔それはないでしょ？あなた自分の目で見たの？〕
（Kwok 1984：66）

このように、gwaa3 は所与の命題についてそれが話し手の推測
であることを標示する、つまり、事実であると断定しないという点
で、伝達態度の一種を表すと考えられる。

他方で、推測であることの表示ということに現れているように、
同時に命題の成立について話し手がどう考えているかといった対命
題的態度も含まれている。

この点は同じように概括的な表現の語句・節に接続する laa1
（本章 4.1 参照）と比較すると差異がわかりやすい。上述のように、
laa1 の場合は、聞き手との間で同意を形成するような述べ方をあ
えてすることで、話し手一人の責任で述べるのを回避するといった
伝達方略のため、曖昧な見積もりの文によく用いられるのであった。
言い換えれば、laa1 固有の意味としては、命題に対する認識的態
度は含まれていない。

(152) 占：喂, 你　　今次 返 嚟 會　　留　　幾耐
　　　intj. あなた 今回 帰る 来る〔可能性〕滞在する どのぐらい

aa3？
SP

〔ねえ、今回の帰国はどれぐらいになるの？〕

李：大概　　十零日 度　　laa1。
　　　だいたい 10 数日 ぐらい

〔だいたい 10 数日ぐらいかな。〕
（好天氣：176）

122

一方、gwaa3 はその内容が話し手の推測であるという命題に対する話し手の認識的態度を固有の意味として持っているため、同じ文で gwaa3 を用いると、以下のように、話し手が「（帰国日数は）10数日ぐらいである」という命題の成立について不確実に捉えていることを表してしまう。

(153) 占 : 喂, 你　今次 返 嚟 會　　留　　幾耐
　　　　intj. あなた 今回　帰る 来る ［可能性］ 滞在する どのぐらい

　　　　aa3 ？
　　　　SP

　　　　〔ねえ、今回の帰国はどれぐらいになるの？〕

　　　李 : <u>大概　　十零日 度　　gwaa3。</u>
　　　　だいたい 10数日　ぐらい

　　　　〔だいたい10数日ぐらいじゃないかなあ。〕

　このように gwaa3 は当該命題の成立をめぐって話し手がどう考えているかといった態度をもその意味の中に含んでいる。

5.3　me1　成立を疑う命題

　命題に対する話し手の態度を含むものには他に me1 がある。[35]
先行研究（Kwok1984 など）で「疑問文助詞」に分類されることから窺われるように、me1 が付いた文は発話行為としては「質問」を表す。ただし、Kwok（1984）が言うように、中立の質問ではない。

　対命題的態度としては、me1 は文脈から見ると成立しそうな命題について話し手自身は成立を疑わしく思っていることを表す。すなわち、当該命題に対してその成立を疑うという命題目当ての態度を有している。

　例えば次のような例がある。いずれも話し手は当該の命題の成立を疑わしく思っている。

(154) 羅拔圖 : 喂, 阿　朗, 嚟　幫幫手！
　　　　　intj. pref.　　来る 手伝う−少し

　　　　〔ねえ、朗！ちょっと手伝ってくれない？〕

　　　朗 : <u>你　隻腳 重 未　　好 翻　　me1 ？</u>
　　　　あなた CL 足　まだ ［未実現］ よい ［回復］

〔まだ足治ってないのか？〕　　　　　　　　　　　(903:356)

(155) 蔣生：呀！搬　　嚟　呢頭　咁　　耐　食飯
　　　　　　intj. 引っ越す 来る こちら こんな 長い 食事する

　　　　　　硬係　　　撞唔倒　　你　　ge2？
　　　　　　どうしても 出会わない あなた SP

　　　　　〔こっちへ越してきてこんなになるのにどういう
　　　　　　わけか食事時に君と会ったことないねえ。〕

　　　羅拔圖：我 不溜 响 樓下 food court 食　　gaa1 maa3！
　　　　　　　私 いつも ～で 階下 フードコート 食べる SP

　　　　　〔いつも下のフードコートで食べてるんだもん。〕

　　　蔣生：好食　me1？
　　　　　　おいしい

　　　　　〔おいしいか？〕　　　　　　　　　　　(903:130)

(156) Elva：我 都 係　Poly　畢業 gaa3。
　　　　　　私 も ～だ Poly U 卒業 SP

　　　　　〔私も Poly U の卒業なの。〕

　　　陳占：係　me1 ？
　　　　　　～だ

　　　　　〔そうなの？〕　　　　　　　　　　　　(19:108)

　以下のように、コピュラ動詞の否定形"唔係"「～ではない」が
生起する場合はやや複雑であるものの、節の表す命題の成立を信じ
難く捉えていることには変わりはない。

(157)（Peter に起きたかと電話で聞かれて）

　　　陳占：幾點 aa3 宜家？
　　　　　　何時 SP 今

　　　　　〔何時だ？今〕

　　　Peter：朝早 七點半 laa3。
　　　　　　　朝　 7時半　SP

　　　　　〔もう朝7時半だよ。〕

　　　陳占：今日 唔　　係 十一點幾 先　　　上堂　　me1？
　　　　　　今日 [否定] ～だ 11時過ぎ ようやく 授業に出る SP

　　　　　〔今日は11時過ぎから授業じゃないのか？〕(19:72)

124

現実の状況、すなわち相手が朝7時半だと言って電話で起こしてきたことからすると、「今日は11時過ぎになってから（ようやく）授業が始まるのではない」という命題が成立しそうなのであるが、話し手自身はそれが成立するのを信じがたく感じている。

　このようにme1には当該命題は成立が疑わしいという話し手の命題目当ての態度が含まれている一方で、聞き手に成立するかどうか判定要求するという聞き手目当ての伝達態度も含まれている。

　なお、me1は末尾に音声的調整として高下り調 "＼" を取ることもある（李新魁等1995: 519も参照）。その場合は聞き手に尋ねるまでもなく命題の成立可能性は明らかにないと最初から決め込んでおり、したがって、高下り調を加えることで聞き手に成立可否の判定を仰ぐ意味要素を抑制しているのだと思われる。例えば以下の例がある。

(158) 恩：東尼！你　　有　冇　遲　啲　aa3？
　　　　　トニー　あなた　ある　無い　遅い　CL　SP

　　　　〔トニー！ちょっと遅いんじゃない？〕

　　東：喂！大佬　即　call　　即　到　Pizza me1 ＼？！
　　　　intj.　兄貴　すぐ　電話する　すぐ　着く　ピザ　SP

　　　　〔ちょっと、頼むよ〜。オーダーしたらすぐ到着って、ピザかよ？！〕　　　　　　　　　　　　　　　　　　（903: 384）

5.4　maa3　成立可否判定要求

　ほかにも命題に対する態度を含む形式としてはmaa3が挙げられる。maa3は平叙文の節に付加され、それにより正反疑問文と等価のyes-no疑問文を形成する形式である。すなわち、ある命題を取り上げ、それが成立するかどうかの判断要求を聞き手に求めるという伝え方をするものである。

(159) 你　　去　　maa3？
　　　　あなた　行く　SP

　　　　〔行きますか？〕　　　　　　　　　　　　　（Kwok1984: 85）

　こうした用法から、maa3は共通語の "嗎"（ma）に相当する形式のように見える。*36　しかし、Kwok（1984: 85）が言うように

広東語では maa3 を用いた疑問文は、同じ意味を表す正反疑問文に比べると出現する頻度が圧倒的に低い。Kwok（1984）のコーパスでもたった2例しか現れなかったという。むしろ、広東語では（159）のような yes-no 疑問文は一般に正反疑問構造で表現される。

（160）你　去　唔　去　aa3 ?
　　　あなた 行く ［否定］ 行く SP

〔行きますか？〕

同様に、Matthews and Yip（1994: 310）においても、以下のようなあいさつの文において使われる以外は、maa3 の疑問文は比較的改まった言い方であると言われる。

（161）你　好　maa3 ?
　　　あなた よい SP

〔元気ですか？〕

付言ながら、maa3 は Kwok（1984）も述べるように、否定文には現れない。

（162）*你　唔　去　maa3 ?
　　　〔行かないのですか？〕　　　　　　　　　　　　（Kwok1984: 85）

こうした事実から見て、maa3 は広東語の中では決して常用の代表的な文末助詞とは言えない。ただし、位置付けに関しては対命題的態度を含む文末助詞と見なしてよいのではないかと思われる。すなわち、命題成立可否に関して話し手自身は判断を下さないで、専ら聞き手に判断をゆだねるという態度を表すと考えておく。

6. その他の伝達態度

C類には他にもいくつかの形式がある。それらの位置付けについては現在のところ未定であるため、以下、個別に提示しておく。

6.1　ne1① 対比的項目提示と思い惑い

まず、非常によく用いられるC類形式に ne1 という形式がある。ただし、これには主に2つの同音形式があると思われ、本書では ne1① と ne②のように区別して考える。

まず、ne1 ①について取り上げる。これはある項目を取り上げて、それについての叙述を聞き手に求める時に用いられる形式である。*37

(163) 阿Sir: 我 搭 地鐵, 你 ne1 ?
　　　　 私 乗る 地下鉄 あなた SP

　　　　〔私は地下鉄に乗る、君は？〕

　　　 羅拔圖: 我 搭 電車！
　　　　　　 私 乗る トラム

　　　　〔私はトラムに乗る。〕　　　　　　　　　　　　(903 : 73)

Kwok (1984 : 91) が言うように ne1 はある項目を他の項目と対比する機能がある。したがって、この用法の ne1 の意味については「対比的項目提示」と呼んでおく。上の例では、話し手自身の状況と対比して聞き手の方はどうかということを問題にしている。Kwok (1984 : 91) が言うように、ne1 は多くは名詞句に付くが、動詞句に付くこともある。

(164) 噉 你哋 買 ne1 ?
　　　 じゃあ あなたたち 買う SP

　　　　〔じゃあ、君たちが買ったら（いくらしたの）？〕

　　　　　　　　　　　　　　　　　　　　　　　(Kwok1984 : 91)

さらに、ne1 は文中において主題となる語句の後に生起する、いわゆる「主題助詞」(topic particle)（Matthews and Yip 1994 : 341）としても用いられるが、これは上述の対比的項目提示と連続的な用法である。すなわち、対比的に取り上げる項目として提示した後、聞き手に叙述を求めるのではなく、話し手が自分で叙述してしまうタイプである。*38

(165) 呢 個 ne1, 唔使 再 用 laak3, 可以 攞
　　　 これ CL SP しなくてよい また 使う 〜してよい 持つ

　　　 翻 去。
　　　 帰る 行く

　　　　〔これはね、もう使わなくていいんだ、持って帰っていい。〕　　　　　　　　　　　(Matthews and Yip 1994 : 341)

一方で、次のような時間、場所などの場面設定を表す語句の後に

第4章 〈伝達態度〉を表す文末助詞C類　　127

置かれたne1（例（166））、接続詞の後に置かれたne1（例（167））は、もはや対比的ではないが、こうした主題助詞の用法の延長にあると見られる。

（166）（番組の司会がゲストの若手芸能人に向かって言う）

喂！　今日 ne1 娛樂版 ne1 見倒　有　一　篇　報導　就
intj. 今日　SP　芸能欄　SP　見える　ある　1　CL　報道

話　你　　拍　戲　　嘅時候，無情情　失咗蹤　　　wo3,
言う　あなた　撮る　映画　のとき　いきなり　失踪する−[完了]　SP

搞到　　啲 拍攝　進度　停　　晒，　　究竟　　有　冇
おかげで CL 撮影　進度　止まる　すっかり　いったい　有る　無い

噉　　嘅事　ne1 ？
そのよう の　こと　SP

〔いいかい？今日ね、芸能欄にね、ある記事を見つけたんだけど、君が映画を撮っている時に突然失踪したっていうんだ。おかげで撮影進度が止まってしまって。はたして、そんなことがあったのかな？〕　　　　　　　（好天氣：73）

（167）你　　可　　唔　　可以　　開　　隻　藥膏　俾
　　　　あなた　してよい−[否定]−してよい　処方する CL 軟膏　与える

我 搽　吓，因為　　ne1 我　聽日　返　新　　工，
私 塗る 少し なぜなら SP　私　明日　帰る　新しい　仕事

我　好　　想　　着　絲襪　　　aa3 ！
私　とても　〜たい　履く　ストッキング　SP

〔自分で塗るための軟膏を処方してもらえますか？っていうのはね、明日初出勤で、ストッキングをどうしても履きたいから！〕　　　　　　　　　　　　　　　（903：312）

以上で述べた対比的項目提示のne1と関連があるかどうか現時点ではわからないが、ne1にはもう1つの用法がある。それは専ら疑問文に生起し、「思い惑い」や「疑い」を表すne1である。これは共通語で疑問文に生起する"呢"（ne）に相当するものである。

木村・森山（1992）は、疑問文というものが典型的には聞き手に情報内容を確定してもらうという「聞き手情報依存」の環境で発せられることを踏まえた上で、あえて聞き手情報に依存しない疑問

文の発し方をするために用いられる文末形式として中国語（共通語）では"呢"を挙げている。*39 そして、そのような振る舞いから、疑問文末の"呢"の本質的な意味は疑いや思い惑いの表明だと説明している。*40 本書では広東語のne1についても同様に考える。

　例えば、ne1は以下のように、聞き手が答えを知らない、すなわち聞き手の情報に依存できない場合に典型的に用いられる。ne1を用いることで、直接相手に尋ねずに、話し手の中で思い惑うことを表す。*41

（168）（Pと古はキャンプにも行ってその日の集まりにも来た学友の名前を数え挙げているが、2人ともあと1人が誰か思い出せない）

P:　真係　諗唔倒　　wo3……嚟　多　次　先　……　我
　　本当に 思い出せない SP　　来る 多い 回 SP　　　　私

　　laa1, 你　　laa1, 小胡、ELAINE、阿志、阿孝、忠雞
　　SP　あなた SP

　　……

　　〔ほんとに思い出せないよ…。もう1回やってみよう。俺だろ、お前だろ、小胡、ELAINE、阿志、阿孝、忠雞…〕

古:　漏　　咗　　邊個 ne1？
　　漏らす［完了］誰　SP

　　〔誰を漏らしたんだろう？〕

P:　係　lo1……漏　　咗　　邊個 ne1, 呵？
　　～だ SP　　漏らす［完了］誰　SP　ねえ

　　〔ほんとだよ…。誰を漏らしたんだろう、ねぇ？〕

（八王子 01:53）

　また、ne1は以下のように、独り言のような場面でよく用いられる。ここでは聞き手から情報を得ることは期待できない。そこで、ne1を用いて思い惑いを表明している。

（169）噉　　又　係！重　俾　　咗　好多　思想 空間
　　　そのよう また ～だ さらに 与える［完了］たくさん 思考 余地

第4章　〈伝達態度〉を表す文末助詞C類　　129

我 添, 我 有時 睇 睇 吓 佢 個 戲,
私 SP 私 ある時 見る 見る 少し 彼 CL 芝居

我 都 會 諗 吓, 呀, 我 出門口 嗰 陣 有
私 も ［可能性］考える 少し intj. 私 出かける その CL ある

冇 熄 燈 閂 水喉 ne1?
無い 消す 明かり 閉める 水道 SP

呀, 我 啲 衫 重 喺 洗衣機 度 未 攞 出 嚟,
intj. 私 CL 服 まだ ある 洗濯機 suff.［未実現］取る 出る 来る

我 有 冇 鎖 門 ne1?……
私 ある 無い 施錠する ドア SP

〔それはそうね。それにたくさん思考する余地をくれた。
時々彼の芝居を見てるうちに、自分でもちょっと考えちゃ
う。あ、<u>出かける時、電気消して水道閉めたっけな？</u>あ、
服はまだ洗濯機の中から取り出してない、<u>鍵かけたっけ
な？</u>って。〕
(咪：18)

こうした聞き手情報に期待できない文脈では、聞き手にきちんと
聞くよう要請する aa3 などを用いると不適切になる。

(170) …＊ 我有冇鎖門 aa3 ?

〔私鍵かけた？〕

なお、そのほかに、思い惑いを表す ne1 は"唔知"「知らない」
とよく共起する。

(171) (ネズミを見つけて怖いと言って騒いでいる張真に)

港生：哦…… 噉 你 帶 我 上 去 幫
intj. じゃあ あなた 連れる 私 上がる 行く 助ける

你 捉 咗 佢 laak3 !
あなた 捕まえる ［完了］ それ SP

〔ああ、じゃあ、上に連れて行ってくれたら捕まえ
てやるよ。〕

張真：唔 知 重 响唔响度 ne1 ?
［否定］知る まだ いる-［否定］-いる SP

〔まだいるかなぁ？〕
(出租：35)

しかし、この"唔知 P ne1"という構文は、Kwok (1984：73)

も指摘するように、"唔知P"「Pであることを知らない」という平叙文節にne1が付いたものと解釈されるべきではない。*42 言い換えれば、文全体の発話行為はもはや「陳述」なのではない。むしろ声に出して戸惑っている（"wondering aloud"Kwok1984: 73）と言われるように、"唔知"を加えることで思い惑いのニュアンスがさらに追加されているだけで、文全体の発話行為としては"P ne1"と同じく疑いの表明である。

　このように、"唔知P ne1"「Pかな？」は既に1つの構文のようになっている。さらに、疑問文節Pをそもそも持たない"唔知ne1"に至っては、「さあ、どうかな」という意味の固定表現と見なせる。

(172) 鳥： 唔　　知　會　　唔　會　　再　落　雪 ne1。
　　　　　　［否定］知る［可能性］［否定］［可能性］また 降る 雪 SP

　　　〔また雪降るかなぁ？〕

　　　影： 唔　　　知　ne1。
　　　　　　［否定］知る SP

　　　〔さあ。〕　　　　　　　　　　　　　　　　　　　　　　　（出典不明）

6.2　ne1 ②　聞き手認知領域内の事物の指し示し

　もう1つのne1 ②は、聞き手の認知領域内の事物の指し示しとでも呼べるような意味を表す。

　ne1はKwok（1984: 59–61）で言われるように、それ自体、単独で用いられる間投詞でもある。次のように、指差しとともに用いられ、物の場所を指し示す。*43

(173) Q: 邊度　aa3 ?
　　　　　　どこ　SP

　　　〔どこ？〕

　　　A: Ne1。
　　　　　intj.

　　　〔ほら（あそこ）。〕　　　　　　　　　　　　　　（Kwok1984: 60）

　Kwok（1984）が指摘するように、文末助詞としてのne1の意味は、間投詞ne1の意味と関連が深い。例えば、以下のように、間投詞のne1が文末助詞ne1の文の前に現れ共起している例では、両者

の関連が顕著に感じられる。

(174) 程偉康：邊　座 aa3 ？
　　　　　　どれ CL SP

　　　　〔どれだよ？〕

　　古天鳳：Ne1, 有　露台　　嘅,四便 都 係　單邊 嗰
　　　　　　intj. ある ベランダ の 四方 も 〜だ 片側 あれ

　　　　座　ne1。
　　　　CL SP

　　　　〔ほら、ベランダがある、四方向とも視界の開け
　　　　てるあれね。〕
　　　　　　　　　　　　　　　　　　　　　　（一籠：57）

　ここでは現場の事物が指し示されているが、間投詞 ne1 は現場の事物以外にも、陆镜光（2005）が言うように、既知の事物や話題に聞き手の注意を引き付けることができる（歐陽偉豪 2004 も参照）。そして、それと平行するように、文末助詞 ne1 もまた同様に、以下の例のように、現場にはないが聞き手の記憶や知識の中にあると思われる事物を指せる。

(175) 阿 Pierre 好似　幾 掂　　嘅　　wo3, 買 咗
　　　pref.　　　どうやら 結構 いけてる そのよう SP　 買う［完了］

　隻 最小型 嘅 遊艇仔。Ne1, 嗰 種 坐 十 個 人
　CL 最小型 の ミニヨット intj. あれ CL 座る 10 CL 人

　會　　沉 嗰 種 ne1, 大　過　　風帆
　［可能性］沈む あれ CL SP 大きい 越える セーリングヨット

　冇　幾多 嗰　種 aa3 ！
　無い いくら あれ CL SP

　〔ピエールはなんか結構いけてるみたいだぞ。一番小型の
　ミニヨットを買ったんだ。ほら、あの 10 人も乗れば沈ん
　じゃうやつね。セーリングヨットよりもいくらも大きくな
　いっていうあれだよ。〕
　　　　　　　　　　　　　　　　　　　　　（小男人上：64）

　このような間投詞の ne1 とのつながりから、Kwok（1984: 60）は文末助詞の ne1 は人の注意を引き付けたり、時間、場所、さらに理由を指し示す効果があると解説している。以下は理由を指し示すとされる例である。

132

(176)（なぜあの人は元気なのかと聞かれて）

　　　佢　後生　ne1。
　　　彼　若い　SP

　　〔彼は若いからね。〕　　　　　　　　　　　　　（Kwok1984 : 60）

　本書でも、文末助詞 ne1 は、聞き手の視界や知識の範囲（以下、まとめて認知領域と呼ぶ）にある事物を指し示す間投詞 ne1 に由来すると考え、同じように、聞き手の認知領域内に存在する（と話し手が考えている）物事に焦点を当て提示する意味を持つと考える。

　したがって、上の例（176）も、理由を指すというよりは、指摘されればすぐに思い至るという意味において、聞き手の潜在的な知識領域に存在しているはずの情報を取り上げ、それにスポットを当てているのだと思われる。以下の例も同様だと考えられる。

(177)（阿煩に何度電話しても他の人と電話中であとでかけてと言われるので、とうとう業を煮やして彼女との電話を途中で切ったと占から聞かされて）

　　P:　嗽　　就　　梗係　阿煩　唔　　啱　　　laa1, 我　都
　　　　じゃあ〜なら　きっと　　　［否定］正しい　SP　　私　も

　　　話　呢　個　女仔　係　唔要得過　　　gə-laa1！
　　　言う　これ　CL　女の子　〜だ　相手しきれない　SP

　　〔じゃあそれは間違いなく阿煩がよくないよ。だからこの子は相手しきれないって言っただろ？〕

　　占 :唔　　係,　嗽……可能　佢　　真係　有　　哟　重要　嘢
　　　　［否定］〜だ　じゃあ　多分　彼女　本当に　ある　CL　重要な　こと

　　傾　　緊　　ne1 ！
　　話す［進行］SP

　　〔いや、でも…もしかしたら、本当に何か重要なことを話していたのかもよ。〕　　　　　　　　　　　　　（閃 : 168）

6.3　le5　成立承認誘導

次は le5 という形式を取り上げる。

le5 は文全体を確認要求の発話行為に変える文末助詞の１つである。*44　もう少し正確に言うと、le5 は聞き手が成立承認を躊躇し

そうな命題についてその成立の承認へと誘導する伝達態度を表すと見られる。

　例えば、聞き手にとって不名誉なことや隠しておきたいこと（例(178)～(180)）、あるいは逆に話し手自身にとって面目躍如なこと（例(181)）を表す節に接続し、自分がそれを正しく言い当てたことを認めさせようとする。いわば、聞き手が黙っていても話し手の方ではお見通しであるといった述べ方であり、「自分を持ち上げるニュアンス」（鄧思穎2015:225）を持つ。

(178)陳：……我　諗　　過　死　添　aa3！
　　　　　　　私　考える［経験］死ぬ SP SP

　　　〔死のうかとも考えたのよ！〕

　　芝：點　死？割　脈？
　　　　どう 死ぬ 手首を切る

　　　〔どうやって？手首を切って？〕

　　陳：唔　　係,　想　　衝　　　埋　架巴士度,俾　車
　　　　［否定］～だ ～たい 突進する 寄る CL バス suff. ～に 車

　　　撞　　死。
　　　ぶつける 死ぬ

　　　〔ちがう。バスに突っ込んでぶつかって死のうと思ったの。〕

　　芝：後來　怕　死　所以　有　做　le5？
　　　　その後 怖い 死ぬ だから 無い する

　　　〔その後怖くなってやめたんでしょう？〕　　　　（係咩:9）

(179)（マフィアの兄貴から弟分へ向けての発話）

　　　…你　試　過　　俾人用槍指　住　個頭
　　　　あなた 試す［経験］～に 人 で 銃 指す［持続］CL 頭

　　　未　　　aa3？　未　　　le5。
　　　［未実現］SP　　［未実現］

　　　〔お前は拳銃を頭に突きつけられたことがあるか？ないだろう？〕　　　　（電影:74）

(180)（畑で鋤を振るいながら）

　　阿一：唏…哎呀 aa, 哎呀……。
　　　　　intj. intj.　　intj.

　　　　〔ひぃ〜。わぁ。ああ。〕

　　阿蘭：一陣　　　就 頂唔順　　　le5,　哥哥仔。
　　　　　ちょっとの間　堪えられない　　お兄ちゃん

　　　　〔ちょっとしたらもう堪えられなくなったんでしょ
　　　　う？お兄ちゃん？〕　　　　　　　　　（電影 2:180）

(181)（料理上手を自認する女性が人に自分の料理を試食させた
　　ときの決まり文句）

　　好食　　　le5。
　　おいしい

　　〔おいしいでしょう？（同意してくれるのはわかっていま
　　す。）〕　　　　　　　　　　　　　　　（Kwok1984: 92）

　なお、le5 には音調のやや異なるバリエーションもあり、こちら
はもはや確認要求の発話行為とはならない。相手が当該命題の成立
を信じていない文脈でその命題の成立を繰り返し訴える伝達態度を
表し、文全体の発話行為としては「陳述」となる。

(182)我 唔　去 唔　　得 le5。人哋 等　緊　　我 gaa3。
　　　私［否定］行く［否定］OK　　　人　待つ［進行］私 SP

　　〔行かないとダメなんだってば。私のこと待ってるんだか
　　ら。〕　　　　　　　　　　　　　　（梁仲森 1992: 108）

(183)何媽：有　咩 心事　　aa3 ？ 唔　　怕　　講　　wo3。
　　　　　ある 何 心配事 SP　［否定］恐れる 話す SP

　　　　〔何か心配事があるの？話していいよ。〕

　　何爸：哈，哈，冇　心事　　wo3。
　　　　　intj. intj. 無い 心配事 SP

　　　　〔は。は。心配事はないよ。〕

　　何媽：真係　冇？
　　　　　本当に 無い

　　　　〔本当にない？〕

第 4 章　〈伝達態度〉を表す文末助詞 C 類　　**135**

何爸：<u>真係　　有　　le5……</u>
　　　本当に　無い

　　　〔本当にないんだって。〕　　　　　　　　　　　　（何家：85）

　この2種のle5がそもそも同じ形式と見なせるか、一方から他方
へと意味拡張したのかどうかといった問題は、今後のさらなる考察
が必要である。

6.4　le4　行為の押しつけ

　le4は、Fung（2000：130）が「提案を標示する純粋にdeonticな
助詞」というように、専ら文全体を勧めや提案の発話行為に転じる
形式である。

（184）你　　　幫　　我　買　le4！
　　　あなた　助ける　私　買う

　　　〔代わりに買ってよ。〕　　　　　　　　　　　　（Kwok 1984：83）

（185）咪　　　整咕做怪　　le4。
　　　〔禁止〕　いたずらする

　　　〔変ないたずらするなよ。〕　　　　　　　　　　（Kwok 1984：83）

（186）我哋　坐　　飛機　去　　上海　le4?
　　　私達　乗る　飛行機　行く　上海

　　　〔私達飛行機で上海に行こうよ。〕　　　　　　　（方小燕2003：73）

（187）周樹：呢，佢　　話　想　　　油　過　　　　個　尾房　同
　　　　　　intj.　彼女　言う　〜たい　塗る　〔やり直し〕　CL　角部屋　と

　　　　　廚房　廁所　aa3　嘞，　　　睇　吓　有　冇　人　租
　　　　　台所　トイレ　SP　そのよう　見る　少し　有る　無い　人　借りる

　　　　　wo5！
　　　　　SP

　　　　　〔ほら、彼女角部屋と台所やトイレとかを模様替え
　　　　　して誰かに貸したいって言ってたよ。〕

　　　港生：嘞　好　　少　　嘢　ze1，你　　做　　室內設計
　　　　　　では　とても　少ない　ことSP　あなた　する　インテリアデザイン

　　　　　嘅，<u>你　　負責　油　一　個　可以　租得出　　嘅</u>
　　　　　の　あなた　請け負う　塗る　1　CL　できる　貸し出せる　の

房　le4！
部屋　SP

〔なら、そんなのたいしたことないじゃないか。君、インテリアデザイナーなんだから賃貸用の部屋をやってみろよ。〕　　　　　　　　　　　　　（出租：53）

　le4 による提案や勧めは、話し手は聞き手がきっと喜んで受け入れてくれると自信を持っており、親しみを持った口ぶりになるという（梁仲森 1992: 69）。したがって、インフォーマントによると、目上の者には使えず、専ら親しい間がらで用いられる。このようなことから、本書では le4 は「行為の押しつけ」を表すと考えておく。それにより、聞き手からの一定程度の抵抗を見越している（Kwok 1984: 83）というニュアンスにも説明がつくと思われる。

7.　本章のまとめ

　この章では C 類文末助詞について、どの先行研究でも取り上げられている形式を中心に論じてきた。

　本章の議論から見えてきたのは、C 類形式はどれも概ねそれが付く節や語句の表す内容を、発話場においてどのようなものとして表出・伝達しようとしているのかという態度や方略を表すということである。発話場というのは典型的には聞き手がいる対話の場であるから、やはり中心となるのは対話相手（聞き手）目当ての伝達の仕方の表し分けである。そこで、〈伝達態度〉を担う形式と呼ぶことにする。むろん、C 類の中には聞き手目当ての伝達という側面が突出していない形式もある。例えば aa4（聴取による受容）、wo4（認識更新による受容）や ne1 ①（思い惑い）がそうである。しかし、ne1 ① については、聞き手がその場にいてもわざと一人で思い惑うような伝え方を表す、という意味において、やはり伝達方式の1つであると見なせる。そこで、これらの聞き手目当て性が強くない形式の表す意味も同様に伝達態度の1つと見ておく。

　そして、C 類の内部についても、音韻形態及び意味の類似性からいくつかのタイプが区別された。まず、専ら聞き手への伝達の仕方

すなわち対人的態度を表す代表的ないくつかの形式があるが、これらの中には、一方的に伝達を行うタイプ（aa3、wo3）と、聞き手との同意形成に関心を寄せた伝達を行うタイプ（laa1、lo1）とが見出された。そしてそれらを中心に音韻形態と意味の近い関連形式（aa4、wo4、wo5やaa1）が位置付けられた。

次に対命題的態度をも同時に含むいくつかの形式（aa1maa3、gwaa3など）が見出された。そのほかにも、位置付けが不明な形式や本書で取り上げられなかった形式（例えばlo4など）もあるが、どの先行研究でも取り上げられるような代表的な文末助詞については概ね意味記述と位置付けを行うことができたと考える。

最後に、これらのC類形式になされる音声的調整について簡単に述べておく。

3章（3.3.1）でふれたように、類を問わず、終止位置に出現するいくつかの形式には-k韻尾（ないし声門閉鎖音韻尾）を伴うバリエーションがある。本章で取り上げたC類の中では例えば、aa3には-kが加わりaak3となる変異形がある。C類形式ではそのほかにme1にも-kが加わりmek1のようになるという指摘もある。*45 意味については梁仲森（1992）は-k韻尾について「強め」を表すと見なしているように、きびきびした言い放つような口ぶりとなる。

そのほかの音声的調整としては、第1声を持ついくつかの形式に追加される高下り調"＼"が挙げられる。このうち、me1に追加される高下り調"＼"については本章5.3で触れたが、他にlaa1やne1①も高下り調"＼"を伴うことがある。

これらの音声的調整は、元の形式の伝達態度的意味を根本から変えるものではなく、個々の形式に含まれる意味要素の一部を抑制したり強めたりする働きがあるのではないかと思われる。本書では意味的な分析をこれ以上詳しく行うことはできないが、-k韻尾と高下り調については日本語との対照の視点から9章で再び触れる。

＊1　広東語における文類型の区別の仕方については、ほかにも Kwok（1984）や Chappell and Peyraube（2016）を参照されたい。

＊2　もっとも、こうした文末助詞無し文は、つっけんどんな響きがして対話ではあまり適切ではないが（9章参照）、説明の便宜上、ここで例示に用いることにする。

＊3　後述するように、文末助詞を付加することで作られる yes-no 疑問文もあるが、広東語ではそれらは中立の疑問文ではない。

＊4　例えば、Kwok（1984: 16–19）では文末助詞の付加によって形成される疑問文を構造的特徴による疑問文と並列的に扱っており、この点で本書の立場とは異なる。

＊5　これは aa4 による質問に比べると中立という意味で、コピュラ動詞 "係" を用いない "放唔放假？"（休みますか？）に比べると、"放假"（休む）という肯定の内容を前提にしている分、傾きがある。

＊6　Matthews and Yip（1994: 310）でも "Cantonese, however, has no general-purpose question particle counterpart to Mandarin ma." と言い、広東語において疑問文を構成する一般的な質問助詞（question particle）というものは存在しないと言っている。

＊7　Sadock and Zwicky（1985: 161）においても、ラフ語における態度標識（attitude marker）（文末助詞に当たる語類：本書1章3.2参照）が、この言語の文類型体系を形作る要素と見なすべきではないとの見解及びその根拠が述べられているので参照されたい。

＊8　ここで固定的といったのは、特定の文末助詞が発話行為を決定するやり方は、間接発話行為（例：「寒い！」という発話が聞き手にドアを閉めさせる「指令」の発話行為として機能する）とは異なり、文脈に依存したものではなく、形式固有の意味の一部をなしているということである。

＊9　ただし、ここで「生起可能」ということが意味しているのは、単に3種の文類型全てに付加され文法的に適格な文を形成できるということではない。例えば、wo5（本章の3.5.3参照）は平叙文・疑問文・命令文のいずれの節の後にも生起する。しかし、先述した aa3 の場合と異なり、当該の節が標準的に表す発話行為に大きく変更を加える。例えば、疑問文節に wo5 が生起した "有乜嘢玩 wo5"「「何して遊べるの？」だってさ。」は、文全体としてはもはや「質問」の発話行為ではない。この点で aa3、wo3、aa1 と異なる。したがって、この wo5 のようなケースは真に疑問文に生起するとは見なさない。

＊10　wo3 については疑問文への生起の仕方に制限があるが、その点については後述する。

＊11　aa3 は共通語では概略、"啊"（a）に相当する。

＊12　広東語の談話標識のまとまった研究は現在のところないが、共通語についての談話標識の研究である刘丽艳（2011: 27）では共通語でこれらに当たる "我説"「あのね」、"然後"「それと」が談話標識の典型的メンバーとして挙げられている。したがって、これらを談話標識と見て問題はないだろう。

＊13　wo3 にはほぼ同じ意味を表すとされる bo3 という形式がある。Kwok（1984: 12,116）は bo3 を wo3 の変異形（variant）として扱っており、方小燕

（2003：67）はwo3はbo3の弱化形式であるとしている。一方、梁仲森（1992：114）は、梁仲森自身にはbo3とwo3との区別があるが、若年層ではbo3がwo3にとって代わられ両者の間に区別がなくなっているという世代差の可能性を示唆している。なお、bo3とwo3の機能分担や時代ごとの使用頻度など通時的な分析はLeung（2010）に詳しい。同書のコーパス調査によると、現代ではbo3は廃れてきていると言われる。そうした事情から本書ではbo3を取り上げず、wo3のみを取り上げる。

＊14 原文ではここはbo3であるが、wo3にも置き換え可能である。

＊15 なお、日本語の「じゃないか」にも聞き手目当ての意味の他に、話し手自身に向けられた発見・驚嘆の意味があるとされる（木村・森山1992：245）。また、安達（1999：171）でも「じゃないか」には対話的なものと独話的なものがあると指摘されている。

＊16 方小燕（2003）はwo3があらゆる種類の疑問文に出現するとしているが、筆者の調査では正反疑問文や選択疑問文への生起は困難である。もし成立するとすれば、疑問文節を引用的に扱い、「"〜"だよ。」のように情報として聞き手に伝え認識更新を図る時であり、文全体の発話行為は質問にはならない。

＊17 こうした試みは先行研究でもたびたびなされてきた。例えば、Ricaud（1992）ではwo5とwo3が、Matthews（1998）ではwo系統の3つの文末助詞wo3、wo4、wo5の意味的つながりが議論されている。ただしこれらは本書のようにwo3とaa3との対立を踏まえた上で論じたものではない。

＊18 証拠性を表す文法的手段ではないが、英語でも"so-called"「いわゆる」という表現にはそうした価値を下げるような、皮肉な響きが伴われる（Aikhenvald2004：142）ことを参照されたい。

＊19 原文ではwo3と転写されてあるが、筆者自身が映画のせりふを聞き、またインフォーマントに聞いたところではwo5が適切である。

＊20 以上は共時的な観点からの分析であるが、歴史資料を用いたwo3とwo5の関係についての通時的考察はLeung（2010）を参照されたい。

＊21 laa1は共通語の"吧"（ba）に部分的に相当する。

＊22 これはインターネットで公開されている自然会話コーパス *The Chinese Pear Stories: Narratives Across Seven Chinese Dialects*（Mary S. Erbaugh）が出典である。

　http://pearstories.org/cantonese/cantonese.htm（アクセス日 2018/11/30）

＊23 この点は以下のLuke（1990：69）の指摘と重なるものである。"The utterance particle la1 contributes to the public recording of mutual understandings which may serve to clear or prepare the ground for the continuation, appreciation, and understanding of subsequent stages of a report or story."

＊24 "咪"とlo1の共起が頻繁なことは先行研究で常に指摘されている。具体的には、Fung（2000：113）のコーパスではlo1が文末に生起する文の77％に"咪"が共起していたと言う。

＊25 Lee and Man（1997）では"咪"とlo1または上昇イントネーション（／）との組み合わせについて指摘されている。ただし、筆者の観察ではそのほかに文末助詞ge2及びgE2の生起もあり得る。つまり"咪"は常に"咪"＋P

＋“／/lo1/ge2/gE2”の文型で出現する。

＊26　"咪"は日本語でこれに相当する「ではない（か）」よりも用いられる文脈が狭く、中国語共通語でそれに相当する"不是～（嗎）"に近い。"不是～（嗎）"と「ではない（か）」の異同は曹泰和（2000）を参照されたい。

＊27　aa1は以下で見るように、平叙文、命令文、疑問文のいずれにも生起し、それが付加された文全体の発話行為も様々であるため、先行研究での意味記述も散発的で、まとまったものは見られない。

＊28　こうしたメカニズムは、井上・黄（1996）で論じられている日本語の「誘導型真偽疑問文ｐナイカ」の依頼・提案における使用のされ方（例：「貸していただけませんか」、「飲みに来ませんか」）と通じるところがある。

＊29　なお、Kwok（1984: 72）では aa1 の前に ge3（本書では A 類拘束形式 gə-）が生起すると連鎖形式 gaa2 が生み出されると考えている。しかしながら、aa1 が gə- に後続すると第 2 声の gaa2 に声調交替する音声学的・音韻論的根拠が不明なため（cf. gə-＋aa1maa3 は gaa1maa3 となる）、本書では gaa2 という連鎖が存在することは認めるものの、それを gə-＋aa1 とは考えない。また意味分析も保留しておく。

＊30　むろん全ての疑問文についてではなく、あくまで聞き手目当てに発せられた疑問文のことであり、したがって独り言的な疑問文はその限りではない。例えば Lyons（1977: 753–756）、Cruse（2011: 370–371）を参照。

＊31　aa1 にはその他、文末以外に文中の語句や節の後ろに現れる用法もある（梁仲森 1992: 90 などを参照）。本書では詳しく検討することはできないが、いずれも文末用法からの延長で説明可能ではないかと考える。

＊32　aa1maa3 は共通語の"嘛"（ma）に部分的に相当する。

＊33　なお、「自明性」という意味は、中国語諸方言の文末助詞によく見られる 1 つの意味タイプである（Chappell and Peyraube 2016）。

＊34　gwaa3 は共通語の"吧"（ba）に部分的に相当する。

＊35　me1 は共通語の"嗎"（ma）に部分的に相当する。

＊36　なお、共通語の"嗎"は書面語において用いられるが、その場合の広東語発音は maa1 であり、ここで述べている maa3 とは声調が異なる。

＊37　これは共通語で所謂「省略疑問文」を構成する文末助詞"呢"（ne）に相当する形式である。共通語のこの"呢"も対比の文脈でしか用いられないとされる（木村・森山 1992）。また、以下で見るように、広東語の ne1 ①には共通語の"呢"と同様、このほかに「思い惑い」を表す意味がある。他方で、共通語の"呢"は「ある状況がその時その場にまさに立ち現われている現実を訴える意味」（木村・森山 1992）、「ある状況が問題の場に〈現然と存在する〉」（木村 2006）という意味をも表すが、広東語の ne1 ①にはこの意味はない。

＊38　共通語でも同じように文中に生起する用法があり、邵敬敏（1997）や徐晶凝（2008: 169）では上述の省略疑問文の"呢"と主題提示の"呢"とが連続的である旨、述べられている。なお、徐晶凝（2008: 169）ではこうした文中生起の"呢"は科学の口頭発表や授業の講義などの場面で使用頻度が高いと指摘されているが、広東語ではむしろ日常会話にも頻出する。（例文（167）参照）

＊39　木村・森山（1992）では日本語の当該文末形式については「だろうか、

かしら、かな」を挙げている。

＊40　なお、一般言語学においても Lyons（1977: 755）は、疑問文について、人に質問をすることと問いを立てることとを区別すべきという見解を述べている。問いを立てるということは、単に疑いを表明、ないし外在化することであり、相手から返答を得られないことがわかっている状況でも行われるという。したがって、ここの議論でいう聞き手情報に依存しない疑問文というのは、Lyons がいうところの、問いを立てる、ないし疑いを表明することに特化した疑問文と見なせる。なお、英語ではこうした疑問文を発する際に特別な言語形式を必要としないようである。　［例］（独り言・独話で）Where did I put my wallet?〔私、財布どこにやったんだろう？〕（Cruse 2011: 371 より）

＊41　逆に聞き手情報に依存できる環境でこのように ne1 を用いて思い惑いを示すことは不適切にはならない（例えば（166）の最後の一文）。このあたりの議論については木村・森山（1992）を参照。

＊42　共通語でも“不知（道）”「知らない」を用いた類似現象があり、それについて文法化の観点から分析がなされている（例えば森 2007 参照）。

＊43　もう1つ指示機能を持つ間投詞には naa4（嗱）があるが、物理的距離ないし心理的距離の点で、ne1 は遠くにある物を、naa4 の方は近くにある物を指すと言われる（李新魁等 1995: 551 及び鄧思穎 2002 参照）。

＊44　ちなみに、le5 は節との間に aa6 ないし e3 といった音節の挿入が可能である。このように、それが付く節との統合度の点で、通常の文末助詞の振る舞いと異なり、特殊である。

　例）我　唱　得　好　aa6 le5。
　　　私　歌う　　よい
　　　〔私、歌（の歌い方が）うまいでしょう？〕

(Matthews and Yip 1994: 347)

＊45　周家發によりインターネット上で発表された論考「廣州話某些語氣助詞的「k 化現象」」によると、me1 にも -k 韻尾が伴われ mek1 となることがあるという。ただし、mek1 という形式は他の先行研究では見当たらない。

http://chowkafat.net/Lingpassage3.html　（アクセス日 2017/10/08）

第 5 章

〈相対定位〉を行う文末助詞 B 類

1. はじめに

　この章では 3 章の体系分析によって帰納された文末助詞中心形式
B 類の意味を考察する。

　3 章で分析したように、B 類には非終止位置に現れる拘束形式 lə-
及び zə- と、終止位置に現れる自由形式 laa3、lo3、ze1 とがあり、
両者ともに、声母 /l/ から始まるものと /z/ から始まるものの 2 系統
に分けられる（表 1 参照）。

表 1　本書による文末助詞体系の分析

A 類	B 類	C 類	音声的調整
	lə-	aa3 wo3 me1 aa1maa3	
	zə-	など	[-k (ʔ)]
gə-	laa3 lo3		[↘] (高下り音調)
	ze1		([a] 母音中央化) など
ge3			

　そこで、以下では、B 類を l 系と z 系とに二分し、各系の諸形式
が共通に持つ意味の分析を行う。つまり、l 系の拘束形式（lə-）と
自由形式（laa3、lo3）が共通に持つ意味と、z 系の拘束形式（zə-）
と自由形式（ze1）が共通に持つ意味とを考察することが目的であ
る。

　なお、l 系、z 系の諸形式の意味を考察するに当たり、拘束形式
の lə- や zə- は独立して生起できないため、適宜、C 類が後続した

143

連鎖の形を取り上げて分析を行うことがある。

例えば、B類＋C類の連鎖の一例は以下の通りである。

(1) lə-wo3

(2) zə-me1

(3) lə- + aa4 　　　　→ laa4

(4) zə- + aa1maa3 　→ zaa1maa3＊1

連鎖全体の意味は、それぞれの構成要素の意味を足したものである。個々のC類形式の意味については4章を参照されたい。なお、3章で述べたように、拘束形式lə-及びzə-の母音[ə]は既定値であり、実際の音色にはバリエーションがあり得る。

一方、自由形式についても再度確認をしておく。3章で述べたように、laa3、lo3、ze1はこれに音声的調整として韻尾-kが加わったlaak3、lok3、zek1という形式を持つが、本書では多くの先行研究とは異なり、これらをそれぞれ独立した別の文末助詞としては立てないことにした。ただし、-k韻尾が加わった分、振る舞いやニュアンスは少し異なってくる。本章の議論でも-kの有無により振る舞いが異なる現象に言及することになる。

以下では、l系形式に共通の意味と、z系形式に共通の意味とを分析する。そして、その後、B類自由形式の持つ伝達態度について議論する。最後に、l系形式とz系形式の両者に共通の意味、すなわちB類の類固有の意味を導き出す。

2. l系形式の意味　新事態としての位置付け

B類のうちl系諸形式（先行研究で言うlaa3やlaak3）の意味については従来「新しい状況の出現」や「状況の変化」などとされることが多い（例えばYiu2001）＊2。本書でもそうした見解を踏襲し、「新事態としての位置付け」をl系諸形式の共通の意味であると定義する。

例をいくつか見ておく。(5)〜(7)は自由形式laa3、laak3、lo3の例、(8)は拘束形式lə-を含む例である。

144

（5）天　黑　laa3。
　　空　暗い

　　〔空が暗くなった。〕　　　　　　　　　　　　　　　（Fung 2000: 79）

（6）辛苦　咗　咁　耐，終於　寫　完　本　書 laak3。
　　苦労する［完了］こんな　長い　ついに　書く　終わる　CL　本

　　〔ずいぶん長らく苦労してきたが、ついにその本を書き終え
　　た。〕　　　　　　　　　　　　　　　（Matthews and Yip 1994: 350）

（7）意大利文老師：我　教　你　嘅　幾　個　生字，
　　　　　　　　　私　教える　あなた　その　いくつ　CL　新出単語

　　　　　　　　　你　有　冇　返　去　練習　aa3？
　　　　　　　　　あなた　ある　無い　帰る　行く　練習する　SP

　　　　　　　　　〔あなたたちに教えたいくつかの新出単語、
　　　　　　　　　家で練習しましたか？〕

　　　羅拔圖：有有有　練！但係　唔　記得　lo3！
　　　　　　　あるあるある　練習する　でも　［否定］覚えている

　　　〔し、し、しました！でももう忘れてしまいました！〕
　　　　　　　　　　　　　　　　　　　　　　　　　　　（903: 427）

（8）蔣生：羅拔圖　响　邊　aa3？
　　　　　ロバート　いる　どこ　SP

　　　〔ロバートはどこ？〕

　　　芝：哦！羅拔圖　冇　做　呢度 lə-wo3。
　　　　　intj　ロバート　無い　する　ここ

　　　〔ああ。ロバートはもうここ（で働くの）をやめまし
　　　たよ。〕　　　　　　　　　　　　　　　　　　　　（903: 87）

　いずれもそれぞれの節が表す事態、「空が暗い」（例（5））、「つ
いにその本を書き終えた」（例（6））、「覚えていない」（例（7））、
「ロバートはここで働いていない」（例（8））が「新しい事態」で
あるとして位置付けられている。

　以上が l 系諸形式の最も基本的な意味である。すなわち、時間的
領域において当該の事態を「新事態」として位置付ける。

　こうした基本的な用法では、Yiu（2001: 109）が指摘するように、
否定副詞“未”「まだ〜でない」による未実現状態の継続という捉

第 5 章　〈相対定位〉を行う文末助詞 B 類　　145

え方と意味的に抵触するため、l系諸形式は"未"とは共起しない。

(9) ＊未　　落　雨　laa3。
　　　　［未実現］降る　雨

　　　〔＊もうまだ雨降っていないよ。〕　　　　　　（Yiu2001：108）

(10)＊阿　John　未　　　去　禮拜堂　laa3。
　　　pref.　　　［未実現］行く　教会

　　　〔＊Johnはまだ教会に行かなくなったよ。〕　（Yiu2001：114）

　上述の基本用法（例（5）～（8））では、いずれも節で述べられる事態が客観的現実としても新事態として現れている。しかしながら、l系諸形式は客観的現実として新しい事態が現れたことを表すのが本質ではない。むしろ、当該の事態について、発話場での様々な要請の下、話し手がそれを新しい事態だと主観的・能動的に位置付けることを表すことこそが本質である。

　新しい事態というのはそれ以前の古い事態との間に意味のある区別を設定してはじめて認識されるものである。他方、外界の客観的現実は連続的である。すなわち、l系諸形式は話し手が、当該の事態とそれ以前の古い事態とを分け隔てて区切りをつけ、そのことにより当該の事態が特別な意味があるかのように位置付ける見方を表す。

　このように、話し手が所与の事態を古い事態と区別される「新しい事態」であると位置付けるには様々なケースが考えられる。

　本書では網羅的に検討する余裕はないが、l系諸形式が話し手本位の主観的な位置付けを表すことを示すべく、いくつかの例を見てみよう。

　まずはより基本的用法に近い「新事態としての位置付け」を見る。

(11)（お金を貸していたDJTommyが職場から消えたので、後任のDJJohnに彼の居場所を尋ねる）

　　羅拔圖：嗽　你　　實　　唔　　知　佢去咗　　邊
　　　　　　では　あなた　きっと　［否定］　知る　彼　行く　［完了］　どこ

　　　　　gə-laa1！
　　　　　SP

　　　　　〔じゃあ彼がどこに行ったかあんたきっと知らないんだろうね？〕

DJJohn: 唔使　　打　　俾　　佢 laa3, 電話 cut 咗！　嘩！
　　　　不要だ かける ～に 彼　　　電話 切る［完了］intj.

　　　佢 都 好嘢　bo3 ！...
　　　彼 も すごい SP

　　　〔あいつに電話しなくていいよ。電話切ってるから。
　　　ひゃ～。あいつも大したもんだぜ。〕　　　　（903: 141）

　ここでは下線部の事態「彼に電話をする必要がない」が新しい事
態として位置付けられている。しかしながら、これは「これまでは
彼に電話する必要があったが、今ではしなくてもよくなった」とい
う客観的現実としての新事態を指しているのではない。聞き手が
「（居場所がわからない以上は）電話をかける必要がある」と思って
いる（らしい）のを先取りして受け、「彼に電話をする必要がない」
という事態を、聞き手にとっての新事態として位置付けていると考
えられる。つまり、ここでは聞き手の想定を取り込むことによって
新事態としての位置付けがなされている。

　また、次の例でも話し手による主観的な位置付けがなされている。

(12) 大少，　冇　　理由 上　　　樓梯 gə-wo3。實驗室 多數 喺
　　　若旦那 無い 理由 上がる 階段 SP　　　実験室 大体 ～に

　　　地牢 嚟　　　　gaa3。咦，呢度 似　　laa3。大少，　真係
　　　地下 ［属性説明］SP　intj. ここ 似る　　　若旦那 本当に

　　　呢度 aa3。
　　　ここ SP

　　　〔若旦那、階段を上がるはずなんかないですよ。実験室はだ
　　　いたい地下ですよ。おや？ここはそれらしい（似ている）
　　　な。若旦那、本当にここでしたよ。〕

　　　　　　　　　　　　　　　（映画『ミラクル・マスクマン／恋の大変身』）

　「ここ」という場所の様子はにわかに変化しないため、「ここが
（探していた実験室に）似ている」という事態そのものが発話時に
新事態として出現したというわけではない。実験室らしいところを
探していたところ、ずっと見つからなかったが、今眼前にそれらし
く見える（似ている）部屋を見つけたため、これにより「ここが似
ている」という事態を新事態として位置付けることが動機付けられ

ていると解すべきである。*3

　先述の通り、新しい事態というのは古い事態と対比的に考えられるもので、時間軸を背景にしたものである。しかし、l系諸形式の表す新事態としての位置付けは必ずしも時間の領域だけに限らない。以下ではそうした拡張的用法をいくつか見て行く。*4

(13) Peter: 嗱，部　電話　aa3, 我　幫　　你　　俾咗錢
　　　　　　intj.　CL 電話　SP　私　助ける　あなた　お金を払う–[完了]

　　　　　　gə-laa3。你　　出糧　　　先　分期　付款　俾　　我
　　　　　　SP　　　あなた　給料が出る　　分割で　支払う　〜に　私

　　　　　　laa1。
　　　　　　SP

　　　　　　〔ほら、電話だよ。代わりにお金は払っといたから。
　　　　　　給料が出てから分割で払ってくれ。〕

　　陳：　Peter, 你　　實在　太　　　　好朋友　laa3。
　　　　　　　　　あなた　実に　あまりにも　よい友達

　　　　　　〔<u>ピーター、お前は本当になんて友達がいがあるん
　　　　　　だ！</u>〕
　　　　　　　　　　　　　　　　　　　　　　　　　　　　(19 : 117)

　ここでは"好朋友"「友達がいがある」の程度尺度が時間軸になぞらえて見られていると考えられる。すなわち、時間軸における「新事態」にここでなぞらえられているのは、"好朋友"の程度尺度における（通常の段階を超過してしまった）「過剰な段階」である。そこで、新事態という位置付けを表すl系形式が使用される。こういうわけで、B類l系形式は"太"「あまりにも〜すぎる」のように過剰な程度を表す語句と相性がよい。

　そのほか、考えや思いをめぐらすといった思考の展開上における新事態も、l系諸形式によって新事態として位置付けがなされ得る。

(14) Vicky: 有　冇　諗住　　　拍　啲　咩嘢？或者
　　　　　　ある　無い　考える[持続]　撮る　CL 何　　　あるいは

　　　　　　嚟緊　有　冇　咩嘢　大計劃　　係　想
　　　　　　近いうち　ある　無い　何　　大きな計画　〜だ　〜たい

　　　　　　接　　拍　啲　咩嘢戲　嘅？
　　　　　　引き受ける　撮る　CL 何　　映画　そのよう

148

〔何か撮影するつもりはあるの？あるいは近い将来
に何か大きなプロジェクトはある？どういう映画の
仕事を引き受けたいか、みたいな？〕

Jackie: er….冇　wo3, 哈哈〜！！…好　　被動 gaa3, 唔
　　　　 intj.　無い SP　 intj.　　　　とても 受動的 SP　 〔否定〕

　　　　 係　你　話　想　　接　哶戲　就　　　有得
　　　　 〜だ あなた 言う 〜たい 受ける 何 映画 〜なら できる

　　　　 接　　 gaa3。
　　　　 受ける SP

　　　　〔う〜ん。ないね。ははは。すごく受け身的なんだ。
　　　　 こうこうこういう映画が撮りたいからってすぐにそ
　　　　 んな仕事ができるってわけじゃないんだ。〕

（Vicky & 德仔 : 唔！）
　　　　　　　　 intj.
　　　　　　　〔ん。〕

Vicky: 即係　睇　機遇　　　 laak3 ?
　　　　 つまり 見る めぐり合わせ

　　　　〔つまりめぐり合わせによるってことだね？〕

Jackie: 係　　 aa3。
　　　　 〜だ SP

　　　　〔そう。〕　　　　　　　　　　　　　　　　 （ネ）

　例（14）では話し手たちが聞き手（Jackie）の仕事の取り方につ
いてあれこれ考えをめぐらせるプロセスが見られる。最初は「計画
的に作品を選んでいる」という間違った解釈を抱いていたが、その
うちに正解と思しき解釈"睇機遇"「めぐり合わせによる」に思い
当たったことがわかる。つまり、間違った解釈を古い事態とし、正
しい解釈を新しい事態として見立てていると考えられる。あるいは
話し手の正解到達時の認識状態を「新事態」と位置付けているとも
言える。
　こうして解釈すれば、Kwok（1984: 94）が「疑問文助詞」と見
なす2音節形式laa3wo3（本書ではlə-＋wo3の連用と考える）に
含まれるlə-も同様に考えられよう。

(15)(ペンキを入手した店の所在地を説明してもらっているくだ
りで)

即係　近　住　　電車　路　嗰度　lə-wo3 ？　喺　　　横街
つまり　近い　[持続]　トラム　道　あそこ　　　　　〜にある　横道

嗰度　lə-wo3 ？
あそこ

〔つまりトラムの道に近いあそこだな？横道のあそこだ
な？〕　　　　　　　　　　　　　　　　　　(Kwok 1984 : 94)

　Kwok（1984）で言う laa3wo3 の laa3（本書の lə-）も、同様に
話し手の認識状態を新事態として位置付ける「認識変化」の用法で
ある。wo3（4章参照）は聞き手に認識更新を要請する伝達態度を
表す形式であるが、同様に話し手自身の認識更新を示す用法もあっ
た。したがって、正解と思しき解釈に思い当たったことで話し手の
認識状態が新しくなったことが lə- で示され、それも含めた伝達内
容を聞き手自身に向けて発し情報更新を促すことが wo3 で示され、
両者合わさって「〜っていうことじゃないか」といった意味を表す
のだと考えられる。そしてそれを目の前に聞き手がいる文脈で発す
れば、(15) や以下のような確認疑問の発話行為であるように受け
止められ、返答が期待されるということであろう。

(16)星期日　帶　　晒　一　班　去　行街　　　　lə-wo3 ？
　　日曜日　連れる　全部　1　CL　行く　外をぶらつく

〔日曜日は一行を連れて外に出かけるんだな？〕

　　　　　　　　　　　　　　　　　　　　　　(Kwok 1984 : 94)

(17)占：…小心　　　啲　laa1 ！早啲　休息 laa1 ！
　　　　　気を付ける　CL　SP　　早めに　休む　SP

〔気をつけなよ。早めに休むんだよ。〕

　M：噉　你　　即係　叫…　我　依家　要　返屋企　休息
　　　では　あなた　つまり　命じる　私　今　　必要　帰宅する　休む

lə-wo3 ？

〔それって、つまり…何…私に今から家に帰って休めっ
て言ってるってことじゃん？〕　　　　　　（好天氣：145）

付言ながら、lə-wo3 という連鎖は (8) でも見たように、確認疑

問を表さないことも多々ある。このことからも、lə-wo3 は lə- と wo3 という 2 つの形式の連鎖として考えるべきである。

　こうした認識状態における「新事態」としての位置付け、すなわち認識変化を表す拡張的用法の場合は、基本的用法の場合とは異なり、"未"「まだ〜でない」という否定副詞と共起できる。

(18) A: 咦, 罐 嘢　過 咗 期　　　　　wo3。
　　　　intj. CL もの 期限が切れる–[完了] SP

　　　　〔あれ？この缶（詰）期限切れてるぞ。〕

　　B: 唔　　係, 嗰 個 係　出產日期, 唔　　係　有效日期
　　　　[否定]〜だ その CL 〜だ 製造年月日 [否定]〜だ 有効期限

　　　　wo3。
　　　　SP

　　　　〔いや、それは製造年月日で賞味期限じゃないよ。〕

　　A: 噉　即係 未　　　過期　　　lə-wo3 ？
　　　　では つまり [未実現] 期限が切れる

　　　　〔ってことはまだ期限切れじゃないってことだな？〕

　先述の通り、最も基本的意味である時間領域における新事態としての位置付けであれば、"未"「まだ〜でない」という否定副詞との共起は困難なのであった。

(19) *阿　John 未　　　去 禮拜堂 laa3。
　　　pref.　　　[未実現] 行く 教会

　　　　〔*John はまだ教会に行かなくなったよ。〕　　（Yiu 2001: 114）

　このように l 系諸形式にはそれが適用される領域が広がった拡張的用法が見られる。そして、こうした現象は以下の z 系諸形式についても平行して見られる。

3. z 系形式の意味　低ランク事態としての位置付け

　次に z 系形式の意味を検討する。

　z 系形式については先行研究の中では Fung（2000）が最も詳しく精緻である。Fung（2000）では z 系形式（同論文では 'Z'）の中核的意味を「制限」（restriction）であると見なす。そして、König

（1991）による「取り立て詞」（focus particle）に関する言語横断的知見を参考に、「制限」の意味から価値評価（evaluation）や尺度（scale）的意味が導かれると説明している（Fung 2000: 30, 33–34）。

　本書も z 系形式は焦点ないし取り立ての意味要素を含むと考えるが、Fung（2000）とは異なり、類型としては、常に順序ないし序列と関連づけられる「尺度詞」（scalar particle）のタイプ（König 1991: 42）に属すと考える。すなわち、z 系形式は、必ずしも尺度の存在を含意しない「制限」よりは、尺度を常に含意する「低いランク付け」（ranking low）の方を本質的な意味として持つと見なす。その方が、後述するように、l 系形式との意味の類似性を指摘する上でもより説明力を持つからである。

　以下では、まず、z 系形式が表す「低いランク付け」の基本的な例を確認しておく。（20）（21）は自由形式 ze1 とその -k 韻尾付き変異形 zek1 の例、（22）（23）は連用形式（それぞれ zə-+aa1maa3 と zə-+aa3）に含まれる zə- の例である。

（20）一　杯　茶　兩蚊，雙計　都　係　四蚊　ze1！
　　　1　CL　お茶　2ドル　2倍　も　〜だ　4ドル

　　　〔お茶1杯2ドル、2倍にしてもたった4ドルじゃん？〕

（黄金上：147）

（21）（マフィアのボス琛が子分に海辺で麻薬取引をさせていた現場へ警察が駆けつけたが、間一髪証拠を隠滅された。琛は警察へ子分の釈放を求めて談判に来た。）

　黄：我哋　查　清楚　laak3。你　兩條　靚　喺
　　　私達　調べる　はっきり　SP　あなた　2　CL　若い衆　で

　　　沙灘　度　吹風　zek1。
　　　海辺　suff.　風に当たる

　　　〔我々はちゃんと調べた。おたくの若い衆2人はただ海辺で風に当たってただけだ。〕

　琛：嗽　放　得　佢哋　走　laa1。
　　　じゃあ　放す　[可能]　彼ら　去る　SP

　　　〔じゃあ、やつらを釈放してもいいだろ？〕

（映画『インファナル・アフェア』）

(22)酒 zaa1maa3, 大把。
　　酒　　　　　　たくさん

　　〔(たかが) 酒じゃないか、いっぱいあるさ。〕(方小燕 2003:65)
(23)間 屋 好　　細　　zaa3。
　　CL 家 とても 小さい

　　〔その家はすごく小さいんですよ。〕
　z系形式は、例 (20) の"四蚊"「4ドル」、(23) の"細"「小さ
い」のような、語彙的に低ランクと結びつきやすい意味を持つ語句
と相性がよい。しかし、z系形式によって低ランクと位置付けられ
るのはこうした語や句レベルの項目なのではなく、節全体が表す事
態と考えられる。
　すなわち、(20) では「2倍でも4ドルだ」というのが低ランク
事態と捉えられ、(21) では「お宅の若い衆は海辺で風に当たって
いた」という事態が (例えば麻薬取引をする事態などに比べて) 低
ランク事態と見なされている。(22) では節が名詞のみからなり文
脈もないのでよくわからないが、他の物が要求される事態からする
と、「酒 (が要求される)」という事態は (たくさん量があるので)
相対的に低ランク事態だと見なされていると思われる。そして、
(23) では、「その家はそれなりの (常識的な) 大きさがある」と
いう事態と比べて、「その家は小さい」という事態が、低ランク事
態として位置付けられている。
　この最後の例 (23) の"細"「小さい」のように、同一スケール
上でペアを成す形容詞がある場合、小さい値の方を指す形容詞を用
いれば語彙的意味からして必然的に低ランクを志向するため、z系
形式が必ず用いられるのかと言えばそうではない。暗に別の事態と
の比較がなされている場合にのみz系形式で当該の事態が低ランク
として位置付けられる。
　例えば、次の例を見よう。次は「長短」のスケールからすると小
さい値の方を指す形容詞"短"「短い」を用いた例である。
(24)(Elgin 通りにあると教えられたレストランを探していると
　　ころで)

條 伊利近街 好　短 zə-wo3, 行 晒 都 唔　 見。
CL Elgin通り　とても 短い 　　　　歩く 全部 も ［否定］見える

〔Elgin通りってえらく短いじゃないか。全部歩いたけど見当たらない。〕　　　　　　　　　　　　　　　　　　　　　　（ネ）

　ここではレストランが多いElgin通りにある店を探しており、したがって、Elgin通りがそれなりの長さがあるのだろうという想定があったが、実際に歩いて見ると予想外に短かったという含みがある。すなわち、所与の事態「Elgin通りはとても短い」は、予め想定していた事態「Elgin通りはそれなりの長さがある」と比較すると「低ランク事態」と位置付けられる。こうした想定との対比が喚起されることによって、zə- の使用が動機付けられている。

　他方、次のような場合は"短"という同じ形容詞が用いられているが、スカートが短いことはその場で初めて気付いた事態であるため「君のスカートはそれなりの長さがある」といった予めの想定が喚起されず、よって「低ランク事態」としての位置付けが起こらないのだと考えられる。

(25)（生活指導の先生に校門で見咎められて）

你　　條裙　　　好　短 wo3 / *zə-wo3。
あなた CL スカート とても 短い

〔君のスカートえらく短いじゃないか。〕　　　　　　　　（ネ）

　こうして見ると、z系形式が行う「低いランク付け」は、単に語や句レベルの項目の位置付けではなく、それらの項目も含めた節全体が表す事態の位置付けと考えるのが妥当である。

　このように、z系形式は所与の事態を相対的に低ランク事態として位置付ける意味を持つ。したがって、上述したように、語彙的意味からして低ランクを志向する語句とは共起しやすい一方、そもそも低ランクを表し得ない言語表現とは当然ながら共起しづらい。*5 例えば"大"「大きい」という形容詞は同じスケール上の"細"「小さい」が低ランクの値を志向するため、必然的に高ランクに位置付けられる。したがって、本来的にz系形式と相性が悪い。

(26) *間 屋 好 大 　zaa3 / zaa1maa3。
　　 CL 家 とても 大きい

154

〔その家はすごく大きいんですよ / 大きいじゃない？〕

このように、z系形式は所与の事態を低くランク付けする意味を持つのだが、l系形式の場合と同様、基本的用法だけでなく、Fung (2000) で詳細に論じられているような様々な拡張的用法がある。その一部を例示しよう。

まず、基本用法と比較的近い例を見る。

低いランク付けの対象になるのは、これまで上で見てきた例文のように単文から成る節が表す事態ということもあるが、以下のように複文全体が表す事態ということもある。

(27) 見　你　　努力不懈，　我　先　作出　呢　個　智慧
　　　見る　あなた　努力を怠らない　私　こそ　なす　この　CL　賢明な

　　　嘅　選択 zaa3！
　　　の　選択

　　〔あなたが努力を怠らないのを見てこの賢明な選択をしたまでのことですよ。〕
　　　　　　　　　　　　　　　　　　　　　　　　　　　　　　（903:57）

この例は"P 先 Q"「P であってこそはじめて Q である」というように P と Q という 2 つの節からなる複文構造になっている。2 つの節を結ぶ副詞"先"は「（～で）こそ、ようやく」という意味を表す。つまり、P「あなたが努力を怠らない」という条件があってはじめて、Q「私がこの賢明な選択をした」が成立したということである。したがって、この複文"P 先 Q"全体が表す事態は、無条件で Q が成立する事態に比べれば、条件付きな分だけ低いランクに位置すると見られている。このようなことから"P 先 Q"構文は z系形式と相性がよい。次の例は zə-＋aa1maa3 という連鎖である。

(28) 吓？　唔　係 aa3…我…我　返　咗　　嚟　一陣　laa3,
　　　intj. ［否定］～だ SP　　私　私　帰る ［完了］来る　しばらく SP

　　　不過　搞掂　晒　啲嘢　先　打　電話　俾　你
　　　でも　完成する　全部　CL　もの　こそ　打つ　電話　に　あなた

　　　zaa1maa3！
　　〔は？違うよ。帰ってきてもうしばらくたつよ。でも色々用事を片付けてからようやく電話したんじゃないか。〕

　　　　　　　　　　　　　　　　　　　　　　　　　　　　　　（好天氣:168）

また、低ランク事態と位置付けることで、聞き手発言の価値を減じる効果を発揮することもある。*6

(29)（陳佩という女性についてよい点を挙げるように言われ）

Karen: 講真　　　佢　學歷　高　過　　我哋　添！
　　　　本当のところ　彼女　学歴　高い　越える　私達　SP

　　　　〔本当のところ彼女は学歴も私達より高いのよ！〕

Kate: 佢　靚　　過　　我哋　添！
　　　　彼女　きれい　越える　私達　SP

　　　　〔彼女は我々より美人でもある！〕

Kitty: 唔使　　自卑，見仁見智　　　　　ze1！Ken 呵？
　　　　必要ない　卑屈だ　人それぞれ見方が違う　　　　　intj.

　　　　〔卑屈にならないで。人それぞれ見方が違うってこと（にすぎない）でしょ。ねえ、ケン？〕

(讓我：171–172)

　　各自それぞれ彼女の長所を列挙し持ち上げているが、彼女に対して高い評価ばかりが聞かれるそのような状況に対して、話し手はそれは「人それぞれ見方が違う」ということ（にすぎない）として総括し、ze1 によってその事態を低く位置付けている。というのも、「世の中の誰もが一致して認める」という事態と比べると、人により意見が異なり得るという事態は、不完全であり、劣位に位置するからである。こうして低ランク事態と位置付けることにより、対話相手の発言の価値を減じたり、難癖をつけたりする効果が生じるのだと見られる。*7

　　また、梁仲森（1992：82）や Fung（2000：63）で論じられているように、z 系諸形式の中でも自由形式 ze1 は譲歩（concession）の意味を表すことができ、譲歩・逆接の複文の従属節末尾によく現れる。これは自分で自分の発言を低く位置付けることで、その価値を減じることから生じるものだと本書では考える。

(30)佢　唔　介意　ze1, 我　在乎　aa1maa3。
　　　彼(女)　[否定]　気にする　　　私　気にする　SP

　　　〔彼(女)は気にしていないだけで／けど、私は気にするもん。〕

(梁仲森 1992：82)

ここでは「彼（女）は気にしていない」という事態に対し、低い
ランク付けが行われている。つまり、「彼（女）は気にしていない」
という事態がまだ不完全であると見なしている、いわば難癖をつけ
ていることになり、そこから「彼（女）は気にしていないけど…」
といった譲歩ないし逆接の意味が生じるのだと説明できる。

　こうした譲歩・逆接のような拡張用法においては、ze1 は先述し
た語彙的に高ランクを志向する"大"「大きい」とも問題なく共起
できる。

(31) 間　屋　好　　大　　ze1, 但係　我　覺得　你　　襯唔起
　　　CL 家　とても 大きい　　しかし 私 思う あなた 似合わない

　　　呢　　間　屋　bo3…
　　　この　CL 家　SP

　　　〔家は（確かに）大きいけどさあ、でも君には似つかわしく
　　　ないと思うよ…〕

　上述の通り、基本的用法では"大"はz系形式とは共起しないの
であった。

(32) *間　屋　好　　大　　zaa3 / zaa1maa3。
　　　 CL 家　とても 大きい

　　　〔その家はすごく大きいんですよ / 大きいじゃない？〕

(例 (26) 再掲)

　このほかにもう1つz系形式の重要な拡張用法を挙げておく。z
系形式のうち、自由形式 ze1 が -k 韻尾を伴った zek1 は、疑問文に
しばしば生起する。

(33) 喂, 你　　拖完地　　　　未　　　zek1 ？
　　　intj. あなた 床掃除する–終わる［未実現］

　　　〔ねえちょっと、床掃除したの？〕　　　　(Fung 2000: 43)

　こうした疑問文末尾の zek1 について、Fung（2000: 43）は、
「質問内容を軽視する」ことで、単純な質問だから聞き手は速やか
な返答をすることが難なくできるはずだ、という含みを生じさせ、
そこから「返答の緊急性」を表すというメカニズムを説明している
が、本書でも同様に考える。

　このように、z系諸形式は、節が表す事態を低ランク事態と位置

第5章　〈相対定位〉を行う文末助詞B類　　157

付ける意味を基本とするが、基本的用法だけでなく、複文の表す事態の低ランク付け、譲歩、質問内容軽視といった様々な拡張的用法もある。

4. B類自由形式の伝達態度

4.1 かばん形態素としてのB類自由形式

　以上では、拘束形式と自由形式とを特に区別せず、l系・z系の各系の諸形式が共通に持つ意味を分析してきた。本節ではこれらB類諸形式のうちの自由形式、すなわちl系についてはlaa3とlo3、z系についてはze1を特に取り上げ、それらが持つ伝達態度について本書の考えを述べる。

　4章で分析したように、C類の諸形式は様々な伝達態度を表し分けるものであった。したがって、本章冒頭で言及したようなB類＋C類の連鎖形式（例（1）～（4））は、B類であるlə-またはzə-によって新事態または低ランク事態としての位置付けの意味が表され、C類によって伝達態度が表されるというように、それぞれの類固有の意味が別々の形式（形態素）によって分担して表されている。例えば、例（1）のlə-wo3ではlə-が新事態としての位置付けを表し、wo3が認識変化要請の伝達態度を表す。また、例（4）のzaa1maa3では、音節の縮約により形態素境界が見えなくなっているが、zə-が低ランク事態としての位置付けを表し、aa1maa3が自明命題伝達の態度を表す。つまり、B類拘束形式lə-、zə-はB類固有の意味の標示のみに特化した形式なのである。

　それに対し、ここから先は本書における文末助詞体系の分析全体に関わる重要な論点であるが、同じB類でも自由形式laa3、lo3、ze1の方は、新事態または低ランク事態としての位置付けという類固有の意味の他に、何らかの伝達態度が同時に含まれていると考える。しかしながら、これらの形式は、連鎖ではないため、それ以上小さな形態素に分割することはできない。したがって、本書ではB類自由形式というのを、B類固有の意味と伝達態度の意味とを1つの形式のうちに不可分な形で融合的に含んだ形式、いわゆる「かば

ん形態素」（portmanteau morpheme）（より正確には cumulative exponent（Matthews 1991: 179））であると見なす案を提示する。

　B類自由形式には伝達態度が融合的に含まれていると考える見解は、先行研究におけるこれらの位置付け方から示唆される。

　例えば、李新魁等（1995: 514–515）では以下のように、z系形式をいくつか取り上げ、それぞれの微妙な意味の違いを解説している。

(34) 得　　　　　五 個 人 zaa1maa3。*8
　　　〜しかいない 5　CL 人 SP

　　　〔（たかだか）5人だけじゃないか。〕

(35) 得　　　　　五 個 人 ze1。
　　　〜しかいない 5　CL 人 SP

　　　〔5人だけじゃない？〕

(36) 得　　　　　五 個 人 zek1。
　　　〜しかいない 5　CL 人 SP

　　　〔5人だけじゃない。〕

(37) 得　　　　　五 個 人 zaa3。
　　　〜しかいない 5　CL 人 SP

　　　〔5人だけだよ。〕

(38) 得　　　　　五 個 人 zaa4？
　　　〜しかいない 5　CL 人 SP

　　　〔5人だけなんだ？〕

　李新魁等（1995）によると、これらの形式は低いランク付け（李新魁等1995では「小さく見積もる」）という共通の意味を持つが、以下のような微妙な区別があるという。すなわち、「zaa1maa3 を用いたものはどうでもよいという色彩を帯び、ze1 を用いたものは他人の意見に対して向けたものであり、zek1 を用いたものは不十分さをいやがる意味があり、zaa3 を用いると気付かせ・説明の色彩を帯びる、そして zaa4 を用いると疑問を表す」。

　個々の意味記述の是非はさておき、この説明を見る限りでは、上記の z系形式はいずれも低いランク付けの意味（＝Z）のほかに各形式固有の伝達態度（＝X）が加味された"Z＋X"という意味構

造を持つ形式として、互いにパラディグマティックに位置付けられているのがわかる。

　しかし、上記の諸形式のうち（34）及び（37）（38）はそれぞれzə-＋aa1maa3、zə-＋aa3、zə-＋aa4というB類＋C類という2つの形態素の連用である一方、（35）（36）はB類自由形式であり、すなわち単一の形態素から成る。つまり、前者は伝達態度がC類によって分析的に表されているが、後者については伝達態度の担い手が明示的な形態素として含まれていない。にもかかわらず、李新魁等（1995）の記述から見ると、自由形式ze1（例（35））及びその-k付き変異形zek1（例（36））にも何らかの伝達態度的意味（X）が含まれているのは明らかである。このほか、Fung（2000:32）でも自由形式ze1、zek1が連用形式であるzaa3やzaa4などとともにパラディグマティックな関係を持つとして扱われ、相互の微細な意味の違いが説明されている。こうした先行研究の意味記述からは、自由形式ze1及びそれに-k韻尾が加わったzek1というのは、低ランク事態の意味と伝達態度とを1つの形態素のうちに不可分な形で含んだかばん形態素であることが示唆される。

　もう1つこれらを伝達態度を含んだかばん形態素と見なす有力な根拠は、音声的調整がなされる点である。4章のまとめで見たように、伝達態度を表す類であるC類にはいくつかの形式について-k韻尾や高下り音調といった音声的調整で口ぶりないしニュアンスが少し変えられることがあった。例えば、aa3がaak3となったり、me1、laa1など第1声の形式が高下り音調をとることがある。C類は伝達態度を専ら表す形式群であり、発話場における表出や伝達の方略・態度の表し分けを担う。こうした役割を担うからには、実際の発話の最終段階において様々な音声的調整により微妙なニュアンスの調整が行われても不思議ではない。

　翻ってB類自由形式を見てみると、laa3、lo3、ze1のいずれも-k韻尾を持つバリエーションがある。また、ze1については高下り調のバリエーションがある。

（39）佢　淨係　得　　　個　様　ze1 / ze1 ＼。
　　　彼　だけ　しかない　CL　外見

160

〔彼は見た目がいいだけでしょ。〕

　こうしたC類と平行するような音声的振る舞いから見ると、B類自由形式にも同様に伝達態度が含まれていると見なすことが正当化されよう。

4.2　個々のB類自由形式が表す伝達態度

　それでは、これらの自由形式（laa3、lo3、ze1）が具体的にどういう伝達態度を表すのかというと、現段階ではまだ考察が不十分ではあるが、先行研究の意味記述を参考にしつつ以下のように考えておく。

4.2.1　l系の伝達態度

　まず、l系のlaa3について述べる。本書ではlaa3をlə- + aa3という連鎖としては分析しないと述べたものの（3章参照）、音韻形態から判断して、その伝達態度はC類形式aa3が持つ伝達態度とやはり無関係ではないと思われる。すなわち、聞き手への聴取要請という伝達態度（4章参照）を持つのではないかと考える。また、laa3は平叙文（例えば例（5））だけでなく、以下のように疑問文に生起することができるという点でも、aa3と振る舞いが似ている。aa3は4章で述べたように、平叙文・命令文のほか疑問文にも自由に生起するのであった。

　(40)我　係　唔　　係　走　得　　laa3 ？
　　　　私　〜だ［否定］〜だ 去る［許可］

　　　〔私はもう帰っていいですか？〕

　なお、先述の通り、laa3には音声的調整の-k韻尾が加わった変異形、laak3があった。laak3の表す意味ないし口調について先行研究を見ると、Kwok（1984: 48）では意味や生起の仕方はlaa3とほとんど同じだが、より確信度が強いとされる。李新魁等（1995）もこの両者を基本的に同義とするが、laa3の方が「口ぶりがやや重く」、感嘆のニュアンスを含むこともあると言う。このようなことから、本書ではlaak3は-kの付加により言い放つニュアンスが加味されていると考えることにする。

第5章　〈相対定位〉を行う文末助詞B類　　161

次に、もう1つのl系B類自由形式としてはlo3がある。lo3は
laa3と似た意味を持ち、同じような文脈で出現することができる
が、起こったことの「取り返しの付かなさ」に重点があるとされる
（Kwok 1984:48）。

(41) 佢 瞓 咗　　好耐　lo3。
　　　彼 寝る [完了] 長い間

　　　〔彼はもうずっと寝てるよ。〕　　　　　　　　　　（Kwok 1984:48）

そして、lo3に音声的調整の-k韻尾が付加されたlok3について
は、lo3よりも状況の不可避性や修復不可能性の意味が強いと言わ
れている（Kwok 1984:49）。音声的調整-kはここでもきびきびし
た言い放ちのニュアンスを加えると考えておく。

　本書ではこれらの自由形式（及びその変異形）の相違点について、
これ以上詳しく分析することはできないが、「新事態としての位置
付け」というl系形式固有の意味を共通項として、その上にそれぞ
れが少しずつ異なる伝達態度を持っている点は示せたのではないか
と思う。*9

4.2.2　z系の伝達態度

　次にz系の方に目を転じて、自由形式ze1の伝達態度を見てみる。
(34)〜(38)のz系形式のミニマルペアを提示した箇所で既に述べ
たように、ze1はただ単に低いランク付けという意味を表すだけで
なく、他にも何らかの伝達態度を含んでいることが示唆された。

　それではそれがどういう伝達態度なのか、本書では十分に考察す
る余裕はないが、同意形成企図といった伝達態度を持つのではない
かとさしあたっては考えておく。すなわち、C類のlaa1が持つ伝
達態度に相当する。

　laa1は聞き手と当該伝達内容をめぐって共通認識ないし同意を
形成していこうという伝達態度を表すのであった。ze1の伝達態度
はちょうどこれと似ている。例えば、以下の例を見よう。

(42) 亞正：你　　幾時 剷 光　　　個 頭 gaa3？
　　　　　　あなた いつ 剃る すっかり CL 頭　SP

　　　〔お前いつ髪を剃ったんだ？〕

亞修：唔係　　好　　光　　　ze1！
　　　ではない　とても　すっかり　SP

　　　〔そんなに剃り上がってはないだろ？〕　　　　　（愛情：35）

(43)王雞：　我　知，不過　我　想　　聽　　你　　唱　多　一　次
　　　　　私　知る　でも　私　たい　聞く　あなた　歌う　多い　1　回

　　　《會過去的》。可　唔　可以？
　　　　　　　　　　　できる–［否定］–できる

　　　〔わかってる。でももう1回君が《會過去的》を歌
　　　うのを聞きたいんだ。いい？〕

阮茵茵：拍拖　　就話　　ze1，我哋　都　唔　　　係……
　　　　付き合う　　言う　SP　私達　も　［否定］〜だ

　　　〔付き合ってるならいいけど、私達って別に…〕

王雞：　一　次　ze1。好　冇？
　　　　1　回　SP　いい　よくない

　　　〔1回だけじゃん？いいだろ？〕　　　　　（黄金下：21）

　4章で述べたように、laa1 は同意形成企図の伝達態度を表すこと
から、当該の内容が聞き手にも認識できるとの想定に立った伝え方
を表す。李新魁等（1995：514–515）では ze1 を用いた文は「他人
の意見に対して向けた」ものであると記述されているが、それは聞
き手も巻き込んで同意形成しようとする伝達態度のことを指してい
るのだとも解釈できる。

　これらの例文中の ze1 は、試みに他の伝達態度の形式、例えばし
ばしば違いが比較される zaa3 に置きかえてみると不自然にな
る。*10

(44)亞正：你　　幾時　劏　光　　　個　頭　gaa3？
　　　　　あなた　いつ　剃る　すっかり　CL　頭　SP

　　　〔お前いつ髪を剃ったんだ？〕

亞修：*唔係　　好　　光　　　zaa3！
　　　　ではない　とても　すっかり　SP

　　　〔??そんなに剃り上がってはないんだよ。〕

(45)王雞：　我　知，不過　我　想　　聽　　你　　唱　多　一　次
　　　　　私　知る　でも　私　たい　聞く　あなた　歌う　多い　1　回

《會過去的》。可　唔　可以？
　　　　　　　　できる–[否定]–できる

　　〔わかってる。でももう1回君が《會過去的》を歌
　　うのを聞きたいんだ。いい？〕
阮茵茵：拍拖　　就話　ze1, 我哋　都　唔　　係……
　　　　付き合う　言う　SP　私達　も　[否定] 〜だ

　　〔付き合ってるならいいけど、私達って別に…〕
王雞：?? 一　次　zaa3。好　冇？
　　　　1　回　SP　　いい　よくない

　　〔たった1回だけだよ。いいだろ？〕

　zaa3 は、本書の分析では zə- + aa3 の連用である。aa3 というの
はすぐ上でも述べたが聞き手に聴取要請を行う伝達態度であり、そ
の伝え方というのは laa1 とは異なり、聞き手が当該内容に関する
情報を持っているかどうかをいわば無視して一方的に伝える方式で
あった（4章）。よって、aa3 を含んだ zaa3 もまた聞き手の情報保
持状態を気に掛けない一方的な伝え方になる。先述した李新魁等
（1995: 514–515）が zaa3 は「気付かせ、説明のニュアンスを帯び
る」であると記述しているが、そうした伝え方と符合する。

　振り返って例（44）（45）を見ると、聞き手に情報が十分にある
と思われる状況で zaa3 が用いられている。（42）は話し手の頭髪
の様子は聞き手にも見えており、したがって当該情報が聞き手にも
十分あるはずで、（43）でも1回だけ歌うというのは前の文で言及
されているため、情報が十分にある状況だからである。そのため、
（42）（43）のように同意形成を図る伝達態度を表すのが適切で、
（44）（45）のように一方的に伝える態度が不自然になるのであろ
う。

　こうした言語事実を総合すると、ze1 は C 類形式 laa1 と同様の
「同意形成企図」という伝達態度を持つと見なせるのではないかと
考えられる。両者とも同じく第1声を持ち、なおかつ高下り調
“＼” の音声的調整を末尾に加えた変異形を持つ事実もそれを支持
する。

(46) 佢 淨係 得　　　個 様　ze1 / ze1 ↘。
　　　彼　だけ　しかない　CL　外見

　　　〔彼は見た目がいいだけでしょう？〕

(47) 大家　都　聽倒　　laa1 / laa1 ↘。
　　　みんな　も　聞こえる

　　　〔皆さん聞こえたでしょう？〕

　さらに言えば、zə-＋laa1 という連用形式が成立しないこと、すなわち、同意形成的な伝達態度を表しながら低いランク付けの意味を表すには ze1 という自由形式を用いざるを得ないことも、ze1 が同意形成企図の伝達態度を持つという見方を補強する。

　最後に、この ze1 に音声的調整として -k が加わった zek1 の伝達態度について簡単に述べる。Fung（2000: 50）は zek1 は ze1 よりも強い感情的な力を伝えることが一般に知られていると述べる。そこで、本書では、laa3 に対する laak3 の関係と同様、ここでも -k を加えることできびきびと言い放つニュアンスが加味されると考える。したがって、zek1 は ze1 と異なり、聞き手と同意を形成しようとする伝達態度はもはや持たない。zek1 が「質問内容軽視」の疑問文（本章3節参照）に生起するのは、-k 韻尾によりそうした言い放ちの口調が加味されたからと説明できる。

4.3　拘束形式を立てた意味的根拠

　以上、不十分ではありながら、B類の自由形式 laa3、lo3、ze1 及びそれらに音声的調整 -k が加わった laak3、lok3、zek1 の伝達態度を概観した。それを踏まえて本書の根幹となる主張を再度繰り返すと、これら B類自由形式はいずれも新事態または低ランク事態としての位置付けという類固有の意味とともに何らかの伝達態度をも融合的に含んでいるということである。

　3章で文末助詞連鎖を分析した際に、連鎖において非終止の位置に立つ B類形式は拘束的形態素 lə- または zə- であるとし、既存の自由形式（例えば ze1 や laa3、lo3）ではないとした。そのように分析する根拠として形態音韻論的振る舞いを挙げたが、その他にも意味的な根拠もあることに言及した。それはここで述べてきたよう

第5章　〈相対定位〉を行う文末助詞B類　　165

に、自由形式には伝達態度が融合的に含まれているため、既に伝達態度を含んだ形式がその後ろにさらに伝達態度を表すC類形式を従えるような連鎖は意味的に不整合だと考えたからである。

　例えば、もし自由形式のze1とme1が組み合わさってzə-me1という連鎖ができていると見なすとしよう。すると、ze1で同意形成企図をしながら、他方でme1で成立を疑う命題の可否を問うという伝え方をすることになってしまい、互いに相容れない伝達態度が2つ組み合わさることになる。lə-やzə-のような拘束形式を立てた利点は、伝達態度を含まずその類固有の意味だけを表す形式を認定した方が、連鎖全体の構成的意味を説明しやすいからである。

5．l系形式とz系形式の意味の共通点

　ここで再びl系形式とz系形式がそれぞれ共通に表す意味へと話を戻す。2節、3節でみてきたように、それぞれ「新事態としての位置付け」、「低ランク事態としての位置付け」というように、事態に対する話し手の位置付け方を表すと考えられた。ただし、これらはあくまで発話場からの様々な要請や聞き手とのやり取りの中でなされた主観的な位置付け作用である点を補足しておく。

　本章1節の表1にも示されるように、B類にはl系形式とz系形式しかなく、これらは互いに排斥しあうパラディグマティックな関係にある。すなわち、以下のように共起しない。

(48) 我　嚟　咗　　一個月 *lə-zaa3 / *zə-laa3。
　　　私　来る［完了］1カ月

　　〔私は来て{*もうたった/*たったもう}1カ月だ。〕

このように閉じた類を形成し、互いに排斥しあうパラディグマティックな関係にあるということは、意味の面でも両者の間に共通の意味が存在するということである。

　そこで、以下ではl系形式とz系形式の意味の共通点を探ってみたい。

　まず、l系形式について述べる。既に述べたように、話し手がある事態xを「新しい事態」だと見立てるということは、同時に「古

い事態」yがあったことが含みとして示される。

これを図示すると次のようになる。

図1　l系形式が表す位置付け

他方、z系形式の意味については、ある事態xを「低ランク事態」だと見立てるということは、当該の序列からするとそれよりもレベルの高い「高ランク事態」yが含みとしてあるということである。

これを図示すると以下のようになろう。

図2　z系形式が表す位置付け

このように、一方は時間軸、他方は序列という質的に異なるベクトルを背景にしているものの、所与の事態xを、別の事態yを暗に比較・参照し、相対的な位置付けを与えようとする点でl系形式とz系形式は共通する。このようなことから、両者は共に〈相対定位〉という意味を共有する、すなわち、「新事態としての位置付け」、「低ランク事態としての位置付け」には上位概念として〈相対定位〉という意味を立てられるのではないかと考える。

6.　本章のまとめ

本章では中心形式B類、すなわちl系の諸形式、z系の諸形式が共通して持つ意味について分析を行った。その結果、話し手が発話場での様々な要請に動機づけられつつ、節が表す事態に対して、別の事態を参照しながら相対的な位置付けを与える意味を表すと考えた。具体的に言えば、l系形式は時間軸を背景に「新事態」と位置付け、z系形式は序列を背景に「低ランク事態」と位置付ける作用を表す。したがって、B類形式共通の意味は〈相対定位〉であると

まとめることができる。

　続いて、B類形式の中から特に自由形式を取り上げ、これらがB類の類固有の意味、すなわち〈相対定位〉の意味のほかに、〈伝達態度〉をも含んでいることを論じた。つまり、B類＋C類という連鎖形式が〈相対定位〉と〈伝達態度〉とを分析的に表すのに対し、B類自由形式は〈相対定位〉と〈伝達態度〉とを融合的に表す「かばん形態素」であるというわけである。

　なお、l系形式とz系形式には、基本用法以外に、様々な拡張用法が見られた。l系形式には客体としての事態が「新しい事態」であるとの位置付けを行う基本的用法以外に、主体（話し手）の認識状態が「新しい事態」であると位置付ける認識変化表示の用法などがある。また、z系形式にも対話相手の発言もしくは話し手自身の発言が「低ランク事態」であると位置付けるなどの拡張用法がある。ただし、こうした拡張用法は特定の伝達態度と結びついた個別の自由形式に偏って見られるようで、こうした点は今後のさらなる考察が待たれる。

＊1　zaa1maa3の第1音節の母音の実際の発音は聴覚的印象では短く曖昧である。これは3章の注5でも述べたが、aa1maa3という2音節からなるC類形式そのものの特徴である。

＊2　広東語のl系諸形式は共通語の文末助詞"了"（le）とほぼ同様の意味を持つと考えてよい。

＊3　これに関連することとしては定延（2002）が示唆的である。定延（2002）はデキゴトには現実の時間の流れを含まないものがあることを指摘し、人間が環境に対して「そこはどんな様子なのか」と働きかける「探索」や、人間が環境から情報を受け取る「体験」は「状態をデキゴト化する」という趣旨のことを述べている。このように現実の時間の流れを想定しない認知体験をもあたかも時間上に生起するデキゴトかのように見なすとすると、「新事態としての位置付け」という作用についても説明がしやすくなる。

＊4　共通語の文末助詞"了"についての類似現象の分析については杉村（2006）を参照されたい。

＊5　ただし後述するように拡張用法は別である。

＊6　Fung（2000: 34–35）も参照。また、梁慧敏（2016）でも（本書で言う）自由形式 ze1 についての意味拡張の経路が分析されている。

＊7　Fung（2000: 48–49）が論駁あるいは嫉妬などを表すという ze1 がこれに当たると思われる。

＊8　李新魁等（1995）では本書の zaa1maa3 は zi1maa3 という異形態で書かれている。

＊9　1系諸形式の間の意味、ニュアンスの相違については Fung（2000）も参照されたい。

＊10　先行研究でもよく ze1 と zaa3 が比較されるが、ze1 と zaa3 の違いが低いランク付けの意味の程度の差だと説明されることがある（Kwok1984、Fung2000、Cheng2015 など）。本書では先述の李新魁等（1995）の記述（例（34）～（38））が示唆するように、これらは純粋に伝達態度の差だと考える。

第6章

〈恒常化〉を行う文末助詞 A 類

1. はじめに

　この章では 3 章の体系分析によって帰納された文末助詞中心形式
A 類の意味を考察する。

　A 類には、非終止位置に現れる拘束形式として gə-、終止位置に
現れる自由形式として ge3 がある（表 1 参照）。

表 1　本書による文末助詞体系の分析

A 類	B 類	C 類	音声的調整
gə-	lə-	aa3 wo3 me1 aa1maa3 など	[-k (ʔ)] [＼]（高下り音調） （[a] 母音中央化） など
	zə-		
	laa3 lo3		
	ze1		
ge3			

　したがって、本章の目的は、A 類の拘束形式 gə- と自由形式 ge3
（以下、まとめて A 類形式と呼ぶこともある）が共通に持つ意味を
考察することである。

　なお、このうち拘束形式である gə- は単独では現れることができ
ないため、必要に応じて、C 類を伴った連鎖の形（例えば以下例
(1)〜(3)）で取り上げることにする。

　(1)　gə-wo3

　(2)　gə-me1

　(3)　gə- + aa3　→ gaa3

171

連鎖全体の意味は、それぞれの構成要素の意味を足したものである。既に何度か述べたように、拘束形式 gə- の母音は既定値の [ə] 以外にも実際には様々な音価になり得る。

以下、本章では A 類形式に共通する意味を考察するが、その前に必要なこととして、A 類自由形式としての ge3 とその由来である構造助詞"嘅"（ge3）との区別を明らかにしておく。そうしてから A 類形式共通の意味を考察する。続いて、自由形式である ge3 が含む伝達態度を略述し、その後、ge3 と関連が深い、別の文末助詞 gE2 について考察する。

2. 文末助詞 ge3 と構造助詞"嘅"（ge3）の区別

3 章で述べたように、A 類自由形式 ge3 は、連体修飾語句と被修飾名詞とをつなぐ機能を持った構造助詞の"嘅"（ge3）に由来する。*1 構造助詞"嘅"は非常に多機能であるため、本章で扱おうとする文末助詞 ge3 との区別が付きにくく、先行研究でもしばしば両者を明確に分けないまま意味記述がなされる。

そこで本節ではまず文末助詞としての ge3 の範囲を明確にしておく。

まず初めに、構造助詞"嘅"（網かけ部）の基本的な用法は以下のように連体修飾語句（下線部）と被修飾名詞とをつなぐものである。

(4) 我 嘅 朋友
　　私 の 友達

　　〔私の友達〕

(5) 有 浴缸 嘅 房
　　ある 浴槽 の 部屋

　　〔バスタブがある部屋〕

構造助詞の"嘅"を用いた連体修飾構造は、以下のように、被修飾名詞を省略することも可能で、その場合、"嘅"フレーズ（下線部）は名詞句相当の単位として機能する。

(6) 我 要　件 大　　啲 嘅。
　　私 ほしい CL 大きい CL の

　　〔もう少し大きいのがほしい。〕

(7) 呢　啲 蛋糕 係　用 麵粉 做　嘅。
　　この CL ケーキ 〜だ で 小麦粉 作る の

　　〔これらのケーキは小麦粉で作ったものだ。〕

こうした点から"嘅"は名詞化標識（nominalizer）とも見なされる（Fung 2000: 143–144）。

また、構造助詞"嘅"は以下の例のように、焦点構文ないし分裂文（cleft sentence）の形成にも関わる（Lee and Yiu 1998）。

(8) 張三 （係）琴日 打　電報 嘅。
　　　　　〜だ 昨日 打つ 電報

　　〔張三は昨日電報を打ったのだ。〕　　　　　（Lee and Yiu 1998）

これは、(7) のような class-membership type のコピュラ文（Sio 2011）の延長に位置付けられるものと見られる。

以上で見てきたのはいずれも構造助詞"嘅"の用例である。

一方、"嘅"は機能拡張により、以下に示すように文末助詞としての機能も獲得している。本書では、このように文末助詞として用いられる場合はローマ字書きで ge3 と示すことにする。

(9) 我 會　　去 ge3。
　　私 [可能性] 行く

　　〔私は行くよ。〕

(10) 我哋 好　少　　去街　　ge3。
　　　私達 とても 少ない 出かける

　　〔私達は滅多に外に出かけないんです。〕　　　（Kwok 1984: 43）

このように、"嘅"は構造助詞としての機能と文末助詞としての機能があるが、先行研究では区別する基準がはっきりしていない。中でも (7) のような class-membership タイプのコピュラ文や (8) のような焦点構文では構造助詞"嘅"は文末に生起するため、文末助詞 ge3 と混同されやすい。

さらにややこしいことに、構造助詞"嘅"はその直後に文末助詞 B類または C類の自由形式を従えると、後続形式と縮約を起こした

第6章 〈恒常化〉を行う文末助詞A類　　173

り（例（11））、韻母母音があいまい母音になったり（例（12））する。

(11) 有　有　大　哋喇 (gaa3)？　　　（←嘅 (ge3) + aa3）
　　　ある　無い　大きい　CL

　　〔もう少し大きいのはありますか？〕

(12) 呢　哋　係　你　嘅喎 (gə3wo3)。　（←嘅 (ge3) + wo3）
　　　この　CL　係　〜だ　あなた

　　〔これらは君のだよ。〕

　したがって、ただ形態を見たけでは、それが文末助詞なのか、あるいは構造助詞"嘅"なのか、区別が付けられないのである。

　そこで以下では、本章の意味分析の対象を明確にすべく、文末助詞 ge3 と構造助詞"嘅"との区別の基準を設けておく。むろん、後述するように、構造助詞"嘅"と文末助詞 ge3 とは意味的なつながりを有しており、両方の解釈が生じるケースもあると思われる。しかし、それぞれの典型的なケースについては、少なくとも認定の基準を設けておく必要がある。

　文末助詞 ge3 と構造助詞"嘅"とを区別するテストとしては、Sio (2011) が述べるような省略可能性という点のほかに、コピュラ動詞"係"「〜だ」の否定形"唔係"「〜ではない」が使用できるかどうかという点が挙げられる。すなわち、構造助詞の"嘅"の文（例（13）（14））では"唔係"を使用できるが、文末助詞の ge3 の文（例（15））はそれができない。*2

(13) 呢　哋　蛋糕　唔　係　用　麵粉　做　嘅。
　　　この　CL　ケーキ　[否定]　〜だ　で　小麦粉　作る

　　〔これらのケーキは小麦粉で作ったのではありません。〕

　　　　　　　　　　　　　　　　　　　　　　　　（例（7）の否定）

(14) 張三　唔　係　琴日　打　電報　嘅。
　　　　[否定]　〜だ　昨日　打つ　電報

　　〔張三は昨日電報を打ったのではない。〕　　　（例（8）の否定）

(15) *我　唔　係　會　去　ge3。
　　　私　[否定]　〜だ　[可能性]　行く

　　〔私は行く見込みがあるのではありません。〕（例（9）の否定）

174

こうした構造助詞の"嘅"との違いを踏まえた上で、次節ではいよいよ文末助詞Ａ類の自由形式ge3と拘束形式のgə-が共通に持つ意味を分析する。

3. Ａ類形式の意味

3.1 事態の恒常化

構造助詞"嘅"の機能拡張後の後継形式であるＡ類自由形式のge3の意味については先行研究でいくつも記述がある。例えば、「決定性の語気辞」（張洪年1972:186）や「断言」(assertion)（Kwok 1984: 42–43、Sio 2011）といったものである。これらはいずれも自由形式ge3の意味としては一定の説明力がある。しかし、終止位置に現れる自由形式ge3のみならず、非終止位置に現れる拘束形式gə-の意味も含めて統一的に説明しようとすると、不十分な点が出て来る。

例えば、gə-は次のように、疑問文にも生起する。

(16)佢　會　　唔　會　　嚟　gaa3？
　　彼［可能性］［否定］［可能性］来る SP

　　〔彼は来るのか？〕

この文は正反疑問文の節末尾に、gə-とＣ類のaa3（聴取要請）から成る連用形式が付加されたものである。文全体としては質問の発話行為である。

また、以下の文はgə-とＣ類のme1（成立を疑う命題）から成る連用形式が生起している。話し手自身は命題の成立を疑っているので中立的ではないものの、文全体としては聞き手に返答を求める質問の発話行為である。

(17)你　　同　佢　有　　來往　　gə-me1？
　　あなた と 彼女 ある 付き合い SP

　　〔あいつと付き合ってたのか？〕　　　　　　　　（電影：62）

このような質問の文に現れるgə-については、「決定性」や「断言」といった意味では十分に説明力を持たないであろう。

そうした中、先行研究でもFung（2000）はge3だけを取り上げ

るのではなく、同じく声母 /g/ を持ついくつかの諸形式に対して共通の意味を帰納している。その結果、その特徴を、「コミュニケーション文脈において既知（given）の状況であると標示する」"situation givenness" であると述べる（Fung 2000: 136）。すなわち、「対話のやり取りにおいて当該の状況が参加者の（推定される）知識の一部をなす」ことを表すという。

本書ではそうした観点を参考にしつつも、構造助詞"嘅"からの機能拡張を無理なく説明できる代替案を提出する。

結論から言うと、本書では A 類形式は節が表す事態を恒常的性質を持つものであるかのように扱う述べ方を表すと考える。すなわち、当該の事態が発話場においてのみ成立する一時的な性質のものではなく、発話場を超越して成立する恒久的・恒常的な性質のものであるとの提示の仕方を表す。

まずは例として、次のミニマルペアを比較してみよう。（18）と（19）ではいずれも C 類 aa3 が終止位置に現れており、gə- の有無だけが異なる。

（18）好　　多　人 aa3 ！
　　　とても 多い 人

〔人が多いな〜。〕

（19）好　　多　人 gaa3 ！
　　　とても 多い 人

〔人が多いんだよ。〕

gə- を含まない（18）は目の前にたくさんの人がいる現場で用いることが可能である。他方、gə- を含む gaa3 を用いた（19）の方は目の前の現場のことには使えないが、以下のように、自分が今いない場所について述べるのであれば用いられる。

（20）「點解 唔　　一齊　去 wo3 ？」
　　　なぜ ［否定］一緒に 行く SP

〔なんで一緒に行かないのよ？〕

「依家 麥當勞　　　好　　多 人 gaa3 ！我 排　定　　　隊
　今　マクドナルド とても 多い 人　　 私 並ぶ 〜ておく 列

買　嘢,　唔使　你　等　咁　耐　　aa1maa3！」
買う もの 必要ない あなた 待つ こんな 長い時間 SP

〔今、マクドナルドは人がいっぱいなんだよ。僕が並んで買っておいたら、君にそんな待たせなくてもいいじゃないか。〕

（金融：9）

ここでは gə- は「今の時間帯、マクドナルドには人がたくさんいる」という事態を、現場の一時的事態ではなく、普段の状況のような恒常的性質を持つ事態として提示する役割を持っている。先の（18）で gə- が用いられないのは、話し手自身が現場にいて直接体験を述べる場面では、一時的事態として扱う方がふさわしく、恒常的事態として提示するのは有標的な述べ方だからである。

以上の例は gə- が平叙文に生起するケースであったが、次は疑問文に生起するケースを見てみよう。ここでも（21）と（22）では gə- の有無だけが異なる。

（21）你　　飲　唔　　飲　　酒　aa3？
　　　あなた 飲む ［否定］ 飲む 酒

　　　〔お酒飲みますか？〕

（22）你　　飲　唔　　飲　　酒　gaa3？
　　　あなた 飲む ［否定］ 飲む 酒

　　　〔お酒飲むんですか？〕

この 2 文はどちらも「あなたはお酒を飲みますか」という意味の疑問文であり同じ事態について質問しているが、提示の仕方が異なる。（21）は発話場において一回的な関わりのある事態として提出しているため、「お酒飲まない？」といった「提案」としても機能し得る。一方、（22）は gə- を含む疑問文であるから、「あなたはお酒を飲む」という事態の恒常的性質の方に関心を示している。そこで、一般的には聞き手が飲酒習慣を持つかどうかを尋ねることになる。*3

このような聞き手の習慣を問う例をほかにも挙げておく。

（23）（レストランで音楽を聴きながら音楽の話をしているところ突然話題を変えて）

朗：　　你　睇　唔　睇　波　gaa3 ？
　　　　あなた 見る［否定］見る ボール

　　　〔君はサッカーは見るの？〕

羅拔圖：淨係 知 有 個 球員 叫　　巴治奧！！
　　　　だけ 知る ある CL 選手 〜という

　　　〔バッジオっていう選手がいることしか知らない！〕

（903：316）

　また次の例も事態を恒常的性質のものとして提示しようとしたものである。

（24）（インターネットで知り合った相手に、現実世界でも知り合いかどうか尋ねる）

　　　我　識　　　　唔　識　　　你　gaa3 ？
　　　私 面識がある［否定］面識がある あなた

　　　〔私はあなたのこと知ってるでしょうか？〕　　　　　（ネ）

この文では gə- を取り除いて以下のようにすると不自然である。

（25）??我　識　唔　識　你　aa3 ？

　　　〔?? 私はあなたのこと知ってますか？〕　　（例（24）の改変）

　ここでもし gə- を除くと、「私があなたを知っている」という事態を発話場限りの一時的性質のものとして提示することになり、結果、話し手自身のその場の認知状態を他人に尋ねるナンセンスな疑問文となってしまう。しかし、話し手自身に関わることであっても恒常的属性を問題にしているのであれば、話し手以外の者にも窺い知る余地がある。（24）で gə- がある方が自然なのは一時性を取り除き恒常的性質を付与しなければナンセンスな疑問文になるからである。

　また、以下の gə- 付きの疑問文の例では、当該の事態を話し手（問い手）は発話場限りで成立する一時的事態としてではなく、時間性を捨象していつでも成立し得る恒常的事態として捉えようとしている。

（26）醫生：　你　　嘅 病　已經 好　番　　晒　　lə-bo3 ！
　　　　　あなた の 病気 既に よい［回復］［全部］SP

恭喜　　你！
おめでとう　あなた

〔病気はもうすっかりよくなりましたよ。おめでとう。〕

羅拔圖：真係 gaa4？會　唔　會　　再發 gaa3,
本当だ SP　　〔可能性〕〔否定〕〔可能性〕再発する

醫生？
医者

〔本当ですか？再発したりしませんか、先生？〕

(903：311)

(27) P：…我 諗住　　叫　埋　你　一齊 去 gaa3。
私　するつもり 呼ぶ 〔拡充〕あなた 一緒に 行く

〔お前も一緒に呼ぼうかと思ってたんだ。〕

占：吓？係　唔　係　gaa3！？
intj.　～だ〔否定〕～だ

〔何？本当か？〕　　　　　　　　　　　　　　　(閃：56)

　このように恒常的事態として取り上げようとする動機にはしばし
ば話し手（問い手）の側に、（26）のような不安や（27）のような
疑いの念がある。そこで、話し手はそういった疑念を解消すべく、
時間性を超越した確定的な返答を引き出そうと試み、gə- の使用に
よって事態を恒常化させているのであると理解できる。

　以上は拘束形式 gə- についてであるが、自由形式の ge3 の意味に
ついても、同様に説明できる。上述の例（9）（10）（以下再掲）の
ge3 には時間性を超越した恒常的事態として提示することで生じる
「'It is a fact that…' という前置き」（Kwok 1984：42–43）のニュ
アンスが読み取れるからである。

(28) 我 會　　去 ge3。
私 〔可能性〕行く

〔私は行くよ。〕

(29) 我哋 好　少　　去街 ge3。
私達 とても 少ない 出かける

〔私達は滅多に外に出かけないんです。〕　　(Kwok1984：43)

第6章 〈恒常化〉を行う文末助詞A類　　**179**

3.2 構造助詞 "嘅" との意味的つながり

前述したように A 類自由形式 ge3 及び拘束形式 gə- は構造助詞 "嘅" に由来している。より厳密に言うならば、A 類自由形式 ge3 が構造助詞 "嘅" が機能拡張を通じてできたのであり、拘束形式 gə- は自由形式 ge3 がさらに文法化した形式だと本書では見る。

いずれにせよ、これら A 類形式が共通に表す意味を説明する際には、構造助詞の "嘅" といかなる意味的つながりを持つかについても説明すべきだと思われるが、先行研究ではあまり明確に論じられていない。

そうした中、Fung（2000）は構造助詞 "嘅" と文末助詞 ge3 の意味的関連に着目し、後者の意味を前者の持つ名詞化（nominalization）の機能から導こうとしている。Fung（2000: 145–146）では、構造助詞 "嘅" が名詞化機能を持つことに起因して、文末助詞の ge3 が文に新しく語彙的意味を加えることなく、文全体を抽象的な名詞的物体（noun-like object）として見なし、それにより "matter-of-fact"「事実は～である」といった意味を産出するという趣旨の議論がなされている。このように名詞化機能に着目した Fung（2000）は参考に値する。ただし、名詞化することと文末助詞としての意味とのつながりが [deictic]、[focus] といった意味特徴を媒介に説明されており、十分明快な議論とは言えない。

本書でも文末助詞 ge3 の意味は構造助詞 "嘅" が持つ名詞化機能から導かれると考えるが、以下のように考える。

再三述べられているように、構造助詞 "嘅" は名詞句相当語句を作る名詞化の働きを持つ。例えば、以下の例（30）では形容詞 "大"「大きい」が "大嘅"「大きいもの」のように、例（31）では動詞句 "讀中文"「中国語を勉強する」が "讀中文嘅"「中国語を勉強する者」のように名詞化されている。

(30) 大　　嘅 三蚊, 細　　嘅 一蚊。
　　　大きい　3ドル 小さい　1ドル

　　〔大きいのは 3 ドル、小さいのは 1 ドル〕　　　　（Fung2000: 144）

(31) 我 係 讀　　中文 嘅。
　　　私 ～だ 勉強する 中国語

〔私は中国語専攻の者だ。〕

このような"嘅"の名詞化の機能が節が表す事態全体を目当てに発揮されたのが文末助詞の ge3 だと考えられる。

事態に名詞化を行うということは、事態から時間性を除去することであると考えられる。Givón（1984: 51–56）が言うように、名詞は時間的安定性（time stability）を最も有する語類である。したがって、事態を名詞化するということは、当該事態を時間的に安定した恒久的・恒常的なものとして扱うことにつながる。そこで、事態の名詞化に由来する文末助詞 A 類自由形式 ge3 及びそれに由来する拘束形式 gə- は、事態を恒常化する働きを持つのだと考えられる。

4. A 類自由形式 ge3 の伝達態度

以上では A 類形式に共通の意味を考察してきた。本節では A 類形式の中でも自由形式 ge3 を特に取り上げ、その伝達態度について本書の考えを述べる。

上で分析してきたように、自由形式 ge3 には A 類共通の〈恒常化〉の意味があるが、本書の特色は、ge3 に関しては、A 類固有の〈恒常化〉の意味だけでなく、その他に何らかの独自の伝達態度が含まれていると考える点である。これは、5 章で B 類の自由形式 laa3、lo3、ze1 に対して行ったのと同様の分析である。すなわち、A 類も B 類も自由形式は、各類固有の意味の他に、その形式独自の伝達態度を融合的に含む「かばん形態素」と考えるのである。逆に言えば、拘束形式の gə- の方は、A 類固有の〈恒常化〉のみを表す形式ということになる。

それでは ge3 という自由形式が持つ伝達態度は何であるかというと、本書では考察が不十分であるが暫定的に「宣言」といった伝達態度を考えておく。すなわち、特定の聞き手を目当てに、特定の情報伝達的働きかけをしたりするのではなく、ただ中立的に言い放つような伝え方である。先行研究でしばしば ge3 の意味として言及される「決定性の語気辞」（張洪年 1972: 186）や「断言」（assertion）

（Kwok 1984: 42–43、Sio 2011）というニュアンスも、こうした伝達態度を裏書きするように思われる。

このように、自由形式 ge3 に「宣言」といった伝達態度が含まれていると本書が見なす理由は、ge3 が疑問文に馴染まないという事実があるからである。

(32)*佢　　會　　唔　　會　　嚟　ge3？
　　　彼（女）［可能性］［否定］［可能性］来る

　　　〔彼（女）は（本当に）来るんですか？〕

(33)*得　　唔　　得　　ge3？
　　　OKだ［否定］OKだ

　　　〔（本当に）大丈夫なの？〕

疑問文は命題の真偽について判断を下すのを放棄していることを表すのであるから、それと同時に命題を宣言的に述べると伝達態度に一貫性がなくなってしまう。「宣言」の伝達態度は平叙文にこそ馴染むものである。

(34)佢　　會　　嚟　　ge3。
　　　彼（女）［可能性］来る

　　　〔彼（女）は来ます。〕

一方、A類固有の意味である〈恒常化〉の方は疑問文と抵触するものではない。適切な伝達態度を持つ形式を後続させれば、拘束形式 gə- を用いて〈恒常化〉を行える。

例えば、既に何度か例示してきたように、聴取要請の伝達態度を持つC類 aa3 と組み合わせて連用形式 gaa3 にするのが最も一般的である。

(35)佢　　會　　唔　　會　　嚟　gaa3？
　　　彼（女）［可能性］［否定］［可能性］来る

　　　〔彼（女）は（本当に）来るんですか？〕

(36)得　　唔　　得　　gaa3？
　　　OKだ［否定］OKだ

　　　〔（本当に）大丈夫なの？〕

そのほか、思い惑いの伝達態度を表すC類 ne1 ①（4章参照）、もしくは「質問内容軽視」という拡張的用法を持つB類自由形式

zek1（5章参照）を後続させた、gə-＋ne1やgə-＋zek1といった連用形式も疑問文に生起できる。

(37) 佢　　會　　唔　　會　　嚟　gə-ne1 / gə-zek1？
　　　彼（女）［可能性］［否定］［可能性］来る

　　　〔彼（女）は（本当に）来るのかな？/ 来るわけ？〕

(38) 得　　唔　　得　　gə-ne1 / gə-zek1？
　　　OKだ［否定］OKだ

　　　〔（本当に）大丈夫なのかな？/ 大丈夫なわけ？〕

　以上のような根拠から、ge3は〈恒常化〉の意味と同時に、固有の伝達態度、すなわち「宣言」といったような意味を融合的に含んだかばん形態素であると考える。

　3章において文末助詞連鎖を分析した際に、連鎖において非終止の位置に立つA類形式は拘束形式gə-であるとし、自由形式ge3ではないとした。そのように分析する根拠としては主にはB類の処理に足並みをそろえるということだったが、実はより根本的な問題として意味的な根拠もある。それはここで述べてきたように、自由形式には全て伝達態度が融合的に含まれているため、既に伝達態度を含んだ形式がその後ろにまた別の伝達態度を表す形式（B類の自由形式もしくはC類）を従えるような連鎖は意味的に不整合だと考えたからでもある。

　具体的に言うと、例えばもしどちらも自由形式であるge3とme1が組み合わさってgə-me1という連鎖ができているとする。すると、ge3によってある伝達内容を宣言しておきながら、他方でme1によって自分ではその成立を疑うというのは、伝達態度に一貫性がなく明らかに矛盾がある。5章でも述べたように、伝達態度は1つの連鎖形式につき1つだけでなければ意味的に整合性が取れない。そこで、本書ではgə-という拘束形式を〈恒常化〉の意味だけに特化した形態素として立てたのである。

5. 関連形式gE2　事態恒常化及び対立事態の存在示唆

　以上では自由形式ge3を特に取り上げ、その伝達態度と体系内で

の位置付けを見てきた。この節ではさらに ge3 と関連の深い、別の文末助詞 gE2 を取り上げる。

gE2 は 3 章で述べたように、長めに上昇し下降する [253] といった調型を持つ。

gE2 は梁仲森（1992）が示唆するように、B 類自由形式 ge3 に文末上昇下降イントネーション "〳" [253] が組み合わさってできた形式、つまり、ge3 から派生した関連形式と見られる。そこで、先行研究の多く（李新魁等 1995: 512、Fung2000、方小燕 2003: 56）が ge3 との比較で意味を記述している。一例を挙げると、方小燕（2003: 56）では、gE2 は「事実は確かにこうである、態度はこうであるということを表す。相対的に言えば、gE2 の語気は ge3 より柔らかい」としている。

本書でも gE2 は ge3 に文末上昇下降イントネーション [253] が加わってできたものであり、意味的にも密接な関連があると考える。*4

ge3 は本章 4 節の分析に基づくと、事態の恒常化という A 類共通の意味に、宣言という伝達態度を融合的に持ち合わせた形式である。それに対し、gE2 の方は、ge3 の持つ意味の上に、さらに当該の事態をそれと対立ないし衝突する事態が存在するような事態として提出する意味を持つと考えられる（詳しくは飯田 2018a 参照）。

gE2 の中核的意味についてはこのように一般化できるのであるが、Fung（2000）がしているように、実際には 2 つの異なる意味に分けられる。

本書では gE2 に以下の 2 つの意味を認める。

1 つは当該の事態にはそれと対立する事態が伴い得るという意味を表す用法で、そのわかりやすい現れが所謂、逆接事態を導く用法である。

Fung（2000）が言うように、gE2 を伴う文は、もし後続の発話がない場合、通常「譲歩」（concession；本書では以下「逆接」とする）の文の省略だと理解される。

(39) 你　　係　　得　　gE2。
　　あなた　〜だ　OK

"You're competent, (but……)" 　　　　　　　　（Fung2000: 168）

同じ趣旨として、梁仲森（1992: 82）もgE2を逆接事態を導入する従属節末助詞として挙げている。このように逆接事態が続くという事実は、gE2が当該事態をそれと対立する事態を伴うような事態であるとして提示する意味を持つと考えればうまく説明できる。

　また不確かさや留保を表す（Kwok 1984: 43–44、Matthews and Yip 1994: 349–350、Fung 2000: 161）といわれることも、対立事態を伴うような事態であるとして当該事態を提示するgE2の効果の1つであると考えられる。以下の例では、gE2の付加により曖昧で留保を付けるニュアンスが加味されている。

(40)阿煩：你　　有　冇　拍拖　　aa3 宜家？
　　　　　あなた ある 無い 付き合う SP　今

　　　〔付き合ってる人いるの？今。〕

　　陳占：我？　有　gE2……
　　　　　私　　ある

　　　〔おれ？いるけど…。〕

　　阿煩：我 都 有……上　車 laa3 我, Bye。
　　　　　私 も ある　乗る 車 SP　私 じゃあ

　　　〔私もいるの…　バス乗るわ、じゃあ。〕

（19: 145–146を若干改変）

　当該の事態を対立事態が存在するような事態であるといった述べ方をすることは、必然的に当該事態の真実性や価値を減じることになり、結果として、事態に対する不確かさや留保を付けるような述べ方になる。

　gE2のもう1つの意味は、当該事態を聞き手の想定する事態と対立するような事態として提示するというものである。

　先述のように、先行研究が述べるところでは、ge3とgE2は意味的に近く、比較して記述されることが多い。ge3と比較すると、gE2には「説明的なニュアンス」が伴う（Fung 2000）とされたり、方小燕（2003: 116）が以下の例で挙げるように、「懇ろ、信じてほしい」といった主観的態度が伴われることがあるという。

(41) 佢哋　會　　　返　嚟　gE2。
　　　彼ら　［可能性］帰る　来る

　　〔彼らは帰って来ますって。〕

　こうしたニュアンスは、gE2 が話し手が提示しようとする当該の
事態が聞き手の想定する事態と対立し得るものであると想定してい
るがゆえに生じるのではないかと思われる。すなわち、聞き手の想
定と自分が提示しようとする事態が対立し得ると予想されている場
合は、中立的な場合（以下の例（42）の ge3 を使用した場合）に
比べると、より一層自己正当化的な口調が伴われやすくなるからで
ある。

(42) 佢哋　會　　　返　嚟　ge3。
　　　彼ら　［可能性］帰る　来る

　　〔彼らは帰って来ます。〕

　そのほか、"咪"「じゃない（か）」と共起して"咪〜gE2"「〜じ
ゃない？」という構文を作るのも、gE2 の特徴的な振る舞いの 1 つ
である。例えば以下のような例がある。

(43) Peter: 呢　層就……　遲　啲先八，有　另外　一　單
　　　　　　この CL　　　遲い CL　話す ある 他　1　CL

　　　　　嘢　八……
　　　　　もの 話す

　　　〔それは…今度また話す。その他にゴシップネタが 1
　　　つある…〕

　陳占：咩 aa3 ？
　　　　何 SP

　　　〔なんだよ？〕

　Peter: 我 aa3……尋晚　　咪留　喺度　　　gE2, 你　　知
　　　　　私 SP　　昨日の夜　残る ここにいる　　あなた 知る

　　　　唔　　知　我 見倒　邊個 aa3 ？
　　　　［否定］知る 私 見える 誰　SP

　　　〔俺さぁ、昨日の夜、ここに残ったじゃない？誰を見
　　　かけたと思う？〕
　　　　　　　　　　　　　　　　　　　　　　　　（19：73）

(44)（ビルの位置を教えようとするやり取りの中で）

古天鳳： 嗱,　嗰度　寧寧舍舍　咪有　四蓬 gE2？見
　　　　 intj. あそこ 突出している 　　ある 4 CL 　　　見える

　　　　 maa3？最　高　嗰　蓬　隔離　咪有　一　座 gE2？
　　　　 SP 　　 一番 高い あの CL 隣 　　 ある 1 　 CL

　　　　 嗱,　頂樓　冇　開　　燈　　嘅。
　　　　 intj. 最上階 無い つける 明かり SP

　　　　〔ほら、あそこに突出して4棟あるじゃない？<u>見え
　　　　る</u>？<u>一番高いのの隣に1棟あるじゃない</u>？ほら、
　　　　一番上の階に明かりがついてないの。〕

偉康： 　　哦,　有　落地　　　玻璃窗、有　露台　　嗰　座！
　　　　 intj. ある 地面に着く ガラス窓 ある ベランダ あの CL

　　　　〔ああ、一面ガラス窓でベランダがついてるあれか。〕

古天鳳： 係　　 laak3。
　　　　 〜だ SP

　　　　〔そう。〕

芳嫂： 　　見倒　 laa1, 做乜　　 aa3？
　　　　 見える SP 　　どうした SP

　　　　〔見えるわよ。（それが）どうしたの？〕

古天鳳： 我　有　份　　　「起」　 gaa3。
　　　　 私 有る 取り分 建てる SP

　　　　〔私、建てるのに加わったの。〕　　　　（一籠：57–59）

　4章で少し触れたが、"咪"は聞き手が本来認識していてしかる
べきなのに現実には十分認識できていない事実を提示する際に使わ
れる。

　なお、"咪〜gE2"という組み合わせを構文と見なすのは、ここ
では"咪"が必ず必要であり、"咪〜gE2"が一種の固定化された
表現だからである。

(45)我　 aa3……＊尋晚　　　留　喺度　　　　gE2, …
　　 私 SP 　　 昨日の夜 残る ここにいる

　　〔<u>俺さぁ、昨日の夜、ここに残った</u>じゃない？…〕

　"咪〜gE2"構文は、聞き手の心内で活性化していない事実に注

第6章　〈恒常化〉を行う文末助詞A類　　187

意を向けさせ、その事実を前提に談話を展開させる際に使用される。*5 したがって、通常は後ろに最も言いたい内容が後続する。例（43）では「誰を見かけたと思う？」という質問がそれであり、例（44）では聞き手に促される形で披歴した「自分も目の前のビルを建てるのに加わった」という発話がそれに当たる。

　このように gE2 が "咪～gE2" 構文で用いられる理由も、当該事態を対立事態が存在するような事態として提示するという gE2 の意味から説明できると思われる。つまり、話し手が提示しようとする事態 P は聞き手の心内で活性化していない事実である。すなわち聞き手の想定では現状「P ではない」、「P が成立していない」ことになっている。そこへその想定と対立する P という事態を導入するのがこの構文である。したがって、この場合でもやはり聞き手の想定する事態との対立があると言える。

6. 本章のまとめ

　この章では A 類形式共通の意味について考察し、それを事態の〈恒常化〉であると結論づけた。そして恒常化の意味は、構造助詞 "嘅" の名詞化の機能が、節全体が表す事態目当てに拡大された結果生じたもので、すなわち、名詞化することにより事態を時間的に安定性のある恒常的性質を持つものとして提示するということに由来すると考えた。

　続いて、A 類自由形式 ge3 を取り上げ、これが〈恒常化〉の意味のほかに、「宣言」のような伝達態度をも融合的に含んでいるかばん形態素であることを主張した。

　そのほか、ge3 の関連形式として gE2 の意味を記述した。

---

*1 "嘅" は共通語では "的"（de）にほぼ相当する。広東語の "嘅" の連体修飾標識から文末助詞に至るまでの様々な機能のまとめは Sio（2011）を参照。

＊2 共通語の"的"についても、他の"的"構文と異なり"不是"を用いて、"＊我不是會來的"のように否定することはできないとの指摘が杉村（1982）にある。

＊3 また、gə-は、習慣を尋ねるほかに、聞き手の現場での意向を苛立った口調で尋ねる際にも用いられるが、これはあえて恒常的事態として提示することによる有標的な尋ね方である。

＊4 gE2については、これをge3に文末上昇下降イントネーション[253]がかぶさったもので、そもそも1つの文末助詞と認められないという議論もあり得るが、そうすると"咪〜gE2"という構文（後述）の成り立ちを説明しづらくなるため、本書ではgE2を1つの文末助詞と見なす。このあたりの議論については詳しくは飯田（2018a）を参照。

＊5 "咪〜gE2"構文中のgE2は[253]という音調のうちの下降部分は現れない（飯田2018aの査読者の指摘）。これは聞き手の同調を待つ意味合いがあるためであろう。

第7章
文法化型の周辺形式

1. はじめに

　前章までは広東語の文末助詞の中核部分を形成する中心形式A類、B類、C類の意味を論じてきた。これら中心形式については、6章で議論したA類自由形式ge3が構造助詞"嘅"に由来することがわかる以外は、起源をたどるのは難しい。

　他方、3章で整理したように、周辺形式には、他の語類に属す語が文法化や機能拡張を経て文末助詞に転じた「文法化型」形式があった。例えば"添"（tim1）、"先"（sin1）がそうで、それぞれ「追加する」、「先に」という語彙的意味を持つ内容語から文法化及び機能拡張を経てきたものである。そのため文末助詞としての意味の中にもそうした元の語彙の意味が大なり小なり反映されている。こうした経緯を持つため、これらは語彙的意味が強く残る用法から文末助詞としての用法までの間に様々な段階がある。

　以下ではまず最初に文法化型周辺形式の代表として"添"、"先"を取り上げ、語彙的意味を濃厚に持つ内容語としての用法から文末助詞としての用法に至るまでの文法化・機能拡張の様相を述べる。*1 続いて、同じく内容語から転じたと思われる"話"（waa2）について簡単に触れ、最後に機能語である構造助詞"嘅"（ge3）からさらなる機能拡張を遂げたと思われるge2を取り上げる。

　こうした周辺形式に対する理解は、広東語における文末助詞の由来や文末助詞体系の全体像を俯瞰する上で役に立つ。

2. "添"（tim1）、"先"（sin1）

本節では「文法化型」の周辺形式の代表として"添"、"先"を取

り上げる。

　その理由は、3章で少し述べたように、これらが周辺形式でありながら、中心形式であるA類拘束形式のgə-よりも後に現れることができるという統語的特徴を有しており、その意味で文末助詞らしさがとりわけ高いからである。

　まず、“添”がA類gə-の後に現れる例を挙げる。

（1）其實　班　　上面　都　有　女仔　aa1,　有　啲重　　幾
　　　実は　クラス　上　　〜も　ある　女の子　SP　ある　CL　さらに　結構

　　　省鏡　gə-添。
　　　きれい　SP

　　　〔実のところ、クラスにも女の子がいるじゃない？しかもその中の数人は結構きれいだよ。〕　　　　　　　　　　　（八王子 02:133）

　次に、“先”がA類gə-の後に現れる例を挙げる。後述するように、この語順をとるのは“先”が疑問文に生起する場合である。

（2）《饑饉30》？使　　唔　　使　　捐　　錢　gə-先？
　　　『飢饉30』　　必要だ　〔否定〕必要だ　寄付する　お金　SP

　　　〔『飢饉30』？（まずそもそも）お金寄付する必要あるのか？〕　　　　　　　　　　　　　　　　　　　　　　　（八王子 02:119）

　このようにA類の後に生起し、中心形式が形成するパラダイムの中への浸食が一部見られる点でこの両者は周辺形式の中では特異な存在である。

2.1　“添”（tim1）

　この節では、“添”について、動詞としての用法から文末助詞としての用法に至るまでを概観する。

2.1.1　“添1”　動作の追加

　“添”はまず最も基本的な動詞としての用法では「追加する」という意味を表す。たとえば“添飯”「ご飯をさらによそう」のような例がある。後に述べるように、“添”の文末助詞としての用法には、こうした動詞としての語彙的意味が引き継がれている。

　以上は最も基本となる動詞としての用法であるが、“添”はその

ほかに、動詞句末に現れる動詞句末助詞として用いられる。この場合は「動作の追加」、すなわち、すでに存在が前提となっているある動作を再度行うことを表す。一般に、未然の動作行為を表す文に用いられ、提案や指令といった発話行為の文に多く用いられる。

(3)　俾　　兩　蚊　佢　添 laa1。
　　　与える 2　ドル 彼　　SP

　　　〔彼にあと 2 ドルあげなよ。〕　　　　　　　（張洪年 1972：179）

(4)　阿正：哦, 等　　緊　　車？
　　　　　　intj. 待つ［進行］車

　　　　　〔あ、バス待ってるの？〕

　　　何生：係　 laa1, 等　　咗　　　三個鐘頭。
　　　　　　そう SP　待つ［完了］3 時間

　　　　　〔そうさ。3 時間待ったよ。〕

　　　阿正：係 嘅　　　 gə-laak3, 車 少　　aa1maa3,
　　　　　　〜だ こういう SP　　　　車 少ない SP

　　　　　等 吓　　　添 laa1。
　　　　　待つ ちょっと SP

　　　　　〔そんなもんだよ。本数が少ないんだから。もうちょっと待ちなよ。〕
　　　　　　　　　　　　　　　　　　　　　　　　　　（冬瓜：27）

(5)　放　高　啲 添 laa1！
　　　置く 高い CL　SP

　　　〔もうちょっと高いところへ置いてよ。〕

(6)　多　啲 上　去　添 wo3〜
　　　多い CL 上る 行く　SP

　　　〔もうちょっと頻繁に（ウェブサイトに）行ってくれよ〜。〕（ネ）

なお、こうした動作の追加では周小兵（1993）が言うように、不定量を表す“啲”「いくらか」、動作量を表す“吓”「ちょっと」など数量表現の共起が必須である。例えば（4）を以下のようには言えない。

(7)　*等　添 laa1。
　　　　待つ　SP

　　　〔もうちょっと待ちなよ。〕

これらの例（3）〜（6）に見られる“添”はそれに後続する文末助詞中心形式を除けば最も文末近くに位置しているが、あくまで動詞句末助詞としての用法であり、同種の用法である以下の例が示すようにやはり文末助詞とは考えられない。

（8）［食　一　碗　添］就　　夠　　　laa3。*2
　　　食べる 1　CL　〜なら 足りる SP

　　　［もう1杯食べれば足りる。］　　　　　　　（張洪年 1972:179）

（9）喙, 你　　啲　嘢　　嘅假動作　ne1 可以［再　　假　啲
　　　intj. あなた CL このような フェイント SP　できる もっと 偽 CL

　　　添］。你　　差唔多　laa3, 幾　假 laa3。假 啲 添。再
　　　　　あなた 大差ない SP　　結構 偽 SP　偽 CL　　もっと

　　　假 啲。
　　　偽 CL

　　　［いいか。お前のこういうフェイントはだな、もっとさらに
　　　紛らわしくできるんだ。だいたいそんな感じだ。なかなか
　　　いいぞ。もうちょっとフェイントして。さらにもうちょっ
　　　と。］　　　　　　　　　　　　　　　　（映画『少林サッカー』）

　（8）では“添”は動詞句“食一碗”「もう1杯食べる」の末尾に付加されており、それら全体が従属節「もう1杯食べれば」を構成する。（9）では形容詞句“再假啲”「もうちょっと偽っぽい」に“添”が付加された“再假啲添”が助動詞“可以”の従える句となっている。言い換えれば、ここの“添”は“可以再假啲”という助動詞句に付加されたものではなく、その2文後の“假啲添”と同様、形容詞句“假啲”の末尾に付加されたものという構造分析が妥当である。このようなことから、これらの例の“添”はあくまで「動作の追加」を表す動詞句末助詞であり文末助詞とは見なせないのであるが、次に述べる文末助詞としての用法の1つ「事態の追加」と意味的には連続するものである。

2.1.2 “添2” 事態の追加

　前節のような「動作の追加」では“添”は動詞句末（または述語句末）に付加される助詞であり、したがって、意味的に見ても追加

の対象となるのは事態の構成素材たる動作行為であった。それに対し、以下で見る"添"の文末助詞としての用法は、事態を表す節の末尾に付加されるもので、意味的に見て「事態の追加」を表す用法と言える。*3

(10) 佢　好似　　好　鍾意 我,　重　　送　埋　　花 添。
　　　彼 どうやら 大変 好き 私 さらに 贈る[拡充] 花

　　〔彼は私が好きみたいで、花までくれる。〕

(Matthews and Yip 1994 : 356)

先行研究でよく指摘されるように、この事態の追加用法ではしばしば副詞"重"「さらに」が共起する。*4

(11) 佢 唔只　　　好　叻,　重　　好　靚仔　　　添。
　　　彼 だけでなく 大変 有能だ さらに 大変 かっこいい

　　〔彼は有能なだけでなくさらにかっこいい。〕

(12) 原來　你　　一路　都 跟　住　　　我哋, 重　　幫
　　　なんだ あなた ずっと も つく[持続] 私達 さらに 助ける

　　我哋 俾　晒　　所有 錢 添 aa4 ？
　　私達 与える[全部] 全ての お金

　　〔なんだ、お前はずっと俺達のあとをつけてて、しかも全部お金を払ってくれてたんだ？〕

(海盗 : 232)

これは"重"「さらに」が複数の事態を累加的に捉えていることを表すため、"添"の表す「追加」の意味と馴染むからである。

他方、同じく複数の事態を述べる場合でも例えば"又～又～"「～であるし～であるし」は、2つの事態を並列的に捉えるが、累加的に捉えるわけではない。したがって、"添"とは馴染まない。

(13) *佢 又 叻,　又 靚仔　　　添。
　　　彼　 有能だ　 かっこいい

　　〔彼は有能だしかっこいい。〕

このように"添"は"重"と相性がよいが、むろん文脈の支えによって複数の事態を累加的に捉えていることが表されていれば"重"は必要ではない。

(14) 3: 你　　同 阿 Moon 拍拖？ 傻仔 laa1, 幻想 ze1
　　　　あなた と pref.　　 付き合う ばか SP 　幻想 SP

第7章 文法化型の周辺形式　195

你，　叫　你　唔好睇咁　多　鹹碟…
あなた　命じる　あなた［禁止］見る　そんな　多い　アダルトビデオ

〔Moonと付き合ってるって？ばかだな。空想だろ？そんなにアダルトビデオばっか見るなって言ったじゃ……〕

占：真　　gaa3。
　　本当　SP

〔ほんとだよ。〕

3：遅早　眼盲　　　　添 aa3。
　　早晩　目が見えない　　SP

〔そのうち目まで見えなくなるぞ。〕　　　　　　　（好天氣：133）

(15)（マージャンをしていて、Aが大当たりなのをCが他の1人Bと組んでいんちきをしているのではないかと問い詰めているところで）

P：我 aa3, 都　未　　　開　過糊　添 aa3！
　　私 SP　　全く［未実現］あがる –［経験］　SP

〔俺なんかさー、あがってもいないんだぞ！〕（好天氣：155）

　以上で述べてきたように、「事態の追加」用法では、"添" は当該の事態を既存の事態の蓄積の上に累加的に捉えて提示することで、状況の甚だしさを暗に示すものである。上の例（11）を用いて示すと、既存の事態「彼は有能だ」の上に、「彼はかっこいい」という事態を導入することで、この人物のすごさの甚だしさを述べている。

(16)佢　唔只　　好叻，　重　　好　靚仔　　　添。
　　彼　だけでなく 大変 有能だ さらに 大変 かっこいい

〔彼は有能なだけでなくさらにかっこいい。〕　　　（＝例（11））

　そこで、既存の事態を仮にPとし、当該の事態をQとして図示すると次のようになる。

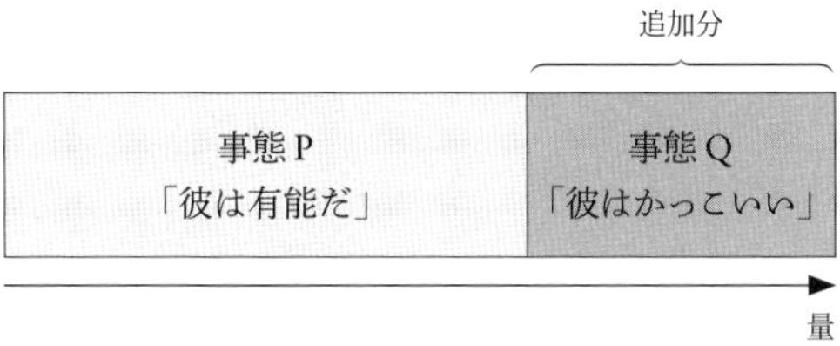

図1 「事態の追加」

なお、本章1節で述べたように、A類gə-よりもさらに後に現れるのはこの用法である。

(17) 其實　班　　上面　都　有　女仔　aa1,　有　啲　重　　幾
　　　実は　クラス　上　〜も　ある　女の子　SP　ある　CL　さらに　結構

省鏡　gə-添。
きれい　SP

〔実のところ、クラスにも女の子がいるじゃない？しかもその中の数人は結構きれいだよ。〕　　　　　　　　（八王子02:133）

(18)「喂　你　　今年　幾大　aa3？」「廿七！」佢　點　　起　　支
　　　intj.　あなた　今年　何歳　SP　　　　27　　　彼　つける　起きる　CL

煙　　答！　重　　食　煙　　gə-添！　討厭！
たばこ　答える　さらに　吸う　たばこ　SP　　　嫌だ

〔「ちょっとあんた今年いくつ？」「27」彼は煙草に火をつけて答えた。しかも煙草を吸うのだ！憎たらしい！〕

（阿JAN①:65）

2.1.3 "添3" 予定外の事態発生

"添"はこのほか、話し手がある事態に突然気づき、それが予想外のものであることを示す（梁仲森1992:89）用法がある。馮淑儀（2000）ではこれを「認知ドメイン」の作用と見なす。

本書では「予定外の事態発生」用法と名づける。以下に例を挙げる。

(19)弊,　　煲　燶　　飯　添！
　　　まずい　炊く　焦げる　ご飯

〔しまった、ご飯を炊きすぎて焦がしてしまった。〕

（馮淑儀2000）

(20)Halo！　新　一年　又　到　　　laa3... 祝　你
　　　こんにちは 新しい 一年 また 到来する SP　　祈る あなた

　　　新年 .... 咩　好　ne1... 好　難　諗　添...
　　　新年　何　よい SP　とても 難しい 考える

　　　〔こんにちは。新しい年がまたやって来た。あなたにとって
　　　新年が…何をお祈りすればいいかな？難しいなぁ。〕　（ネ）

(21)占：你　　小心　　啦 aa1maa3... 哎呀 ... 流　血　aa3。
　　　　あなた 気を付ける CL SP　　　intj.　流す 血 SP

　　　　〔気をつけないとだめじゃないか。ありゃ。血が出てるよ。〕

　　M：死　　laa1... 呸　晒　出　嚟　aa3。
　　　　まずい SP　　噴く 全部 出る 来る SP

　　　　〔どうしよう。噴きだしてきた。〕

　　占：冇　紙巾　　添。
　　　　無い ティッシュ

　　　　〔（しまった）ティッシュがない。〕（好天氣：142 を若干改変）

(22)佢　啲 programming 好鬼　　　　勁。　得閒　會　　　整
　　　彼　CL　　　　　　とてつもなく すごい 暇だ ［可能性］ 作る

　　　啲 program 仔　出　嚟　玩，又　成日　　　　借　　啲
　　　CL　　　　　suff. 出る 来る 遊ぶ また しょっちゅう 貸す CL

　　　電腦書　　　俾　我 睇，死　　laa1，我　重　未
　　　コンピューター本 与える 私 見る まずい SP　私 まだ ［未実現］

　　　還　添！
　　　返す

　　　〔彼のプログラミングはとてつもなくすごいんだ。暇があれ
　　　ばミニプログラムを作り出してるし、いつもコンピューター
　　　関連の本を貸してくれる。しまった、まだ返してなかっ
　　　た！〕
　　　　　　　　　　　　　　　　　　　　　　　　　　　　（ネ）

　　例 (19)〜(22) からわかるように、この"添"も事態を表す節
の後に付く。しかし、前節で述べてきた「事態の追加」の"添"が
既存のほかの事態の蓄積の上に当該の事態を追加するというように
2つの事態の関係付けを行うのとは異なり、もはや1つの事態にし
か言及していない。*5 また、事態の性質から見ても、「事態の追

加」用法と異なり、当該の事態は話し手にとっては発話時に初めて認識したか意識に上った事態であり、話し手の認識には変化が伴っている。そのことは、この用法では"弊、死"「しまった、まずい！」、"哎呀"「あれまあ」といった語句と相性がよいことからも窺われる。

　したがって、ここでは事態を表す節に付加されるものの、"添"は「事態の追加」として用いられているのではない。つまり、「事態の追加」と異なり、既存の事態が想定されていない。そこで、"添"「追加する」という元の動詞の語彙的意味から引き継がれた意味の表出の方に重点が移っている。つまり、「追加する」ということは本来の予定外に後から分量を増やすわけで、初めから必要な分量が把握できていれば後から足す必要はない。しかし、何らかの異変により、追加を行わなければならなくなる。それはすなわち、当初の算段・目論見が外れたということである。したがって、これらの"添"が付加される事態Qは、そうした話し手の予定・算段の外に発生した事態を表すのだと言える。むろん、先述の「動作の追加」、「事態の追加」の用法においても、「追加」である以上、予定外という意味は含まれている。梁仲森（1992: 85）が「規定数量外に増やし付加する」と述べるとおりである。ただ、ここで議論している「予定外の事態発生」用法（例（19）〜（22））では、累積の土台である既存の事態がそもそも想定されていない分、「予定外」の意味だけが際立たせられるのである。

　「予定外の事態発生」用法を図示すると次のようになる。ここでは事態Pに相当するものは想定されていないのでその部分は破線で記す。

図2　「予定外の事態発生」

2.1.4 "添4" 指令の追加

このほかにも"添"は、先行研究では指摘したものを見ないが、次のような「指令の追加」とでも呼べる用法が見られる。

(23)占：我 想　同 佢 講　分手　　aa3！
　　　　私 〜たい と 彼女 言う 分かれる SP

　　　　〔彼女に別れを切りだしたいんだ！〕

　　李：分　乜鬼 aa3？ 你　　去　到　醫院，對住　佢
　　　　別れる 何 SP　　あなた 行く 着く 病院 対する 彼女

　　　　<u>唔好 亂　　講 嘢 添 aa3！</u> 記住！
　　　　[禁止] むやみに 話す もの　SP　　覚えている

　　　　〔何が別れるですって？病院に行って、彼女に向かって
　　　　<u>変なこと言うんじゃないわよ！覚えてて！〕</u>（好天氣：272）

(24)苦榮：喂，媽 … 不如 我 第時 做　　明星…
　　　　intj. 母さん 何なら 私 将来 する スター

　　　　〔ねえ、母さん。何なら僕将来スターになる。〕

　　苦媽：哎呀，唔好　第時 laa3, 而家 laa1 不如。
　　　　intj. [禁止] 将来 SP　　今　SP　 何なら

　　　　〔あら、将来なんて言わず、今にしたら？何なら。〕

　　苦榮：喂，唔　係　aa3, 講 真　　gaa3…
　　　　intj. [否定] 〜だ SP 話す 本当だ SP

　　　　〔ちょっと、何だよ。本気なんだよ。〕

　　苦媽：唔好 添 aa3 你，　染　黑　個 大染缸 aa3。
　　　　[禁止]　SP あなた 染める 黒い CL 芸能界 SP

　　　　〔やめなさい、あんた。芸能界を悪に染めるよ。〕

　　　　　　　　　　　　　　　　　　（Eason Chan『五星連珠』）

(25)你　　aa3, 咪　周圍 同人 講　話 你　撇 我 添
　　　あなた SP [禁止] 周り と人 話す 言う あなた 振る 私

　　　aa3, 咪　　棧　　俾 人 笑…記住　　添 aa3！
　　　SP　 じゃない せいぜい 〜に 人 笑う 覚えている　SP

　　　〔あんたね。あんたが私を振ったって周りに言いふらすんじ
　　　ゃないよ。人に笑われるだけじゃん。<u>覚えといてよ！</u>〕（ネ）

以上の例のように、禁止を表す副詞"唔好"（m4hou2）、"咪"

(mai5)「〜するな」を伴う否定形命令文に多く現れる。その他、肯定形命令文では（25）の最後の文のような例がある。なお、（24）では"添"の前に禁止内容を表す節が現れていないが、聞き手がそれ以前に述べた内容（スターを目指す）であると理解される。

　この用法の"添"は「動作の追加」や「事態の追加」とは異なり、文脈上、それ以前から存在する動作や事態を想定することができないため、動作や事態の追加とは考えにくい。また、インフォーマントによると命令を強める働きを持つという。

　そこで、本書ではこうした用法を"添"のもう1つ別の用法「指令の追加」と見なす。すなわち、一度または何度か、ある動作を実行するよう、あるいはしないように、聞き手に伝えてあったところへさらに追加的に念押しを行うといったような指令の強化を表す。注意すべきは、現実世界でそのような指令を行っている必要はないという点で、"添"を用いることでその指令があたかも2度目以上であるかのように装うことになるため、念押しする語気が生じるのである。

　このように、この用法の"添"にも動詞本来の「追加」の語彙的意味がなお引き継がれているが、ここで追加の対象となっているのは明示的に言語化された動作や事態ではない。実際に禁止内容を表す節が現れていない（24）のような例があるからである。とすれば、ここで「追加」される対象となっているのは、聞き手に対して何かをするよう、あるいはしないよう命じるという話し手の「指令」の発話行為そのものであると言える。

　図にすると以下のようになる。

図3　「指令の追加」

　上述の通り、実際に同じ内容の指令行為がそれ以前に行われてい

たという必要はなく、むしろ聞き手に対してそのように装ってみせることで指令の語気を強めるという点に重点があるので、上の図では既存の指令行為を表す部分は色を薄くしてある。

2.2 "先"（sin1）

次に、この節では、"先"について見て行く。

"先"という語は多機能語であり、その1つとして、動詞の前に置かれる副詞としての用法がある。*6

(26)我哋 先 睇 吓　　點　　再 諗 辦法。
　　 私達 まず 見る ちょっと どのよう また 考える 方法

　　　〔私達はまずちょっと様子を見て、それから方法を考えよう。〕　　　　　　　　　　　　　　（Matthews and Yip1994: 192）

しかし、本章では文末助詞との関連に着目する関係上、以下では動詞句の後に置かれる用法を専ら取り上げ、それが文末助詞としての用法に至るまでのいくつかの中間的用法を整理し、相互の間の連続性を見て行く。

本書では"先"に以下の3つの用法を区別する。*7

2.2.1 "先1" 事態の先行発生

まず第1の用法は文字通り、当該の事態が他の事態よりも時間的に先に発生することを表す。

(27)（発話がオーバーラップした状況で）

　　　你　　講 先 laa1。
　　　あなた 話す　　SP

　　　〔君が先に話せよ。〕

(28)你　　通知　　小　劉 先, 然後　通知　　小　何。
　　 あなた 知らせる 小 劉 pref.　その後 知らせる 小 何 pref.

　　　〔劉さんに先に知らせて、それから何さんに知らせなさい。〕

　　　　　　　　　　　　　　　　　　　　　　　　　　　（麦転1993）

(29)何生：其實 你　　BB　　　出緊世　　　　就 啱
　　　　　実は あなた 赤ちゃん 生まれる−［進行］ ちょうどよい

```
laak3, 保險 嘅 嘢, 越早買 就 越    好。
SP       保險  の もの 早く買えば早いほど いい
```
〔実を言うと、お子さんが間もなく生まれてくるところなのだったらちょうどいい。保険というものは早く買うなら早いほどよい。〕

```
Tony: 係  me1…… 呀, 唔    知 我 個 仔 出世   先
      〜だ SP       intj. 〔否定〕知る 私 CL 息子 生まれる 先
      定係    你…… 阿爺    走   先 ne1？
      それとも あなた お爺さん 去る 先 SP
```
〔そうか？あー、うちの子が生まれるのが先か、それともそちらの…お爺さんが亡くなるのが先か、どっちかな？〕

(冬瓜:29)

　この用法の"先"は時間軸上において当該の事態と別の後発の事態とを比較し、相互関係を捉えたものである。そして、馮淑儀(2000)の言い方に倣えば、先行事態と後発事態の間で何らかの項目が（比較の）焦点となっている。例えば（27）の例は、「あなたが話す」と「私が話す」のように、主語が焦点になっている。例(28)も「劉さん」と「何さん」という目的語が焦点になっている。最後の例（29）は「私の子供が生まれる」と「あなたのお爺さんが亡くなる」という事態全体が焦点である。

　第1の用法を（27）を例に図にすると次のようになる。下線部が比較の焦点である。

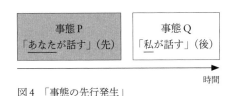

図4 「事態の先行発生」

　これらの例（27）～（29）に見られる"先"は動詞よりも後に現れるため文末に近い位置に生起してはいるが、"唔知"「知らない」に続く疑問文節内部に生起する（29）の"先"においてはっきり

第7章 文法化型の周辺形式　　203

見て取れるように、文末助詞とは見なせない。

同種の用法である以下の（30）の例がそれをよく示す。

(30) [邊個　到　　　先] 就　　　　贏。
　　　 誰　到着する　　～すれば　勝つ

〔(誰か) 先に着いたら勝ち。〕

このようなことから、これらの例（27）～（30）の“先”はいずれも事態の先行発生を表す動詞句末助詞と見なされるが、これはこの次に述べる用法「動作の優先的実行」を介して文末助詞としての用法「返答の優先的実行」へと意味的に連続的につながっている。

2.2.2 “先2” 動作の優先的実行

第2の“先”は当該の動作行為を優先的に実行するという意味を表す用法である。一見すると第1の用法と似ているが、この用法では麦転（1993）や馮淑儀（2000）にも同趣旨のことが述べられているように、後発事態が想定できず時間軸上における2つの事態の比較の意味が希薄である。以下の例が挙げられる。

(31) 李：排　完　舞　　　　　之後　就　Book　laa3 ！
　　　　 リハーサル-終わる　～の後　　予約する SP

〔リハーサルが終わったら（チケット）予約するわ。〕

陳：好　aa1, 返　香港　返　香港。
　　　 よい SP　帰る 香港 帰る 香港

〔いいね。香港に帰国だ～！〕

李：買　張　頭等　　　　　先。
　　　 買う CL ファーストクラス

〔ファーストクラスを買おうっと。〕　　　　　　　　　　(19 : 206)

(32)（潜入警察官である場務は、犯人たちのアジトにもぐりこみ、親しげに融け込もうと、Ben（犯人の1人）と共に、阿岐（一味の若い衆）の革ジャンの風合いを話題にする）

Ben: ... 你　阿爺　留　俾　你　嘅？
　　　　 あなた お爺さん 残る ～に あなた の

〔爺さんからもらったんだな？〕

204

阿岐：新　　買　嘅　zaa3。
　　　新しい　買う　の

　　　〔新しく買ったばかりだよ。〕

Ben：衰仔　　　aa3！
　　　悪いやつ　SP

　　　〔悪いやつだな。〕

場務：我　都　整　返　件　先。
　　　私　も　作る　帰る　CL

　　　〔俺も１つ新調するかなっと。〕

（阿岐の肩に手をかけて親しみを表すが、振りほどかれ、睨まれる。直後、電話を手に取りつぶやく）

場務：叫　嘢　食　先。
　　　呼ぶ　もの　食べる

　　　〔何か注文して食べるとするか。〕

Ben：喂,　開　飯　laa3。
　　　intj. 開く　ご飯　SP

　　　〔おい、飯にするぞ。〕　　　　　　　　　（映画『喜劇王』）

（31）は話し手自身の１つ前の発話からすると、チケット予約（購入）するのはリハーサルの後ということなので、発生の前後関係で言えば、チケット購入は相対的に後発事態に位置付けられるはずである。しかし、下線部の発話では「ファーストクラス（のチケット）を買う」ことに“先”が付加されている。このことから、この“先”は別の何らかの後発事態に先行して行われる事態を表す“先”の第１の用法とは見なしがたい。

（32）も、立て続けに２つの動作「革ジャンを作る」、「食べ物を注文する」が“先”を伴って用いられているが、いずれもそれらと比較される後発事態が想定できない。

このように、（31）（32）の例では具体的な後発事態が想定されず、目前の行為の優先的実行表明へと意味の中心が移っている。したがって、こうした“先”の用法は専ら未然の動作に言及するものとなり、提案、意思表明、指令といった発話行為に多く用いられる。“先１”では複数の主語について比較して述べることもあったが、

それと異なりこの"先2"では、ある特定の主語について、どういった動作が優先的に行われるのかを述べるのが中心となる。その点からすると、事態の優先というよりは、動作の優先的実現と呼ぶのが適切かもしれない。

以上の用法を図にすると以下のようになろう。動作Pを他のあらゆる動作よりも優先的に実行させるという点で、"先"の語彙的意味を引き継いでいるが、具体的に想定される後発動作Qは存在しないか、もしくは希薄である。

図5 「動作の優先的実行」

この用法は、元来の「先に」の意味がかなり希薄になっており、意味的には文末助詞に近付いている。

しかし、一方で統語的に見ると、以下のように、節全体に付加されるというよりは、助動詞"會"が従える動詞句の内部に埋め込まれている例もあり、依然として動詞句末助詞と見なすのが妥当かもしれない。

(33) 佢　硬係　　會　　［坐　吓　　先］gaa3。
　　 彼 あくまでも［可能性］ 座る ちょっと

〔彼は何が何でもとりあえずちょっと座ろうとする。〕

(張洪年 1972: 193)

したがって、"先1"と次に述べる真の文末助詞"先3"につながる中間的な位置付けを与えることにする。

2.2.3　"先3"　返答の優先的実行

第3の用法は、専ら疑問文の末尾にのみ生起するもので、「ある事柄（議題）をとりあえず片付けて、ほかの事は後で議論しよう」といった意味を表す（麦耘1993、李新魁等1995など）。

(34)講　俾　你　　知　都　得，不過　要　　扮　　　乜　都
　　話す　〜に　あなた　知る　も　OK　でも　必要だ　振る舞う　何　も

　　唔　　知，得　唔　　得　先？！
　　[否定]知る　OK　[否定]OK

　　〔教えてあげてもいいけど何も知らないふりをしなきゃだめ。
　　いい？〕　　　　　　　　　　　　　　　　　　　　　（ネ）

(35)占：唔　　係，噉……可能　佢　　真係　有　啲　重要　嘢
　　　　[否定]〜だ　じゃあ　多分　彼女　本当に　ある　CL　重要な　こと

　　　　傾　　緊　　　ne1！
　　　　話す　[進行]　SP

　　　　〔いや、でも…もしかしたら、本当に何か大事なことを
　　　　話していたのかもよ。〕

　　P：重要？有　咩　重要　得　　過　　你　　先？
　　　　重要だ　ある　何　重要だ　[可能]　越える　あなた

　　　　〔大事？お前より大事っていったいどんなことがあるん
　　　　だよ？〕　　　　　　　　　　　　　　　　　　（閃：168）

　本章2節で述べたとおり、"先"にはA類gə-のさらに後ろに出
現し得るものがあるが、それはこの用法である。

(36)呢　　啲　係　乜嘢　嚟　　　　gə-　先？
　　これ　CL　〜だ　何　　[属性説明]

　　〔（そもそも）これらは何なんだ？〕　　　　　（邓思颖2006）

(37)《饑饉30》？使　　唔　　使　捐　　　錢　gə-　先？
　　『飢饉30』　必要だ　[否定]必要だ　寄付する　お金　SP

　　〔『飢饉30』？（まずそもそも）お金寄付する必要あるの
　　か？〕　　　　　　　　　　　　　　　　　　　　（（2）再掲）

　この用法については、本書でも馮淑儀（2000）と同様、発話行
為ドメインで作用するものであり、切迫感や催促のニュアンスを伴
うと考える。ただし、話し手が「質問」という発話行為を他のこと
にもまして優先的に行うというところから転じて聞き手にすぐに返
答を求める意味が導かれる（馮淑儀2000）というようには考えな
い。*8 むしろ、返答という行為を他のいかなる行為よりも優先し
て実現するよう聞き手に要求するところから催促の意味が導かれる

と本書では考える。というのは、4章のaa1の意味分析の際に述べたように、疑問文には聞き手に返答するよう求める命令文のような意味要素が含まれるからである。

　例えば、比較のため、"先1"の用法もしくは"先2"の用法と考えられる以下の例（38）を見よう。ここでは、節で言語化された「私に答える」という行為を他の特定の事態より先に（"先1"）、あるいは何にもまして優先的に（"先2"）、実行するよう命じている。

(38)你　　答　　咗　　我　先,　佢　係　咪　　你
　　　あなた 答える［完了］私　　　彼女 ～だ ではない あなた

女朋友？
ガールフレンド

　　〔とにかくまず答えなさい。彼女はあなたのガールフレンドなの？〕
　　　　　　　　　　　　　　　　　　　　　　　　　　（自修室：77）

　これに対し、以下の例（39）の"先3"は表面的には疑問文の節に付されている。しかし、意味的には疑問文が持つ聞き手に返答を要求する命令文的な意味要素の部分に"先"が作用していると見られ、結果として返答という行為を何にもまして優先的に実現するよう命じている。それにより、返答を催促するニュアンスが出るのだと考えられる。

(39)佢　係　咪　　你　　女朋友　　　先？
　　　彼女 ～だ ではない あなた ガールフレンド

　　〔そもそも彼女はあなたのガールフレンドなの？〕

　こうした"先3"に見られる意味拡張の仕方は、疑問文末のaa1のそれと平行すると見られる。

3.　その他の形式

3.1　"話"（waa2）　聞き手発話引用wh疑問

他にも文法化型と考えられる周辺形式に"話"（waa2）がある。"話"は動詞"話"（waa6）「話す」に由来するものではないかと思われるが、声調は異なっており、中間的な段階も含め、具体的な文法化プロセスはよくわからない。

"話"は専らwh疑問文に生起し、wh要素（疑問要素）について問い返し質問（echo question）を行うものである。すなわち、そのwh要素について聞き手が以前発言したことがあることを示す。そこで、"話"を聞き手発話引用wh疑問文の標識と考えておく。

(40) 星馳：波，　唔　係　噉　　　射　　　嘅。
　　　　　　ボール［否定］～だ このように シュートする の

　　　　　　〔ボールというのはあんな風にシュートするものではない。〕

　　　明鋒：講　咩　話？
　　　　　　話す 何

　　　　　　〔何（て言ったん）だって？〕　　　（映画『少林サッカー』）

(41) Mr.Trapattoni：你　　响　呢度 做　咗　　幾耐　　話？
　　　　　　　　　　 あなた で　ここ　する［完了］どのぐらい

　　　　　　　　　　〔ここで働いてどれぐらいになるって？〕

　　　Manager：　8 年。
　　　　　　　　　8 年

　　　　　　　　　〔8 年です。〕　　　　　　　　　　　（903：53）

　以上のように、"話"は問い返し質問を形成するが、問い返しの対象となる相手の発話がすぐ前の先行文脈に存在しないこともある。以下の例では中略部分も含め、聞き手（＝占）は自分の過去の恋愛に関する話はしていない。

(42) 占：噉……玩　講　秘密 aa1？
　　　　　 じゃあ 遊ぶ 言う 秘密 SP

　　　　　 〔じゃあ…秘密の言い合っこしない？〕

　　（中略）

　　　　 你　　問　　laa1 你　　問　　　laa1！
　　　　 あなた 尋ねる SP　 あなた 尋ねる SP

　　　　 〔質問して。質問して。〕

　　　煩：你　拍　過　　　　幾　次 拖 話？
　　　　　 あなた 付き合う-［経験］-いくら-回

　　　　　 〔何人と付き合ったことあるって？〕　　　（閃：97-98）

むろん、時間をさらに遡ればそれに関する発話があったのかもし

れないが、あるいは4章で議論したaa4の場合のように、仮想の発話の引用という形をとり、話し手はあたかも以前に聞き手から聞いたことがあるかのように装っているのかもしれない。

3.2　ge2　予期に反する事態

もう1つ文法化型周辺形式として分類されるのはge2である。すなわち、短く鋭く上昇する音調を持つge2である（3章参照）。

ただし、ge2は上で見てきたいくつかの周辺形式と異なり、それ自身文法的機能しか持たない機能語、すなわち構造助詞"嘅"（ge3）からさらに機能拡張したことによりできた文末助詞であると考えられる（饭田2017）。

ge2は以下の例の"凍嘅"「冷たいもの」のような、構造助詞"嘅"による名詞化構造に文末上昇イントネーション"↗"がかぶさった構文において、"嘅"＋"↗"の部分が再分析されて1つの文末助詞ge2となったものだと考えられる（饭田2017）。

(43)忠：嘩！整　罐　清涼爽　　飲　吓　　　先　le4！
　　　　intj. 作る CL　　　　　飲む ちょっと SP　SP

　　　〔ほら！「清涼爽」でも作って飲みなよ！〕

　　古：咦？凍　　嘅？點解 ge2？吓？
　　　　intj. 冷たい の　　なぜ SP　　intj.

　　　〔あれ？冷たい？なんでなんだ？ねえ？〕（八王子 02: 280）

この例の"嘅"は構造助詞＋"↗"とも文末助詞ge2ともとれる中間的な用例である。*9

文末助詞としてのge2は、節の内容を話し手の事前の予期と相反する事態として提示する意味を持つと定義できる。以下の例で見るように、話し手は節で表される事態が成立することを認めた上で、その成立を予期に反することと見なしている。

(44)H: 喂，你　　喺　邊　aa3？
　　　　intj. あなた いる どこ SP

　　　〔もしもし。どこにいるの？〕

　　女：我　咪　　　喺　天星碼頭　　　　　lo1！
　　　　私 じゃない いる スターフェリー埠頭　SP

〔スターフェリー埠頭にいるじゃない！〕

H: 我 都 喺 天星碼頭 wo3！ 我 唔 見
　　私 も いる スターフェリー埠頭 SP 　 私〔否定〕見える

你 ge2！
あなた SP

〔俺もスターフェリー埠頭にいるんだよ。（そちらの姿
が）見えないぞ！〕　　　　　　　　　　（森：229–230）

(45) 喂！ 三 叔！ 三~~~~~叔~~~~~~！ 喂！ 冇 反應
　　 intj. おじさん おじさん 　 intj. 無い 反応

ge2？
SP

〔おい！三叔（おじさん）！三〜〜叔〜〜！お〜い！反応が
ないぞ？〕　　　　　　　　　　　　　　（八王子01：340）

(46) 蔣生： 好耐冇見！！
　　　　 久しぶり

〔久しぶり！〕

羅拔圖： 蔣生！！
　　　　 蔣さん

〔蔣さん！〕

蔣生： 剪 咗 條 辮 ge2？
　　　 切る〔完了〕CL お下げ髪 SP

〔（なんと）お下げ髪を切ったのか？〕

羅拔圖： 係 aa3！！
　　　　 〜だ SP

〔そうだよ！〕　　　　　　　　　　　（903：291–292）

（44）では同じ場所にいると聞いたのに、予期に反して相手の姿
が見えない。（45）では声をかければ通常は振り向くはずなのに予
期に反して反応がない。（46）では事前に何か予期していたわけで
はないが、何も変化が起こらないというのが既定値であるところへ、
聞き手がお下げ髪を切るという尋常ではないことが起こったことを
予期に反する事態として提示している。このように、事前の予期や
既定値との対比が暗黙裡になされている。

第7章 文法化型の周辺形式　　211

文類型への分布の仕方については、以上の例（44）～（46）が示すように、ge2 は基本的には平叙文に生起する形式である。

　その一方、ge2 は疑問文の中でも「なぜ」という意味の疑問詞"點解"、"做乜"、"為乜"を用いた wh 疑問文（以下、「なぜ」疑問文と呼ぶ）に限って共起可能ということが、多くの先行研究によって指摘されている（Kwok 1984: 73、Fung 2000: 160 など）。

（47）點解　你　　識　講　日文　ge2？
　　　なぜ　あなた　知る　話す　日本語　SP

　　　〔なんで君は日本語話せるの？〕

（48）做乜　染　　咗　　頭髪　ge2？
　　　なぜ　染める　［完了］髪　　SP

　　　〔なんで髪染めたの？〕

　他方、同じ疑問文でも「なぜ」の意味以外の疑問詞を用いた wh 疑問文や yes-no 疑問文（正反疑問文）には生起できないことが指摘される（Law1990: 118、Fung 2000: 160）。

（49）*邊度　後面　有　條　河　ge2？
　　　どこ　後ろ　ある　CL　川

　　　〔どこの後ろに川があるんだ？〕　　　　　　　（Fung 2000: 160）

（50）*後面　係　唔　　係　有　條　河　ge2？
　　　後ろ　～だ［否定］～だ　ある　CL　川

　　　〔後ろに川があるんですか？〕　　　　　　　（Fung 2000: 160）

　このように ge2 は平叙文だけでなく、「なぜ」疑問文に限って疑問文にも生起できる。しかし、こうした一見不規則な分布は、「なぜ」疑問文の意味に起因する現象と説明できる。

　すなわち、「なぜ」疑問文では、原因事態（Q とする）が不明なものの、他方で当該の事態（P）そのものには不確定部分が何もなく、話し手自身成立を認める事実である。例えば、"點解你識講日文？"「なぜあなたは日本語を話せる？」という例について言えば、事態 P「あなたが日本語を話せる」は話し手の中では問題なく成立している。わからないのはその事態をもたらした原因となる事態 Q である。このように「なぜ」疑問文は必然的に 2 つの事態に言及するものであり、そのうちの 1 つの事態は何らの不確定部分を含まな

い形で既に成立が前提視されている。

　振り返って ge2 の意味を見ると、ge2 は当該の事態 P を反予期的にではあるがやはり現実に成立するものとして提示している。ゆえに、「なぜ」疑問文とは意味的に齟齬がない。

　その一方で、「なぜ」疑問文以外の疑問文は、ge2 自身の意味と相容れない。なぜなら、これらの疑問文はいずれも 1 つの事態しか言及していないが、肝心のその事態に不確定部分が含まれていて、既成立事態として扱われていないからである。例えば、(49) の wh 疑問文の場合、事態 P「x の後ろに川がある」の x の値が埋まっていない。また、正反疑問文 (50) については、事態 P「川がある」が真なのか偽なのかが決まっていない。いずれも何らかの不確定要素が存在することにより、事態 P は既成立事態として提示されてはいない。そのような事態の提示の仕方が ge2 の意味と符合しないため共起しないのだと説明できる。

　このように見ると、ge2 の文類型への分布の仕方については、基本的に平叙文に生起すると考えて差し支えなく、「なぜ」疑問文に現れるという一見、不規則な分布については、「なぜ」疑問文の特殊な意味から説明可能な現象と言える。

　なお、ge2 については上記のような反予期の意味のほかに、「反発」とでも言えるような意味をも発展させている（飯田 2015、2017 参照）。これは梁仲森（1992）が「弁明」（"辯白"）としている用法に相当する。

(51) 我　邊　有　蛇王　aa3 ？　阿媽　話　自己　做　ge2。
　　　私　どこ　ある　サボる　SP　　母さん　言う　自分　する　SP

　　〔私のどこがサボってるの？母さんが自分でやるって言ったんだよ！〕
　　　　　　　　　　　　　　　　　　　　　　　（梁仲森 1992: 98）

　この用法においては、飯田（2015）が述べるように、節の内容はもはや話し手の予期に反して成立する事態そのものではなく、話し手が聞き手やその他の人物の不適切な言動に対して「反発」を表し、それを糾弾するための論拠となる事態である。上の例では話し手は非難されたことに対して反発を感じ、「母さんが自分でやると言った」という論拠を持ち出して反駁している。

このように、反発の用法の ge2 が付加される節の内容は論拠であるから、話し手にとっては、反予期の用法の時のように新たに気づいた事態ではなく、既知の事態である。

(52) 蚌：　佢 ?! 佢　咪　　係 我 家姐　百合 lo1…
　　　　　彼女　彼女 じゃない ～だ 私 お姉さん 百合 SP

　　　　〔彼女 ? 彼女は私の姉の百合でしょ。〕

　　醫生：嗽　　呢　位…
　　　　　じゃあ　この　CL

　　　　〔じゃあこちらは ?〕

　　蚌：　哼 ! 我 都 唔　　　識　佢 ge2 !
　　　　　intj. 私 も ［否定］知る 彼

　　　　〔あらやだ ! こんな人知らないわよっ !〕　（誘惑・完 : 92）

(53) 嗰晚　悶　　　得滯　俾 佢哋 拉 咗　去 睇
　　　その夜 つまらない ～すぎる ～に 彼ら 引く［完了］行く 見る

　　歌劇, 你　　　知　laa1, 我 都 唔　　啱 呢 啲嘢 ge2。
　　オペラ あなた 知る SP　私 も［否定］合う この CL もの

　　〔その夜つまらなすぎて、彼らにオペラ鑑賞に連れていかれた。知ってるだろ ? 僕にはそういうものは合わないんだよ !〕
　　　　　　　　　　　　　　　　　　　　　　　　（John : 160）

例（52）では知り合いだろうと思われたことに対して反発を覚え「彼女のことなんて知らない」という事態を主張し、次の例（53）では無理やりオペラに連れて行かれたことに対して反発を感じ、「そう言うのは自分に合わない」という事態を主張している。いずれも自分自身のことであるから、新たに気付いた事態ではなく既知の事態である。

反予期と反発とは意味的に相当隔たりがあるように思えるが、両者をつなぐ中間的用法として、以下のような例があると見られる。

(54) 周星星：你　　話 有　幾多 個　拍檔 話 ?
　　　　　　あなた 言う ある いくら CL 相棒 SP

　　　　〔何人の相棒がいたって言った ?〕

　　達叔：九 個 !
　　　　　9 CL

〔9 人だ！〕

周星星： <u>有　十　個　神主牌　ge2 ？</u>
　　　　　ある　10　CL　位牌　　SP

〔位牌が 10 個あるじゃないか！〕

（映画『ファイト・バック・トゥ・スクール』）

　ここでは、位牌が 10 個あるという事態が話し手自身にとって反予期的ともとれる一方で、「相棒は 9 人だ」という、目の前の現実と合わない相手の発言に対し反発し、「位牌が 10 個ある」という論拠で相手を糾弾しているともとれる。なお、両者の間の意味的つながりについては詳しくは飯田（2015）に譲る。

4．本章のまとめ

　本章では文法化型の周辺形式の意味記述を行った。

　まず、「追加する」、「先に」という意味を持つ"添"や"先"が、元の語彙的意味を何らかの点で引き継ぎながら、様々に機能拡張を見せ、文末助詞としても機能するに至っている状況を詳しく論じた。その結果、"添"については「動作の追加」（"添1"）、「事態の追加」（"添2"）、「予定外の事態発生」（"添3"）、「指令の追加」（"添4"）といういくつかの用法が整理されたが、真に文末助詞と呼べるのは"添2"以降である。"先"については「事態の先行発生」（"先1"）、「動作の優先的実行」（"先2"）、「返答の優先的実行」（"先3"）に整理されたが、"先3"は真に文末助詞と呼べるが、"先1"は動詞句末助詞であり、"先2"はその中間でやや文末助詞に近付いているという位置付けである。

　次に、そのほかの文法型形式として"話"（waa2）と"ge2"を取り上げた。前者は当該の wh 疑問文が聞き手発話を引用して形成されたものであることを示す。後者は当該の事態が話し手の予期と反する事態であるとして提示する意味を表す。ge2 にはまたその他にも反発を表す拡張用法が区別される。

＊1　同じく"添"、"先"の機能拡張を専門に論じた先行研究としては馮淑儀（2000）や劉丹青（2013）があるが、本書とは細部の見解が異なる。

＊2　このように動詞句末に生起する非文末助詞としての用法の"添"では、動詞の直後に補語成分として"多"「多い」が共に用いられることが多い。この例では"食多一碗添"「さらにもう一杯食べる」となる。

＊3　馮淑儀（2000）では本書で述べた「動作の追加」をシンタックスのドメイン、「事態の追加」をディスコース（文以上の単位）のドメインの作用というように説明している。ディスコースドメインというのは先行の文と"添"が付けられた文の2つの文を連結する働きを指して言ったものである。

＊4　例えばLaw（1990）では"重〜添"「さらに〜までする」を"連〜都〜"「〜ですら〜する」と同じように一種の構文とみなそうとしている。

＊5　梁仲森（1992: 89）が言うところでは、この"添"は副詞"重"「さらに」とは一緒に現れず、また、しばしば急激に下降する音調を伴う。

＊6　副詞用法も含めた"先"の様々な意味・用法の整理は麦耘（1993）や李新魁等（1995）に詳しい。

＊7　本書と同様な根拠で3つに分類したものには馮淑儀（2000）があり、"先1"、"先2"、"先3"をそれぞれ「シンタックス」、「ディスコース」、「発話行為」のドメインでの作用であると説明する。

＊8　劉丹青（2013）もこうした"先"について発話行為ドメインで働くと分析しているが、馮淑儀（2000）と同様、話し手が「質問」という行為を何よりも優先して行うと見なしており、本書とは見解を異にする。

＊9　ただし、インフォーマントの語感調査では、これも既に文末助詞ge2と解釈されるようになっている。すなわち、この次の文"點解ge2？"に現れる文末助詞ge2と同一形式だと見なされる。しかし、共通語では構造助詞"的"を用いて表されることからもわかるように（例："咦？冰的？為什麼呢？啊？"「あれ？冷たい？なんでなんだ？ねえ？」）、本書ではこれを構造助詞"嘅"と文末助詞ge2の間の中間段階と解釈する。なお、共通語では広東語と異なり、"的"は以下で述べるような反予期の文末助詞には文法化しておらず、したがって、構造助詞の解釈しかない。

第8章
意味分析を踏まえた文末助詞体系の再解釈

1. はじめに

　3章では文末助詞を中心形式と周辺形式とに分けた後、中心形式をA類・B類・C類へと分けた。そして、続く4章から7章までで、これら各類に属す個々の形式の意味を分析した。

　この章では各章での意味分析を踏まえ、文末助詞体系全体を意味的観点を取り入れて再解釈する。

2. 中心形式

2.1 中心形式の体系についての再解釈

　5章、6章で見てきたように、中心形式A類、B類は拘束形式と自由形式を持つが、自由形式にはどれも伝達態度が含まれていた。このことはすなわち伝達態度はC類にだけ存在しているのではないということを意味する。そしてそれはとりもなおさず、各章の標題で付けたような、A類＝恒常化、B類＝相対定位、C類＝伝達態度という捉え方が厳密には正確ではないということを表す。

　そもそも、3章で行ったA類、B類、C類という分類は、形態統語的振る舞いや音韻的特徴という形式的側面を主要な手掛かりとして施した分類であり、意味的特徴を考慮に入れていたわけではなかった。

　しかしながら、A類、B類の自由形式の意味分析が済み、伝達態度がC類だけでなくA類、B類の自由形式にも含まれていると明らかになった以上、今一度、意味的観点を中心に据えて、中心形式の体系全体を捉え直す必要があると思われる。

　例えば、以下の連鎖はこれまでのように形式面から見るとB類拘

217

束形式とC類（自由）形式の組み合わせと分析されたが、意味面から見ると以下のように分析できる。

(1)　　zə-me1
　　　〈相対定位〉–〈伝達態度〉
　　　「低ランク事態」–「不信」

　zə- は低いランク付け、me1 は命題に対する不信といった意味を表すのであった。そして、〈相対定位〉、〈伝達態度〉というのは5章と4章でそれぞれB類、C類各類の共通の意味として導き出したもので、いうなればこれらは各類の個々の形式の意味を束ねる上位概念に当たるものである。したがって、この（1）の場合、〈相対定位〉、〈伝達態度〉という範疇において、それぞれ「低ランク事態（としての位置付け）」、「不信」という値を取っているという分析の仕方が可能である。

　同様に以下の連鎖については、〈相対定位〉–〈伝達態度〉の2つの範疇について、具体的に「新事態（としての位置付け）」、「認識更新要請」という値が顕現していると解釈できる。

(2)　　lə-wo3
　　　〈相対定位〉–〈伝達態度〉
　　　「新事態」–「認識更新要請」

　そして、以下のB類自由形式である ze1 については、再三述べてきたように「かばん形態素」であるため、〈　〉に括った2つの範疇を分析的にではなく融合的に表す。よって、両者の間を「.」で区切り、1つの〈　〉内に並べて示す。この形式の具体的な値は「　」内に示す通りである。

(3)　　ze1
　　　〈相対定位.伝達態度〉
　　　「低ランク事態.同意形成企図」

　このように、類全体の意味を上位概念範疇として立て、個々の形式が個別に表す意味（「　」内に表示）はその中での具体的な値として分析できる。

　ただし、このように分析していくと、これまでA類が表すと分析してきた〈恒常化〉についても、同様に上位概念の範疇を立てる

必要が出てくる。事態を恒常化して提示するというのは、6章で述べたように、名詞化することにより「時間的安定性」（Givón 1984 参照）を付与するということであるから、〈時間的安定性〉という上位概念範疇が適当であると思われる。

　ここで注意を要するのは、上記の〈相対定位〉では「新事態」と「低ランク事態」の2つの値があり、〈伝達態度〉については「不信」、「認識更新要請」、「同意形成企図」など多数の値があったのに対し、この〈時間的安定性〉という範疇については、「恒常的」の値しか形式が用意されていないということである。つまり、恒常化の場合だけが有標で標示される。すると、何も形式が現れない、すなわち無標（ないしゼロ）の場合は「恒常的」ではないということで、「非恒常的」すなわち「一時的」という値をとるのだと思われるかもしれない。

　実際、文中に他に恒常性を示唆する語彙的手段がなければ「恒常化」標識を欠いた文は一時的性質を志向する。例えば、無標である（4）の方は一時的性質すなわちその場の意向を尋ねる意味になり、「恒常化」標識を付加した（5）の方は恒常的性質を尋ねる意味になるのであった。

（4）你　飲　唔　飲　酒 aa3 ？
　　　あなた 飲む［否定］飲む 酒

　　　〔お酒飲みますか？〕

（5）你　　飲　唔　　飲　酒 gaa3 ？
　　　あなた 飲む［否定］飲む 酒

　　　〔お酒飲むんですか？〕

　また、以下のように、話し手自らの認知状態を問う場合は「恒常化」しなければ不自然なのであった。これは gə- を欠く無標の場合は一時的性質を問うことになり、自分自身のその場での感覚がわからないかのような意味合いとなるからである。

（6）我　識　　　唔　識　　　你　　　gaa3 ？
　　　私 面識がある［否定］面識がある あなた

　　　〔私はあなたのこと知ってるでしょうか？〕

（7）??我 識 唔 識 你 aa3 ？

〔??私はあなたのこと知ってますか？〕

　一方で、無標の場合でも、習慣を表す語句（以下の例（8）では副詞 "平時"「普段」、例（10）では動詞末助詞 "開"「普段～している」）と共起すれば、それらの語彙的・文法的手段により恒常性の意味が補われる。したがって、gə- が義務的に生起し恒常化がなされなければならないというわけではない。例えば以下の例では、インフォーマントによると gə- ありの方（すなわち、例（9）（11））が一般的のようであるが、なくても成立するという。

（8）你　　平時　喺　邊度　買　衫 aa3 ?
　　　あなた 普段　～で どこ　買う 服 SP

　　　〔あなたは普段どこで服を買いますか？〕

（9）你　　平時　喺　邊度　買　衫 gaa3 ?
　　　あなた 普段　～で どこ　買う 服 SP

　　　〔あなたは普段どこで服を買いますか？〕

（10）你　　用　開　　邊　隻　牌子　　aa3 ?
　　　あなた 使う［習慣］どの CL　ブランド SP

　　　〔あなたはどのブランドを（いつも）使っていますか？〕

（11）你　　用　開　　邊　隻　牌子　　gaa3 ?
　　　あなた 使う［習慣］どの CL　ブランド SP

　　　〔あなたはどのブランドを（いつも）使っていますか？〕

　要するに、gə- もしくは ge3 が現れる有標の場合は確かに「恒常的」の意味を表すが、無標ないしゼロ形式についてはそれが「一時的」という意味とそれほど厳密に結びついているわけではないということである。

　通言語的に、ある文法化された形式が義務的になると、同じ概念領域のゼロ形式（無標形式）の方にも固有の意味が獲得されることがあると言われる（Bybee1994）。その観点から上述の一連の言語事実を見ると、gə- は恒常性を表す際に義務的に用いなければならないというほど文法化してはいないということで、したがって、ゼロ形式の方にも「一時的」という意味が完全に一対一では結びついていないと言える。

　このように、〈時間的安定性〉については有標では「恒常的」で

あるが、無標（ゼロ）では概ね「一時的」を志向するという状況であると見なしておく。*1

　以下、上で述べてきた意味的観点からした捉え方に沿って、単用・連用を問わずさらにいくつかの形式について再解釈を示しておく。このうち、例（13）の"zaa1maa3"はzə-とaa1maa3という2つの形態素からなる連用であるが、縮約が起こり形態素境界を明示できないため、「.」を用いて音韻的に不可分であることを示す。

（12）　lə-wo4
　　　〈相対定位〉–〈伝達態度〉
　　　「新事態」–「認識更新による受容」

（13）　gə-zaa1maa3
　　　〈時間的安定性〉–〈相対定位〉.〈伝達態度〉
　　　「恒常的」–「低ランク事態」.「自明命題」

（14）　lo1
　　　〈伝達態度〉
　　　「同意形成済み」

（15）　gə-ze1
　　　〈時間的安定性〉–〈相対定位.伝達態度〉
　　　「恒常的」–「低ランク事態.同意形成企図」

（16）　laa3
　　　〈相対定位.伝達態度〉
　　　「新事態.聴取要請」

　このように意味的な観点から再解釈をすることで改めて見えて来たことをまとめると、以下の2点になる。

　1.文末助詞中心形式は3つの範疇からなる。

　2.中心形式は、単用、連用を問わず、すべからく〈伝達態度〉が含まれている。

　なお、3章では、ある所与の1音節形式が、単一形態素からなるのか、2つの形態素が音節縮約により1音節になったものなのかというのは、意味的観点から捉え直すと本質的な問題ではないと述べた。具体的に言うと、laa3を単一形態素（B類自由形式）からなると見るか、lə-（B類拘束形式）とaa3（C類）という2つの形態素

第8章　意味分析を踏まえた文末助詞体系の再解釈　　221

からなる連鎖と見るか、両方の可能性がある中、本書では前者の解釈を取った。しかし、いずれの解釈をとっても、「新事態」、「聴取要請」という〈相対定位〉、〈伝達態度〉両範疇の値が標示されていることに変わりはない。よって、どちらの案も本質的には変わらないということである。

2.2 範疇と配列の関係

前の節では中心形式を3つの範疇から成ると解釈したが、次に、3つの範疇相互の意味的相違、及び範疇の意味と配列との相関について見て行く。

2.2.1 〈時間的安定性〉と〈相対定位〉

まず、〈時間的安定性〉と〈相対定位〉という2つの範疇について比較しながら考察する。

〈時間的安定性〉範疇のうちの「恒常化」標識は、6章で述べたように、当該の事態を時間的に安定したものとして扱うことで、一時的ではなく恒常的に成立するような性質のものに変える働きを持つ。このように、事態の性質を規定するのが〈時間的安定性〉範疇の役割である。

次に、〈相対定位〉範疇は、5章で論じた通り、節が表す事態に対して、別の事態を参照しつつ相対的な位置付けを与える、すなわち定位するものであった。これには時間軸を背景にした定位と序列を背景にした定位の2種類がある。前者はI系形式によって表され当該の事態を古い事態と比べて相対的に「新事態」であるとして位置付ける。後者はz系形式によって表され当該の事態を高ランク事態と比べて相対的に「低ランク事態」であるとして位置付ける。

このように、〈時間的安定性〉と〈相対定位〉という2つの範疇は役割を異にするが、その違いは、疑問文への生起という文法的振る舞いの相違に顕著に見られる。

まず、〈相対定位〉から見る。次の例が示すように、「新事態」として位置付けるI系形式は、肯定的事態と否定的事態を並べた正反疑問文に生起できない。

(17)*我 走 唔 走 得 laa3 ？
　　　私 去る〔否定〕去る〔許可〕

〔私は帰っていいですか？〕

　これは、"我走得"「私は帰ってよい」という事態が成立するかどうかがそもそも話し手の中で不確定だと表明しているのに、一方でその事態を新しい事態であると位置付けることが、意味的に不整合だからと説明できる。*2

　ただし、l系形式は疑問文であっても一部のwh疑問文には生起可能である。

(18)張真： 已經 幾耐 laa3 ？
　　　　　 もう どのぐらい SP

〔既にどれぐらいになった？〕

　蘇小姐： 由 重逢 到 而家, 已經 五年 laa3 ！
　　　　　 から 再会 まで 今 もう 5年 SP

〔再会から今まで、もう5年になった〕(出租：159–160)

　これはwh疑問文というのが不確定部分を含みつつも何らかの事態が成立していることを前提としているためで、その前提事態を「新しい事態」と見なしつつ疑問詞の部分だけを焦点として問うことが可能だからである。

　このように、所与の事態を「新しい事態」として定位するには、その前提として定位する対象としての事態が存在する、言い換えれば、事態が成立していることが保証されていなければならない。しかし、(17)のような正反疑問文は何らの事態の成立も言明されていないため、その要件を満たしていない。そこで「新事態としての位置付け」を表すl系形式は疑問文への生起において制限を受けるのである。

　このことは所与の事態を「低ランク事態」として定位するz系形式についても同様で、疑問文への生起には強い制限がある。

　まず平叙文の例から見よう。

(19)我哋 住 得好 近 zaa3。
　　　私達 住む とても 近い

〔私達はすぐ近所に住んでいるんですよ。〕

第8章 意味分析を踏まえた文末助詞体系の再解釈　　223

ここでは「我々は一定の距離があるところに住んでいる」という通常想定される事態に対して、「我々はすぐ近くに住んでいる」という事態が「低ランク事態」と位置付けられる。しかし、次のように事態そのものが成立するかどうか不確定に捉えておきながら、同時にその事態に対する低いランク付けを表すことはできない。*3

(20)*你哋　住　得近唔　近　zaa3 ？
　　　あなた達　住む　　近い［否定］近い

　　　〔あなた達はお互いの家は近いですか？〕

以上のことをまとめると、〈相対定位〉範疇は疑問文と意味的に相容れないということが言える。

一方、6章で見てきたように、〈時間的安定性〉範疇の方は、平叙文のみならず、疑問文とも相性がよい。

(21)你　　走　得　　gaa3。　　　　　　　　【平叙文】
　　　あなた　去る［許可］

　　　〔帰ってもいいですよ。〕

(22)我　走　唔　　走　得　　gaa3 ？　　　　【疑問文】
　　　私　去る［否定］去る［許可］

　　　〔私は帰ってもいいですか？〕

(23)你哋　　住　得近　唔　　近　gaa3 ？　　【疑問文】
　　　あなた達　住む　　近い［否定］近い

　　　〔あなた達の家は近いですか？〕

例に即して言えば、「恒常化」を表すgə- は、「帰ってよい」という事態を確定的に捉えた平叙文（21）にも、その事態の成立を「帰ってよいか？」と不確定に捉えた疑問文（22）のどちらにも生起できる。

このことは〈時間的安定性〉範疇が、節において描かれる事態を恒常的な性質のものに変えるか否かというように、事態の性質転換だけに関与し、そこで描かれる事態が成立しているかどうかには関与しないことを示している。

〈時間的安定性〉範疇と〈相対定位〉範疇の間のこのような意味的な違いは、木村（1982）が述べる中国語共通語のアスペクト形式の「第一類」（"了、著"「～した、～している」）と「第二類」

（"起來、下去、完"「〜し始める、〜し続ける、〜し終わる」）の相違を彷彿とさせるものである。木村（1982）は、動詞により近い位置に生起する第二類を「動作・作用固有の時間的段階の種々相を描く」類、「すなわち已然・未然の対立に中立的な、客観的領域に属する」類とし、より遠い第一類を「話者の立場で捉えた動作・作用のあり方・姿を描く」類、「すなわち已然という、より主観的な領域に属する」類と特徴付けている。*4

　これと同様の対立が〈時間的安定性〉範疇と〈相対定位〉範疇にも見られる。〈時間的安定性〉範疇は節が表す事態の時間的性質を規定しようとする作用を表すのに対し、〈相対定位〉範疇は当該の事態に対する主体（話し手）側の主観的評価といった作用を表すというように、客体側と主体側という対立が見られる。このように、〈時間的安定性〉範疇は客体としての事態の時間的性質を転換するだけなので、節において描かれる事態が成立するか否かという対立に対しては中立であり得る。そこで、平叙文にも疑問文にも生起する。他方で、〈相対定位〉範疇は話し手による事態の定位を表すわけであるから、定位される対象である事態が確固として存在することが保証されていなければならない。そのため、上記で見たように疑問文への生起に制限を受けるのである。*5

　こうして、〈時間的安定性〉範疇が客体すなわち素材対象寄り、〈相対定位〉範疇が主体すなわち話し手寄りだと考えれば、前者が節により近い位置に生起し、後者がより遠い位置に生起するという配列がうまく説明される。

　以上のような差があるものの、〈時間的安定性〉と〈相対定位〉の両範疇は、次に述べる〈伝達態度〉範疇と異なり、共に内側からあるいは外側から節が表す事態の構成に関わる範疇である。

2.2.2　〈伝達態度〉

　前節で述べた〈時間的安定性〉・〈相対定位〉の範疇が共に事態の構成の仕方を表し分けるのであったが、それでは節から最も遠くに位置する〈伝達態度〉の範疇はこれらとどういう点で異なっているだろうか。

4章で見たように、〈伝達態度〉標示に特化した形式（すなわちC類形式）は多数あるが、その中には、伝達態度のほかに節が表す命題に対する態度をも二次的に含む形式がある。具体的には、当該命題を推測として提示する gwaa3、当該命題成立を疑う me1 などである。このように対命題的態度をも副次的に含む形式が個別にはある。しかしながら、これらにしても、対命題的態度は副次的なものであり、やはり第一義的には伝達態度を表すものである。

　ただし、4章のまとめで述べたように、本書では伝達態度というのをかなり広い意味で捉えている。本書で考えている伝達態度とは、節が表す伝達内容を発話場においてどのようなものとして表出・伝達しようとしているのかという態度や方略を総称したものである。その中でも中心となるのは聞き手目当ての伝達態度である。上述のように〈伝達態度〉範疇には多種多様な値があり、まとまりを欠くようにも見えるが、範疇全体としての機能は、〈時間的安定性〉や〈相対定位〉と対比した時に、より鮮明に見て取れる。すなわち、〈時間的安定性〉、〈相対定位〉の両範疇は事態の構成に関する作用を担うものであった。それに対し、〈伝達態度〉はそうした事態から構成される伝達内容の発話表出段階の作用を担うものであると考えられる。

　このようにして、節に近い、すなわち節のすぐ後の〈時間的安定性〉・〈相対定位〉が事態の構成段階の作用を、節から最も遠い、すなわち発話の終了位置に生起する〈伝達態度〉が伝達内容の表出段階の作用を担うのだと考えれば、発話産出のプロセスと類像的に対応する〈時間的安定性〉・〈相対定位〉・〈伝達態度〉という範疇の生起順序は無理なく理解できる。

2.3　意味的階層構造

　上記で行った各範疇の意味と配列についての考察を踏まえて、中心形式の意味的な階層構造を図示すると以下のようになる。

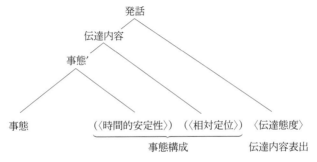

図1　文末助詞中心形式の意味的階層構造

　前節で述べたように、素材としての事態がまず〈時間的安定性〉について「恒常的」か否かどちらかの標示を受け、次に該当する場合は〈相対定位〉において「新事態」か「低ランク事態」かの標示がなされる。最後に、それらの標示（無標の場合も含めて）がなされた伝達内容に対しどのように発話場に提示するか〈伝達態度〉の標示がなされる。（　）内は任意の範疇であるが、〈伝達態度〉は必ず標示される。

　以上は、意味レベルにおける階層構造である。

　しかしながら、この意味レベルの階層構造は形式レベルの階層構造、すなわち範疇を標示する各形式間にある構成素構造とは一致しない。

　例えば、以下の例の下線部の文末助詞については、意味的に見れば図1の構造が示す通り、「その作戦は私にはあまり通じない」という事態がまず「恒常化」された上で、その事態がまた「低ランク事態」として位置付けられ、そのようにして構成された伝達内容全体が「認識更新要請」という伝達態度で発せられていると分析される。

(24) 以退為進　　　　　aa5？呢　招　對　我　唔係好
　　 退くをもって進むと成す　この　CL　〜に　私　あまり〜ない

　　 使　得　　gə-zə-wo3！
　　 使う［可能］

　　〔退くをもって進むと成すだな？その作戦、俺にはあまり通じないよ。〕
　　　　　　　　　　　　　　　　　　　　　　　　（愛才：72）

第 8 章　意味分析を踏まえた文末助詞体系の再解釈　　227

しかしながら、形態論的振る舞いの方はそうした意味的な階層関係を反映していない。すなわち、gə-zə-wo3 という文末助詞連鎖は、wo3 という語根の前に接頭辞 gə- と zə- が付着した一語であり、その語全体が節に付着していると分析される。

　3章で述べたように、文末助詞連鎖に対するこうした分析は本書特有のもので、従来の先行研究では個々の文末助詞をどれも自由形式として見なしていた。したがって、以下の図2のように、自由形式である個々の文末助詞が節に付加され、そうして出来た節にまた別の文末助詞が付加されといったように、意味レベルも形式レベルも一致した階層構造が想定されていた。

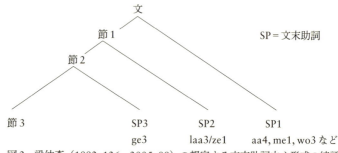

図2　梁仲森（1992: 126、2005: 89）の想定する文末助詞中心形式の統語的階層構造（本書による改変を含む）

　こうした分析は、過去の広東語には妥当であったと考えられる。
　しかしながら、3章で主張したように、共時的事実だけを見ると、文末助詞連鎖はもはや自由形式の連続とは考えられない状況になっている。すなわち、(24) の連鎖 gə-zə-wo3 は（例えば梁仲森 1992 など）先行研究では ge3 + ze1 + wo3 という自由形式の連続と解釈するであろうが、現在の広東語についてはそのような解釈はもはや妥当ではない。
　ここで見てきたように、3つの範疇のうち〈時間的安定性〉及び〈相対定位〉の2つの範疇の形式は自立性を喪失してきているが、このことから中心形式は文法化が相当進んだ段階にあることが示唆される。そこで、次の節では文法化の進展について触れる。

2.4 共通語との比較対照から見える文法化の進展

最後に、これまで述べてきた中心形式における文法化の進展について見てみたい。もとより文末助詞は語彙的な意味を持たず文法的な機能しか持たない機能語ではある。しかし、さらに文法化が進展したと思われる形跡があり、それは共通語との比較対照から見るとより顕著に見て取れる。

2章で紹介したように、共通語にも文末助詞はあり、単用のほか連用の現象がある。

しかし、次の2点において、両言語の文末助詞は異なる。

まず1つは、共通語については、どの文末助詞も自由形式であるという点である。単用されるのはむろん自由形式であるが、連用についても上神（1968）、丁恒順（1985）や張谊生（2000: 279）で比較的まとまって議論されているが、いずれも自由形式の連用と見られている。[*6]

それに対し、本書の分析が示すように、広東語では〈時間的安定性〉及び〈相対定位〉の2つの範疇の形態素は自立性を失っている。すなわち、接頭辞（gə- 及び lə-/zə-）となっているか、もしくは、〈伝達態度〉をも同時に表すかばん形態素（ge3 及び laa3、lo3、ze1）となっている。いずれにせよ、この2つの範疇だけに特化した自由形式が存在しない。むろん、これらも元来は何らかの自由形式に起源を持っていたはずである。例えば、gə- は構造助詞と同根の文末助詞 ge3 が、また lə- は laa3 もしくは lo3 が、そして zə- は ze3 もしくは ze1 が起源と見られる。それが現在ではこのように自立性を喪失しているということは、文末助詞が本来持っていたはずの、形態統語的特性を失っており、文法化に付随して起こるとされる脱範疇化（decategorialization）と見られる。[*7]

このように、共通語と比べると、広東語の文末助詞（中心形式）の一部では文法化がさらに進展した様相が見て取れる。ただし、上述の脱範疇化はあくまで文法化の進展の外形的な現れである。文法化進展の順序としては先に生起環境の広がり（extension）や意味の希薄化（desemanticization ないし semantic bleaching）が見られると言われる（Heine and Narrog 2015 参照）。

そこで次に、これらの点について、共通語との顕著な違いを述べていく。

すぐ上では、〈時間的安定性〉及び〈相対定位〉の2つの範疇を担っていたと思しき自由形式の自立性の喪失について述べたが、このうち〈時間的安定性〉範疇の「恒常化」標示を表すge3については、共通語にも相当する形式"的"があるため比較しやすく、その文法化度の高さの違いがよくわかる。

広東語でge3に当たるのは、共通語では"的"という文末助詞で、広東語同様、これも構造助詞に由来する。文末助詞としても両者は部分的に似た意味を表す。

しかし、広東語のge3は様々な別の文末助詞と結合するようになっている（その結果、本書ではこれを拘束形式gə-と分析する）一方で、共通語の"的"はそれほど結合範囲が広くない。

以下の両言語の比較が示すように、連鎖を構成する1つ1つの文末助詞はほぼ意味的に等しいにもかかわらず、広東語では可能な組み合わせでも、共通語では不自然になる。以下の広東語例文の1つ目の連鎖はgə-＋lə-＋aa1maa3、2つ目の連鎖はgə-＋laa3という構成である。このうちgə-は共通語では"的"(de)に、lə-及びlaa3は"了"(le)に、aa1maa3は"嘛"(ma)にそれぞれ対応している。*8

(25) 我　已經　做　開　　gə-laa1maa3, 基礎　嘅嘢　我　都
　　　私　既に　する　かける　　　　　　基礎　の　こと　私　みな

　　　識　　gə-laa3。　　　　　　　　　　　　　　　【広東語】
　　　できる

　　　〔私はもうずっとやってるんだもん。基本的なことは私はもう全部できるよ。〕

(26) 我　已經　在　　做　*的　了　嘛, 基礎　的　東西　我　都
　　　私　既に　ている　する　　　　　　　基礎　の　こと　私　みな

　　　會　*的　了。　　　　　　　　　　　　　　　　【共通語】
　　　できる

　　　〔私はもうやってるんだもん。基本的なことは私はもう全部できるよ。〕

このように、広東語では可能でも共通語では不可能な組み合わせのパターンは多々ある。

中でも、gə- と"的"の生起環境の広さの違いを最もよく表すのは、疑問文への生起の可否である。広東語の gə- は先述の通り疑問文にも自由に生起するが、共通語では"的"は疑問文に自由に生起できない。例えば、以下は両言語でほぼ同じ意味の文末助詞連鎖が疑問文に生起する例である。広東語の例文（27）の連用形式は gə-＋aa3、（28）は gə-＋ne1 という構成であるが、共通語でそれぞれに意味的に相当する形式を用いて（29）や（30）のように言うことはできない。*9

(27) 佢　會　唔　會　嚟　gaa3 ？　　　　　　【広東語】
　　　彼 ［可能性］［否定］［可能性］来る

　　　〔彼は（本当に）来るんですか？〕

(28) 佢　會　唔　會　嚟　gə-ne1 ？　　　　　【広東語】
　　　彼 ［可能性］［否定］［可能性］来る

　　　〔彼は（本当に）来るのかな？〕

(29) *他　會　不　會　來　的　呀 ？　　　　　【共通語】
　　　彼 ［可能性］［否定］［可能性］来る

　　　〔彼は（本当に）来るんですか？〕

(30) *他　會　不　會　來　的　呢 ？　　　　　【共通語】
　　　彼 ［可能性］［否定］［可能性］来る

　　　〔彼は（本当に）来るのかな？〕

このように、両言語を比較すると、広東語の gə- は生起環境が広いことが窺われる。そしてこれはとりもなおさず、それが表す意味が希薄化され、非常に一般化されたものになっていることと表裏一体である。再三述べてきたように、gə- は名詞化する機能から転じて、節が表す事態に時間的安定性を与える、すなわち事態の「恒常化」の意味を表すのであった。

そして、本書ではさらに、このような生起環境の広がりと意味の希薄化が原因で、自由形式として自立して用いられる ge3 の方は「かばん形態素」として「恒常化」の意味のほかに「宣言」といったような伝達態度的意味を含むようになったのではないかと考える。

第8章　意味分析を踏まえた文末助詞体系の再解釈　　231

すなわち、この形式が伝達態度を発達させてきたメカニズムを以下のように推測する。

　先述の通り、ge3は構造助詞"嘅"（ge3）に由来するが、文末助詞ge3として用いられ始めた当初は共通語の"的"のようにそれほど生起環境が広くなかったと推測される。つまり、多種多様な伝達態度を表す形式と組み合わさることがなかった。しかし、次第に意味の希薄化・一般化が進み連用パターンがさらに増えるにつれ、ge3と一群の伝達態度標示形式が織りなすパラダイムが発達してくる。えば、gaa3（< ge3＋aa3）、gaa4（< ge3＋aa4）、ge3wo3（< ge3＋wo3）、gaa1maa3（< ge3＋aa1maa3）など、「恒常化」の意味と伝達態度とを分析的に表すその他多くの連用形式との対立関係の中に置かれるようになった。そこで、ge3自身もその意味が再分析され、その結果、「恒常化」の意味と伝達態度の両方を融合的に表す形式として捉え直されていったのではないかと考えるのである。

　つまり、ge3は構造助詞"嘅"から文末助詞へと機能拡張した当初は明確な伝達態度を持っていなかったと思われる。しかし、ge3が伝達態度を表す形式と結合し連用で用いられることが増えてくるのに伴い、〈伝達態度〉表出が義務化する現在のような状況が生じてくる。そのような中で、ge3自身も連用形式との対立関係の中において次第に固有の〈伝達態度〉（表1の「意味」の列の網かけの部分）を発達させてきたのではないかと考えられる。こうした変化もまた、〈伝達態度〉範疇標示が義務化したことにより、当該の範疇については本来は無標（ないしゼロ）形式であったge3が固有の意味（「宣言」といった意味）を帯びるようになる、ゼロ形式の意味獲得（Bybee1994）の一種として考えられるかもしれない。

表1　ge3の伝達態度の発達プロセスの推論

構成	形式	由来	意味
単用	ge3	ge3	「恒常化」＋「宣言」
連用	gaa3	ge3 + aa3	「恒常化」＋「聴取要請」
連用	gaa4	ge3 + aa4	「恒常化」＋「聴取による受容」
連用	ge3wo3	ge3 + wo3	「恒常化」＋「認識変化要請」
連用	gaa1maa3	ge3 + aa1maa3	「恒常化」＋「自明命題」
⋮	⋮	⋮	⋮

　以上はge3における伝達態度の発達についてであるが、ze1やlaa3、lo3といった自由形式の伝達態度の発達についても同様に考えられる。

　むろん、ここで述べたプロセスはあくまで共時的言語事実に基づいた推測である。今後、文献資料の精査により、通時的文法化の様相が明らかになるのを待ちたい。

3. 周辺形式の位置付け

　広東語の文末助詞には中心形式の他にも様々な周辺形式があったが、7章ではそのうち、文法化型の周辺形式を取り上げて意味を分析した。

　しかしながら、これらの周辺形式は、それぞれが別個に文法化・機能拡張を通じて文末助詞的用法を獲得してきたものであるため、全体としてのまとまりはなく、中心形式のような緊密なパラダイムも形成していない。

　ただし、"添"及び"先"は、一部の用法については、中心形式A類拘束形式gə-（「恒常化」標識）の後に生起し、中心形式のパラダイムへの浸食が一部見られる点で、周辺形式の中では特異な存在と言えた。

(31) 其實　班　　上面　都　有　女仔　aa1, 有　啲　重　　幾
　　　実は　クラス　上　　～も　ある　女の子　SP　ある　CL　さらに　結構

省鏡　gɘ-添。
きれい　SP

　〔実のところ、クラスにも女の子がいるじゃない？しかもその中の数人は結構きれいだよ。〕　　　　　　　　　（八王子 02: 133）

(32)《饑饉 30》？使　　唔　　使　捐　　錢　gɘ-先？
　　『飢饉 30』　必要だ［否定］必要だ 寄付する お金

　　〔『飢饉 30』？（まずそもそも）お金寄付する必要あるのか？〕　　　　　　　　　　　　　　　　　　　　（八王子 02: 119）

　しかし、それでは"添"や"先"が上述の中心形式のパラダイムに組み込まれているかと言えば、そうではない。また、"添"と"先"の 2 つが中心形式とは別の周辺形式としての独自のパラダイムを成しているとも見なせない。

　このように、文法的振る舞いの点で周辺形式に共通の性質は認められない。

　一方の意味面についても、中心形式と異なり、伝達態度的な意味があるとしても文法化の進展の結果、獲得された付随的なものである。

　確かに、"先 3"（返答の優先的実行：例（32））や"話"（聞き手発話引用 wh 疑問：例（33））のような、専ら疑問文に生起する周辺形式の場合は、聞き手目当てに何らかの伝達態度を表しているように思えるが、これは形式そのものというよりも、文全体が質問の発話行為であるからと考えられる。

(33)你　　响　呢度 做　咗　　幾耐　　話？
　　あなた で ここ する［完了］どのぐらい

　　〔ここで働いてどれぐらいになるって？〕　　　　　　　（903: 53）

　むしろ、形式そのものは伝達態度よりもそれぞれの由来となる語の意味に由来する意味、すなわち、"先 3"の場合は返答の優先的実行の要求、"話"の場合は聞き手発話引用の意味を主に表すと見られる。

　そうした発話行為そのものが聞き手目当て性を持つケースを除くと、すなわち、疑問文や命令文に生起するケースを除き平叙文に生起する用法を見ると、これらの文法化型周辺形式はいずれも聞き手

目当て性が希薄で、むしろ、それらが付加された文は独話的である
とさえ言える。

　例えば、以下の"先2"（動作の優先的実行：例（34））、"添3"
（予定外の事態発生：例（35））やge2（予期に反する事態：例（36））
の例がそうである。

(34)陳：好　　aa1，返　香港　返　香港。
　　　　よい　SP　　帰る　香港　帰る　香港

　　　〔いいね。香港に帰国だ〜！〕

　　李：買　張　頭等　　　　　　先。
　　　　買う　CL　ファーストクラス

　　　〔ファーストクラスを買おうっと。〕　　　　　　　　（19：206）

(35)冇　　紙巾　　添。
　　　無い　ティッシュ

　　〔（しまった）ティッシュがない。〕　　　　　　　　（好天氣：142）

(36)喂！三　叔！　　三～～～～叔～～～～～！喂！　冇　　反應
　　intj.　　おじさん　　　　　おじさん　　　　intj.　無い　反応

　　ge2？
　　SP

　　〔おい！三叔（おじさん）！三〜〜叔〜〜！お〜い！反応が
　　ないぞ？〕　　　　　　　　　　　　　　　　　（八王子01：340）

確かに、中心形式の〈伝達態度〉範疇を表す形式の中にもwo4
（認識更新受容）やne1①（思い惑い）のような聞き手目当て性の
希薄な形式があり、そうした聞き手に伝える意図が希薄な独話的伝
え方や表出の仕方をも含めて〈伝達態度〉と呼んだのであった（4
章まとめ参照）。しかし、これらの中心形式の場合は伝達態度の標
示を専らの職能とするのであり、周辺形式がそれぞれの由来語の意
味を引き継いだ文法的意味を表すとともに付随的に伝達態度として
こうした独話的伝え方を表すのとはそもそも事情が異なる。

4．本章のまとめ

　本章では4章から7章までの意味分析の結果を踏まえて、文末助

詞体系を意味的観点を取り入れ再解釈した。

　まず、中心形式の体系について、音韻的・形態統語的な観点からの分類（A類、B類、C類という分類）とは別に、意味の観点から捉え直しを行い体系全体を整合的に分析した。その結果、文末助詞中心形式は〈時間的安定性〉、〈相対定位〉、〈伝達態度〉の3つの範疇からなること、そして〈伝達態度〉は、単用、連用を問わず、すべての形式に含まれているということが見い出された。

　次に、これらの3つの範疇のそれぞれの意味的特徴と配列との相関を考察した。

　すなわち、節に最も近い〈時間的安定性〉の範疇は節の表す事態を「恒常的」な性質のものに変えるか否かを表し、次に位置する〈相対定位〉の範疇は節の表す事態に対する相対的な位置付けを表すというように、共に事態の構成についての作用をつかさどる。他方、節から最も遠い、すなわち発話の終了位置を占める〈伝達態度〉は伝達内容の表出段階の作用を担う。このように3つの範疇の配列は、節に近いものほど事態構成に関係する作用を担い、終了位置のものが発話場における作用、典型的には聞き手目当てないし対人的作用を担うという配列になっている。すなわち、発話産出プロセスと類像性が見られる。ただし、こうした3つの範疇からなる中心形式の意味レベルの階層構造と形式レベルの階層構造の間にはずれが生じている。それは文法化の進展が原因であると見られる。そこで、共通語との比較からより顕著に見られる広東語の文末助詞（中心形式）の文法化のさらなる進展を論じた。

　最後に、周辺形式について総括した。周辺形式の文末助詞は類としてのまとまりはなく、意味についても、中心形式と異なり、伝達態度の表示は行われるとしても付随的な機能にすぎないと考えられた。

＊1 「一般に、中国語の機能語の多くは、共起対象との意味的協働に依存しつつ自らの文法的作用の実現を果たす傾向が強いと言える。つまり中国語の機能語は概して文法力に乏しい。」（木村2006）と言われる。本書で述べているのは

「恒常化」標識の義務化が不徹底であるという状況であり、木村（2006）が同論文で述べている状況、すなわち、中国語共通語の「完了」接尾辞が限界性を備えた動詞（句）と共起しなければならないという状況とは厳密には同じではない。しかし、機能語の文法力の弱さという点では中国語諸方言に広く通底することではないかと思われる。

＊2　ただし、次のようにコピュラ動詞"係"「～である」を用いた正反疑問文"係唔係～"「～なのですか？」であればl系形式も生起できる。

　　　我　係　唔　　係　走　得　　laa3？
　　　私　～だ［否定］～だ　去る［許可］
　　　〔私はもう帰っていいのですか？〕

　ここでは、節内に生起する"係唔係"は、"我走得laa3"「私はもう帰ってよい」という「平叙文節＋"laa3"」（意味的には「事態」＋「新事態としての位置付け」）をスコープにおさめているように見える。このように解釈してよいのか、文末助詞のスコープの問題に関わる重要な点であるが、本書では答えが出せていないため、保留にしておく。

＊3　z系形式のうち、zek1を用いた"你哋住得近唔近zek1"「あなた達は近所に住んでるの？」であれば可能である。これはFung（2000: 43）が言うように質問内容が「たいした質問でもなく簡単に答えられるものだ」と見なす拡張的用法「質問内容軽視」である。詳しくは5章参照。

＊4　ここでは共通語の例を挙げたが、広東語のアスペクトについては用いられる具体的な言語形式が異なり、それにより状況もやや異なる。

＊5　そしてこのことはちょうど、先述の共通語のアスペクト形式において木村（1982）が指摘する以下の現象と平行すると見られる。すなわち、より客観的・素材的な「第二類」の形式は話者が定位した基準時に実現済みかどうかという已然・未然の対立に中立的であることの反映として已然の動作・作用の非成立を表す否定副詞"沒有"「～していない、～しなかった」とも共起できるのに対して、話者寄りの第一類は已然の動作・作用のあり方を表すための形式であるため"沒有"と共起しない。

＊6　広東語と同様、2つの形式の音節の縮約現象はある。

＊7　文法化に伴われる諸現象ないし文法化の基準についてはいくつかの代表的文献で諸説が論じられている（Lehmann 1995、Heine et al. 1991、Hopper and Traugott 1993、Bybee et al. 1994など）。ここでは、そうした諸説を総合したHeine and Narrog（2015）を特に参照する。

＊8　この共通語訳は広東語例文の動詞末助詞"開"「（ずっと）～している、～しかけている」の意味をうまく訳出できていないので厳密には対訳ではないが、文末助詞の部分を対訳にするため、あえて意訳を用いた。

＊9　共通語の文末助詞"的"はそもそも疑問文への生起に強い制限がある。（*他會不會來的？）ただし、王暁梅・何元建（2016）によるとマレーシア華語の"的"（広東語との言語接触の影響で生じたと思われる中国語共通語の一変種）はその限りではないようである。

第9章

文末助詞の位置付け

1. はじめに

　ここまでの章では、専ら広東語の文末助詞について、個々の形式の意味及び体系の全体像を見てきた。

　本章では視線を外側に向け、文末助詞という語類の位置付けについて考えたい。

　2章の最後で問題提起したように、広東語の文末助詞の先行研究には豊富な蓄積があるが、文末助詞という語類の位置付けが適切になされていないという点で不足がある。

　その原因の1つは、広東語の文法体系内部において文末助詞はどういう位置付けになるのか、言い換えれば、他の類似する語類ないし言語カテゴリーとどの点で似ており、どのように違うのか、といった問題が十分明確にされていない点である。

　もう1つ先行研究に欠落しているのは、広東語以外、特に言語類型や系統を異にする他の言語にも文末助詞という語類がしばしば見られるのだが、そうした他言語における文末助詞にも目配りした言語横断的視野からの位置付けである。

　そこで、以下ではまず広東語文法体系内における文末助詞の固有の位置付けについて考える。次に、同じ語類を持つ他言語、具体的に言えば日本語の文末助詞（終助詞）との比較対照を通じて、文末助詞という語類に関する言語横断的な知見を提供することを試みる。最後に、言語横断的な文末助詞及び関連現象の研究に向けて本書が持ち得る示唆を述べる。

239

2. 広東語文法体系内における位置付け

2.1　本書が考える文末助詞の機能

この節では、広東語文法体系における文末助詞の位置付けを考える。

すなわち、文末助詞という語類は何のためにあるのか、他の語類と異なるどういう固有の機能を持つのか、これまでの議論を総括し考える。

8章の意味的観点からの再解釈で明らかにしたように、文末助詞の中核を成す中心形式は〈時間的安定性〉、〈相対定位〉、〈伝達態度〉の3つの範疇を含むが、重要なことに、単用の場合も連用の場合もいずれも〈伝達態度〉が含まれていた。また、一部の周辺形式に関しても付随的にではあるが何らかの伝達態度的な意味を表すことがあった。

このようなことから考えると、広東語における文末助詞という語類は、節が表す伝達内容をめぐる話し手の伝達態度標示を本質的機能とするものであると結論付けられる。

2.2　隣接する言語カテゴリーとの異同

2.2.1　機能が類似するとされる
他の言語カテゴリーとの異同

すぐ上では、文末助詞の機能を伝達態度の標示であるとの見解を述べたが、文末助詞と機能的に近い語類や言語カテゴリーはいくつか提起されている。本節ではそれらと文末助詞との異同を検討する。

1章で触れたように伝統的な中国語研究・広東語研究の文脈では、文末助詞は「語気助詞」もしくは「語気詞」という名称で呼ばれている。そのことからも窺われるように、文末助詞はしばしば語気副詞（モダリティ副詞ないし叙法副詞）、助動詞、間投詞、イントネーションなどと同じく、「語気」の担い手の1つと位置付けられる（例えば斉沪揚2002）。中国語研究において「語気」というのは、賀陽（1992）、張斌（2010: 852）において説明されるように、話し手の命題に対する主観的意識が文法形式を通じて表された文法範

疇のことを指す。他方で、石定栩 2009 によれば「語気」というのは英語でいう mood にも modality にも当てられることがあるというが、ここではひとまず「語気」を「モダリティ」と呼んでおく。いずれにせよ、文末助詞（語気詞）はしばしばこのような語類横断的な文法概念の中心的担い手として位置付けられる。*1

そこで、同じくモダリティを表すとされる語類の 1 つ、語気副詞を例にとり、文末助詞（すなわち「語気助詞」）との異同を見ておく。以下は、広東語の語気副詞、"實"「きっと、絶対」、"即管"「構わず、どんどん」、"一於"「何が何でも、とにかく、気にせず」の例である（例文は全て李新魁等 1995: 494–500 より）。

(1) 實　　係　　你　　搞錯　　咗。
きっと ～だ あなた 間違える［完了］

［きっとあなたが間違えたのだ。］

(2) 有　困難　即管　嚟　搵　我。
ある 困難 どんどん 来る 探す 私

［困難なことがあれば、構わず私を訪ねにおいで。］

(3) 一於　　係　　噉　　　話 laa1。
とにかく ～だ そのように 言う SP

［とにかくそういうことにしよう。］

語気副詞は話し手の主観的態度を表すという点では確かに文末助詞と共通点を持つ。しかし、そもそも自明なことであるが、生起する位置が異なる。副詞は文頭や述語句の直前などの位置に生起するが、文末助詞は文の最後尾を占める。そして、何より決定的に異なるのは、文末助詞が会話、すなわち聞き手が明確に存在し、かつ話者交替が頻繁に起こる「対話」の場面に偏在して生起するが、語気副詞はそうでないという点である。

他方で、会話に偏在するという点に主眼を置くならば、談話標識との類似点が視野に入ってくるであろう。

談話標識は通言語的な言語カテゴリーであるが、その機能の定義や範囲及び名称は立場やアプローチにより様々である。*2 広東語では、一例としては、副詞"噉"（gam2）「では」、間投詞"呢"（ne1）「ほら、ねえ」、"嘩"（naa4）「ほら、いいかい？」といった

言語形式が例に挙げられる。

(4) 港生：嗰　陣　得　　　呢　個　單位　zaa1maa3, 而家　就
　　　　　あの CL 〜しかない この CL 部屋 SP 　　　 今　なら

　　　　買唔起　lo3！
　　　　買えない SP

　　　　〔あの時はこの部屋しかなかったんだよ。今ではもう
　　　　買えないよ。〕

　　周樹：呢, 佢　話　想　　油　過　　　　個尾房　同　廚房
　　　　　intj. 彼女 言う 〜たい 塗る ［やり直し］CL 角部屋 と 台所

　　　　廁所　aa3 嘅, 　睇　吓　有　冇　人　租　　wo5！
　　　　トイレ SP そのよう 見る 少し 有る 無い 人 借りる SP

　　　　〔ほら、彼女角部屋と台所やトイレとかを模様替えし
　　　　て誰かに貸したいって言ってたよ。〕

　　港生：嘅　好　少　　嘢　ze1, 你　　做　室内設計
　　　　　では とても 少ないこと SP 　あなた する インテリアデザイン

　　　　嘅, 你　　負責　油　一　個 可以　租得出　　嘅 房
　　　　の あなた 請け負う 塗る 1 CL できる 貸し出せる の 部屋

　　　　le4！
　　　　SP

　　　　〔なら、そんなのたいしたことないじゃん。君、イン
　　　　テリアデザイナーなんだから賃貸用の部屋をやれよ。〕

　　　　　　　　　　　　　　　　　　　　　　　　　　（出租：53）

(5) OK！噂, 家姐, 你　　自己　執生　　　laa3, 有　乜
　　OK 　intj. 姉さん あなた 自分で 切り抜ける SP 　ある 何

　　事　call　我 手提, 我哋 而家 返　去　同　　你
　　こと 電話する 私 携帯 私達 今 帰る 行く ために あなた

　　執手尾。
　　後片付けする

　　〔OK。いいかい、姉さん、自分で何とか切り抜けてよ。何
　　かあったら携帯に電話して。俺たちこれから戻って姉さん
　　のために後片付けしてくるから。〕　　　　　　（出租：52）

談話標識は会話に偏在するという点で文末助詞と似ている。しか

242

し、文末助詞が文の境界を越えたスコープをとることがない、すなわち文（ないしそれより小さな）単位で作用するのに対し、談話標識はそうしたスコープが想定できず、文より大きな談話の単位で作用する。また、文末助詞が発話の終了位置にしか現れないのに対し、談話標識は（定義にもよるが）発話の開始位置に現れるものが多いという生起位置の違いもある。このようなスコープや生起位置の違いを見ると、談話標識と文末助詞には機能の点でも大きな違いがあると見られる。Luke（1990）で提起されている会話（談話）組織化の機能は、談話単位で働く（一部の）談話標識にこそふさわしいものであろう。

2.2.2 伝達態度を表す他の言語手段との異同

本節初めでは、8章までに行った文末助詞の各形式の意味分析を積み上げて、この語類固有の機能を伝達態度の標示であると結論付けた。しかしながら、同じように伝達態度を表す言語手段としては文末助詞以外に他にもいくつか挙げられる。

一例として、文末助詞と同じく発話の終了位置に現れる付加疑問形式、"係咪（＜係唔係）"（hai6mai6）「でしょう？」、"呵"（ho2）「でしょ？/ね？」がある。

(6) 大家　都　聽倒,　係咪？
　　みんな　も　聞こえる　でしょう？

　〔みんな聞こえただろ？そうだよね？〕

(7) 大家　都　聽倒,　呵？
　　みんな　も　聞こえる　ねえ？

　〔みんな聞こえただろ？なぁ？〕

こうした言語形式のほかにも、"我話俾你聽"「言っておくけど」、"老實講"「正直言えば」といった分析的言語表現も談話標識の延長にあり、やはり伝達態度的な意味が表されている。

(8) 我　話　俾　你　　聽,　男人　窮　唔　　　緊要,　最　緊要
　　私　言う　に　あなた　聞く　男性　貧乏　[否定]　大切だ　最も　大切だ

　　　有　骨氣,　有　才學,　好似　　你　　呢　庭人　就算
　　　ある　気骨　ある　才学　〜のよう　あなた　この　CL　人　たとえ

讀　死 一世 書　只不過　　係　廢物！
勉強する-死ぬ-一生　〜にすぎない　〜だ ろくでなし

〔いいこと？男の人が貧しいのは問題ない。一番大事なのは
気骨があること、才学があること、あんたみたいな人はた
とえ一生死ぬほど勉強したところで役立たずにすぎない
の！〕　　　　　　　　　　　　　　　　（映画『詩人の大冒険』）

(9) 嗰 日 我 打　俾　你　嗰 陣 咪　　講笑　　話
　　あの 日 私 打つ 〜に あなた あの CL じゃない 冗談を言う 言う

自殺 嗰　個 可能 係　忠雞 gE2……老實　講，其實 收倒
自殺 あの CL 多分 〜だ　　　 SP 　正直に 言う 実は 受ける

副校　電話，叫　我哋 返　晒　學校 開　會 嗰 陣，
副校長 電話　呼ぶ 私達 帰る 全部 学校 開く 会議 あの CL

我 都 有　驚　　一 驚，　以為 係　佢 gaa3……
私 も ある 怖がる 一 怖がる 思う 〜だ 彼 SP

〔あの日お前に電話したとき、自殺したのはたぶん忠鶏だな
んて冗談で言ってたじゃない？正直言うと、実は副校長の
電話を受けて、会議するから全員学校に来るように言われ
たとき、びっくりしたんだ、彼かと思ったんだ…〕

　　　　　　　　　　　　　　　　　　　　　　（八王子02:343)

　ほかにも、伝達態度はイントネーションでも表される。ただし、
広東語は声調や文末助詞が豊富なため、その分、イントネーション
の果たす役割が限定され、イントネーションは主に文末に現れると
いう（Cheung1986:254)。文末イントネーションにはいくつのタイ
プが区別できるかまだよくわかっていないが、少なくとも比較的
明瞭に区別できるタイプとして以下のような上昇調“╱”や上昇下
降調“╱╲”があると言われる。*3

(10)阿煩：佢 話……係　一 個 讀書補腦汁　　嘅 廣告。
　　　　彼 話す 〜だ 1 CL 勉強脳にきくドリンク の 広告

　　　〔彼が言うには勉強脳にきくドリンクの広告だって。〕

陳占：讀書補腦汁〔╱〕
　　　勉強脳にきくドリンク

　　　〔勉強脳にきくドリンク？〕　　　　　　　　　（19:184)

244

(11) A: 你　　嚟唔　嚟　aa3 ？
　　　　あなた　来る［否定］来る　SP

　　　　〔あなた来る？〕

　　B: 嚟［／＼］。
　　　　来る

　　　　〔来るとも。〕

　このように、伝達態度を表すことのできる言語手段は文末助詞以外にもいくつかある。

　しかしながら、文末助詞はこれらと以下のような点で異なる。

　第1に、それが付加される節への統合度が高い。

　この点で、生起位置が似ている付加疑問形式、"係咪（＜係唔係）"、"呵"とは一線を画す。以下のように、付加疑問形式はそれが付く発話との間にポーズを置くことができ、統合度が高くないのに対し、文末助詞についてはそれが付く節との間にポーズを置けず統合度が高いからである。

(12) *大家　都　聽倒，　laa1 ？
　　　　みんな　も　聞こえる　SP

　　　〔みんな聞こえただろ？〕

(13) 大家　都　聽倒，　係咪？
　　　みんな　も　聞こえる　でしょう？

　　　〔みんな聞こえただろ？そうだよね？〕

(14) 大家　都　聽倒，　呵？
　　　みんな　も　聞こえる　ねえ？

　　　〔みんな聞こえただろ？なぁ？〕

　また、付加疑問形式の場合、それが付く発話との間に文末助詞や呼びかけ語が生起でき、この点から見ても付加疑問形式は文末助詞と比べ、付加される単位への統合度が低い。

(15) 其實　我哋　由　開始　認識　　嗰　一　日，梁山伯　同
　　　実は　私達　から　始まる　知り合う　その　1　CL　　　　と

　　　祝英台　嘅　歷史，就　開始　改寫　　咗　　laa3, 賢弟！
　　　　の　歷史　　始まる　書き直す［完了］SP　　弟

係　唔　係　aa3 !
〜だ［否定］〜だ SP

〔実は我々は知り合ったその日から、梁山泊と祝英台の歴史はもう書きかえられていたのだ。弟よ！そうだろ？〕

(梁祝：93)

(16)…咪　　講　我 laa3 !　可能　最後　唔　　係　我走，係
　　　　［禁止］話す 私 SP　　多分　最後［否定］〜だ 私 去る 〜だ

你哋　　是但　一　個 唔聲唔聲　走　　咗　　ne1 !
あなた達 任意に 1 CL 黙って　　去る［完了］SP

阿 志, 呵？
pref.　ねえ？

〔私のことは言わないで！たぶん最終的には私が去るのでなければ、あなたたちのうちの誰かが黙って去っていくのかもよ？阿志、ねえ？〕

(八王子 01：352)

こうした統語的特徴が反映するように、付加疑問形式もまた、文よりさらに大きな単位である談話に付加されるものと見る方が適切である。

　第2に、文末助詞は限られた数の成員による閉じた集合をなすという点である。

　3章で述べたように、広東語の文末助詞が正確にいくつあるか数えるのは難しいが、限られた数の成員からなる閉じた集合であることは間違いない。特に中心形式に関しては、シンタグマティックな関係とパラディグマティックな関係から成る緊密なパラダイムを成している。それに対し、付加疑問形式や談話標識的な表現は際限なく広がりを持ち、閉じた集合とは言えない。また、文末イントネーションは形式と意味との結びつきが慣習化された言語記号であるとはそもそも言い難い。

　第3に、文末助詞という語類に特徴的なことは、対話の各文に使用できるということである。

　よく言われるように、広東語では日常会話において文末助詞の使用頻度が高い。これは文末助詞が各文ごとに生起できることの現れである。

例えば、以下の（17）のドラマのシナリオを見られたい。

　ここではほとんどの文の末尾に文末助詞が生起している。しかし、ここで注目したいのは、どれだけ文末助詞が頻繁に生起しているかではなく、たとえ生起していない文（ないし文切片）についても、すべて何らかの文末助詞を違和感なく補えるという点である。（　）内は原文にないがインフォーマントの意見により補った文末助詞である。

(17)阿煩：得 <u>laa3</u>，喂，陳占，我 自己　响度　等　車 得 <u>laa3</u>，
　　　　OK SP　intj.　　　私 自分で ここで 待つ 車 OK SP

　　　　你　　走 <u>laa1</u>。
　　　　あなた 去る SP

　　　　〔もういいよ、ねえ、陳占、私ここでバス待つから、帰りなよ。〕

　　陳占：唔使　　<u>laa1</u>，我 都 冇　嘢　做　(<u>ge2</u>)，陪
　　　　　必要ない SP　 私 も 無い もの する　SP　　付き添う

　　　　你　　等埋　車　<u>先 laa1</u>。
　　　　あなた 待つ［拡充］車 SP SP

　　　　〔いいよ、俺、別にやることなんかないし。一緒にバス待っててやるよ。〕

　　阿煩：星期六 晩 <u>wo3</u>，冇　嘢　做　<u>aa4</u>？
　　　　　土曜日 夜 SP　 無い もの する SP

　　　　〔土曜の夜だよ。やることないの？〕

　　陳占：冇　<u>aa3</u>……哈。
　　　　　無い SP　　　intj.

　　　　〔ないよ…ねえ？〕

　　阿煩：咦，有　車　<u>lə-wo3</u>。
　　　　　intj. ある 車 SP

　　　　〔あれ？バスが来た。〕

　　陳占：有　冇　散紙（<u>aa3</u>）？
　　　　　ある 無い 小銭　　SP

　　　　〔小銭ある？〕

阿煩：有　　八達通　　（gE2）。
　　　ある　オクトパス　SP

　　　〔オクトパスあるから。〕

陳占：噉　　得　laa1……Bye！
　　　じゃあ OK　SP　　バイバイ

　　　〔ならいいや。またな！〕

阿煩：你　　有　冇　拍拖　　aa3 宜家？
　　　あなた ある 無い 付き合う SP　今

　　　〔誰かと付き合ってるの？今。〕

陳占：我？有……gE2……
　　　私　ある　　SP

　　　〔俺？（まあ）いる…かな…〕

阿煩：我 都 有 （wo3）……上　　車 laa3 我, Bye。
　　　私 も ある　SP　　　　上がる 車 SP　私　バイバイ

　　　〔私もいるんだ……。バス、乗るね。じゃあ！〕

陳占：Bye。
　　　バイバイ

　　　〔じゃあな。〕　　　　　　　　　　　　　　　　　（19: 145–146）

　このように、各文に文末助詞が生起可能である。こうした1つ1つの文ごとの使用は他の隣接言語カテゴリーにはまず見られないものである。

　以上のことから、同じく伝達態度を標示する付加疑問形式、談話標識的表現や文末イントネーションなどと異なり、文末助詞は文法化度の高いカテゴリーであることがわかる。すなわち、文末助詞は伝達態度を表すための文法的手段であり、伝達態度というものを文法化した語類であると考えられる。

　こうして見ると、広東語は1つ1つの文について伝達態度を標示するための文末助詞という文法的手段を持っているということがわかる。

3. 言語横断的位置付け
広東語と日本語の文末助詞の対照

前節までは、広東語の文法体系において、伝達態度を文法化した語類という文末助詞の位置付けを確認した。

1章で述べたように、広東語研究の領域では、ともすれば広東語のユニークな特徴として文末助詞が取り上げられ、系統や類型を異にする言語における文末助詞に関する知見についてはあまり目配りされることがない。

しかるに、我々にとって身近な日本語にも、文末助詞という語類がある。日本語の文末助詞も付加される節への統合度が高い、限られた数の成員からなる閉じたクラスである。そして、語類全体の機能についても、様々なその他の付随的機能も含んでいるが、概ね伝達態度を表すのを基本とすると見られる（例えば日本語記述文法研究会 2003: 239 参照）。

こうして見ると、文末助詞というものを言語横断的視野のもとで位置付けるには、系統・類型を異にする日本語の終助詞との比較対照が効果的であると考える。何より日本語の研究において文末助詞の研究には分厚い蓄積がある。

そこで、以下では広東語と日本語の文末助詞の特性を対照することで、個々の文末助詞形式の意味や形態統語的特徴には言語ごとで相違点があるにもかかわらず、類全体としてみたときに驚くほどの共通性を見せ、文末助詞というものが言語横断的な語類として認められ得ることを指摘していく。

3.1　類似する諸特徴
3.1.1　統語的特徴　句末、従属節末に生起する用法

広東語と日本語の文末助詞における類似点として、まずはじめに、文中にも生起し得るという特徴が挙げられる。1章4節で、文末助詞は主節の後に付加されるのが最も標準的な用法であると述べたが、他方で、広東語でも日本語でも、一部の文末助詞については、実際には主節末のほかに語、句や従属節の末尾などの文中位置に生起す

る現象が見られる。

　例えば、広東語では、4章で挙げた aa3 や aa1 といった形式は語や句の末尾のほか、従属節の末尾といった文中位置に生起する。*4

(18)　我　話　aa3,　今日　好　　好天氣　aa3,　冇　落雨　　aa3,
　　　私　言う SP　今日　とても　いい天気　SP　　無い　雨が降る　SP

　　　同埋　aa3,　我　想　　知　你　　究竟　　有　幾　　鍾意
　　　それと　　　私　～たい　知る　あなた　いったい　ある　いくら　好き

　　　我 aa3 ！
　　　私 SP

　　　〔あのねー、今日はすごくいい天気だねって。雨も降ってないし。それとねー、私のこと一体どれぐらい好きなのか知りたいの！〕
　　　　　　　　　　　　　　　　　　　　　　　　　　　　　　（好天氣：286）

(19)　嗰　個　阿傑 aa1,　開　工　開　到　咁　　夜　　都　有
　　　あの　CL　　　SP　開く　仕事　開く　まで　こんな　夜遅い　も　ある

　　　ge2 ？
　　　SP

　　　〔あの阿傑ってば、仕事こんな遅くまでやるなんて！〕
　　　　　　　　　　　　　　　　　　　　　　　　　　　　　（梁仲森 1992：80）

　同様に、日本語では、文末助詞の「ね」や「さ」に文中に挿入されて聞き手の反応をうかがう「間投用法」がある（日本語記述文法研究会 2003：240）。

(20)　昨日さ、田中にばったり会ったんだけどさ、どうもいつもの元気がないんだよ。　　　　（日本語記述文法研究会 2003：252）

(21)　それでね、この間ね、みんなに会ったときにね、…（略）
　　　　　　　　　　　　　　　　　（日本語記述文法研究会 2003：260）

　さらには、広東語で同意形成企図の伝達態度を表す laa1 は文中の語句の末尾に生起し列挙の際に使われるが（4章参照）、これは日本語の文末形式「だろう」の確認要求用法の使い方と似ている。以下の広東語の例とその日本語訳を参照されたい。

(22)　我哋　社區　中心　　　　　aa3　有　好多　　唔同　嘅　小組
　　　私達　コミュニティセンター　　　ある　たくさん　異なる　の　グループ

250

gaa3	…	噆	…	織	冷衫	laa1,	烹飪	班	laa1,	親子	班	laa1,
SP		intj.		編む	セーター		料理	教室		親子	教室	

不如	我	帶	你	參觀	吓	我哋	嘅
何なら	私	連れる	あなた	見学する	ちょっと	私達	の

康樂棋室		同	圖書館	aa1…
中国式ビリヤードルーム		と	図書館	SP

〔うちのコミュニティーセンターにはいろんなグループがあるんですよ。ほら。<u>セーター作りでしょう、料理教室でしょう、親子教室でしょう。</u>なんなら中国式ビリヤード・ルームと図書館をご案内しましょうか？〕 (ネ)

日本語の「だろう」は文末助詞ではないが、推量と確認要求の両方の用法を持つことが広く知られている（安達 1999: 191–193、宮崎 2005: 105–106 による先行研究概観参照）。そして、後者の確認要求「だろう」については、前者から「終助詞化の過程」を経たもの（安達 1999: 194）と捉える考え方があるように、疑似的文末助詞と見ることができる。

以上で見てきた文中で生起する用法は、いずれも文末で用いられる用法と意味的つながりがあり、本来文末で用いられていたものが意味拡張して、文中にも生起するようになっていったものだと見られる。*5

3.1.2 音韻的特徴

3.1.2.1 母音

次に類似する点として挙げたいのは、両言語の文末助詞が、どれも非常に単純な音韻形態をしているということで、具体的には、概ね開口度が大きい母音を持った開音節からなる単音節形式であるという点である。

例えば、広東語の場合、連用ではなく単一の形態素からなる自由形式は、aa1maa3 を除いて全て 1 音節である。また、韻母に用いられる母音は開口度の大きい [a]、[ɔ]、[ɛ] に偏っており、[u] や [i] のような狭い母音を持つ形式はない。*6 本書で言及した単一の形態素からなる自由形式（「かばん形式」も含む）を見てみよう。

(23) ge3, laa3, lo3, ze1　（以上はかばん形式）

　　 aa3, wo3, aa4, wo4, wo5, aa5, laa1, lo1, aa1, aa1ma3,
　　 gwaa3, me1, maa3, ne1, le5, le4

　一方、日本語についても、中心的な形式、すなわち「終助詞と認定して問題ないもの」（宮崎ほか2002: 262）とされる「よ、ぞ、ぜ、わ、さ、ね（え）、な（あ）」は、いずれも1音節で、母音が[a]、[o]、[e] に偏っている。*7

　このように、両言語における文末助詞がいずれも開口度が大きく、したがって相対的に聞こえ度の高い母音から成るという点は、文末助詞が伝達態度を文法化した語類であることに鑑みれば、決して偶然のなせるわざではないと思われる。*8

3.1.2.2　音調

　次に、広東語と日本語の文末助詞は超分節的・韻律的特徴においても類似点があることを指摘する。超分節的・韻律的特徴については、両言語がそもそも音韻論的類型を異にしているため、一見したところでは、類似性が捉えにくいが、ここでは2つのことを主張したい。

　まず1つは、広東語の文末助詞にかぶさる所謂「声調」というのは、日本語の文末助詞にかぶさるイントネーション（音調）と同じ性質のものであるということ、もう1つは、文末助詞の音調と意味の相関が両言語において類似しているということである。

　以下、順に見ていく。

3.1.2.2.1　文末助詞の音調

　2章で広東語の音韻論を概説した際に触れたように、広東語は声調言語である。しかも、どの形態素も声調が弱化することがなく、すなわち軽声になることがなく、文末助詞についてもそれは例外ではないと述べた。その後、3章にて非終止位置には軽声音節からなる拘束形式の文末助詞を認める必要があると述べたが、終止位置で用いられる自由形式はいずれも1つ1つの音節ごとに決まった声調を伴うものとして記述してきた。*9

しかしながら、一方で、文末助詞が持つこうした声調というのは、実際には文末イントネーションの顕現したものであるとの指摘が張洪年（1972: 170–195）やCheung（1986）などでなされており、また、それを支持する音響音声学的根拠も出されている（Wu 2008、2013）。具体的には、例えば、me1 の調型は語声調の第1声 [55] が高平ら調なのと異なり上昇調をとると言われる（Wu2008）。また、wo5 は語声調の第5声 [23] よりも高く、かつ最後に下降調が見られると言われる（Wu2013: 46）。このように、文末助詞の声調というのは語声調とは異なる特徴を持ち、イントネーション的性質を持つ。これは文末助詞が伝達態度を文法化した語類であることを考えれば、先述の母音の聞こえ度の点と同様、至極もっともなことであろう。

ただし、文末助詞の声調がイントネーション的性質を持つとはいえ、それが果たして文末助詞が付かない文にかぶさる文末イントネーションと同じものと見なせるかについて、現時点では先行研究も十分でなく判断できない。そこで、文末助詞の声調に言及する際、以下では「イントネーション」という語を用いず、単に「音調」と呼ぶことにする。

一方、日本語は広東語のような声調言語ではないため、1つ1つの文末助詞についてどういう音調をとるかあらかじめ決まっているわけではない。しかしながら、個別の文末助詞にはそれにかぶさる音調により微細な意味の区別があることが早くから指摘され、音調による意味の違いも記述されている（森山1989a、小山1997、大島2013など）。*10

例えば「ね」について、小山（1997）は例文（24）（25）（26）に挙げるような3つの音調の区別を指摘する。なお、日本語の文末助詞の音調の記述は著者によってばらつきがあるため、以下では、【　　】内に轟木（2008）の分析枠組み（後述）による拍内音調を用いて記す。「　」内の意味用法記述は原著者による。

(24) あなたが田中さんですね。【疑問上昇】「確認」

(25) <u>そろそろ野茂も打たれ出したね。</u>　—　<u>そうだね。</u>

【アクセント上昇】「同意・念押しなど」

(26) どうです、やってもらえますか。

　　— 　いやあ、どうも、困りましたね。

　　　　　　　　　　　　　　　　【上昇下降】「自己確認、感嘆など」

「よ」にも以下の2種類が区別されている（小山1997）。*11

(27) 髪に何かついてますよ。【疑問上昇】

(28) 冗談じゃありませんよ。【平坦】

「よ」の2種類の音調は、特に命令文において意味の違いが顕著に感じられる。下降する音調の方は矛盾を考慮した言い方（井上1993）や認識の食い違い、「訂正・反駁」など（小山1997）の意味を表すと言われる。

(29) 動かないでよ　　【疑問上昇】　　　　　　　　　（井上1993）

(30) 動かないでよ　　【平坦】　　　　　　　　　　　（井上1993）

(31) 早く来いよ　　　【疑問上昇】　　　　　　　　　（小山1997）

(32) 早く来いよ　　　【平坦】　　　　　　　　　　　（小山1997）

そのほか、「か」にも2つの音調が区別される。

(33) そうですか　　　　　　　【疑問上昇】「質問」（森山1989a）

(34)（なるほど）そうですか。【平坦】「納得」　　（森山1989a）

　このように、日本語の文末助詞では、同一形式がいくつかの異なる音調を伴うことが可能で、それぞれ微妙な意味の違いを持つ。こうした文末助詞の音調については、轟木（2008）で体系的、網羅的な類型化と記述が行われている。同論文では、前の語句へのアクセント的接続の仕方（順接と低接の2種類）と、拍（モーラ）内部の音調（平坦調、疑問上昇調、アクセント上昇調、下降調、上昇下降調の5種類）との組み合わせにより、各文末助詞がとる音調を詳細に記述している。

　こうした日本語の文末助詞の音調の作用を参考に、翻って広東語の文末助詞の音調について見てみると、日本語と同様に、同一形式に対して異なる音調が区別されると思しき現象が指摘できる。これには2種類ある。

　1つは、通常、同一形式と見なされる文末助詞が音調の異なる変異形を持つケースである。例えば、laa1、ze1、me1、ne1といった第1声の文末助詞は音声的調整である高下り調 "╲"（聴覚印象

254

的には [53] の調値）を伴った変異形を持つ（4、5 章参照）。

(35) 佢　淨係　得　　　　個樣　ze1 /ze1 ↘
　　　彼　ただ　〜しかない　CL　外見

　　　〔彼はただ外見だけじゃない？〕

　このほか、aa1maa3 に aa1maa5 という変異形がある（Matthews and Yip 1994: 352）という例も同一形式の異なる音調と見なせよう。

　ちなみに、前者の例、すなわち高平ら調 [55] である第 1 声の laa1、ze1、me1、ne1 が変異形として持つ高下り調 [53] は、上述の例（26）に見られる日本語の文末助詞「ね」【上昇下降】がとる急激な下降（森山 1989a、橋本 1992、小山 1997、轟木 2008、大島 2013）と、聴覚印象的に極めて似通っている。この点については次の節でも触れる。

　もう 1 つのタイプは、広東語において、通常は声調が異なるため別の形式と見なされてきた、いくつかの意味的に類縁的な形式群（例えば、aa3 と aa4、あるいは wo3 と wo5 と wo4）を、同一形式が異なる音調をとったものと見なすケースである。4 章では、通例に従い、aa3（聴取要請）と aa4（聴取による受容）を 2 つの別の形式として意味記述してきたが、張洪年（1972）が行ったように、これらを同一形式の音調の異なる現れと見なすわけである。aa3 と aa4 の意味の隔たりを見ると、一見、これらを同一形式の別の現れと考えるのは無理があると思われるかもしれないが、実際、中国語共通語ではこの 2 つに相当する文末助詞 "啊"（a）は通常、同一形式として扱われ、異なる 2 つの形式として区別する習慣がない。これは共通語が広東語と異なり、文末助詞のような機能語は無声調（軽声）の音節と記述されるため、具体的な音調の違いに注意が向きにくいからであろう。同様に、日本語についても、例えば「か」の意味は音調によって相当隔たりがある（例（33）「質問」と（34）「納得」）が、別の形式として扱われることはない。したがって、広東語についてもこのような処理をするのもあながち無理ではないと思われる。wo3 と wo4、wo3 と wo5 の関係も同様に、同一形式の音調の違いと処理できる可能性がある。

第 9 章　文末助詞の位置付け　　255

こうして見ると、一見、数が多く見える広東語の文末助詞も同一形式の音調の違いとして捉えれば、さらに体系的に記述できる可能性がある。一般に、広東語は文末助詞が豊富だと言われるが、これは広東語が声調言語であり、かつ、たとえ機能語であっても共通語のように軽声になることがなく全て固有の声調を持つため、本来はイントネーション的性質を持つ文末助詞の音調をも既存の語声調のうちのどれかと同一視して捉えやすいからであろう。同趣旨のことはWu（2008）でも述べられている。つまり、音調の違いに応じて意味が異なるものがそれぞれ別の形式だとして処理されやすく、その結果、形式の数が増えたのである。もし、これと同様の処理を行えば、日本語の文末助詞も相当、数が増えることであろう。

　そして、同じことが音声的調整の -k 韻尾についても指摘できる。2章の広東語の音節構造の概略のところで述べたように、広東語には閉鎖音子音 [k] を韻尾に持つ閉音節がある。そのことにより、いくつかの韻腹については韻尾 /-k/ の有無が弁別的特徴を成す。例えば、"蝦" [ha:55]「えび」と "黑" [ha:k55]「黒」、あるいはまた "借" [tsɛ:33]「借りる」と "隻" [tsɛ:k33]「〜匹、〜つ［類別詞］」とは韻尾 -k の有無によって互いに区別される。このことが、文末助詞についても、多くの先行研究において例えばlaa3に対するlaak3のように、-k 付きのバリエーションを別の形式と認識させる原因になり、ひいては広東語の文末助詞の見かけ上の数を増やしているのだと考えられる。翻って、日本語では文末助詞の音調に「高い短促性のあるイントネーション」のタイプがあるとされるが（橋本 1992: 例（36）（37））、それが元の形式と別形式だとして区別されることはまずあり得ない。

（36）お断りだねっ。　　　　　　　　　　　（「言い放す「ね」」橋本 1992）

（37）お断りだよっ。

　以上のことをまとめると、広東語の文末助詞にかぶさる声調というのは、日本語の文末助詞にかぶさる音調と同じ性質のものであるということが言える。声調言語の１つであるラオ語についても、文末助詞の声調の実際の調型というのは通常の語と異なり、実現の仕方に自由度があり、語用論的な要請などから類像的に動機づけられ

ている可能性があると言われていること（Enfield 2007: 73）を考え併せるとこの見方はさらに説得力がある。

3.1.2.2.2　音調と意味の相関

前節では、広東語の文末助詞の「声調」というのは日本語の文末助詞の音調と同じ性質のものであるとの主張を述べたが、このことはさらに、文末助詞が伝達態度の標示を行うための語類である以上、両言語の文末助詞における音調と意味との相関の仕方には、言語の別を越えた共通性があるのではないかとの予測を生む。

しかしながら、現段階ではこの分野においては未だに十分な研究が行われておらず、本書でも詳細な分析を行う準備はない。そこで、以下ではいくつかの個別の意味領域の文末助詞を取り上げ、そこで観察される類似点を指摘するにとどめておく。

まず1つ目の類似点は、両言語において聞き手との共通認識形成、情報の一致形成に関わる意味を表す形式は、高い音域をとるということである。

広東語については本書で同意形成企図という伝達態度を表すとみなしたlaa1（C類自由形式）がこれに当たる。また、ze1（B類自由形式）も同意形成企図の伝達態度を含むと見られた（5章参照）。これらはいずれも第1声という高平ら調[55]を持つ。

(38) 大家　都　聽倒　　laa1。
　　　みんな　も　聞こえる

　　　〔皆さん聞こえたでしょう？〕

(39) 佢　淨係　得　　　個　樣　ze1。
　　　彼　だけ　しかない　CL　外見

　　　〔彼は見た目がいいだけでしょ？〕

2章で概説した広東語の声調調値を見るとわかるように、高平ら調[55]は初めから終わりまで最も高い音を保つ音調であり、高い音域をとることがわかる。

また、先述の通り、laa1やze1には高平ら調のほかに高下り調の変異形がある。これは聴覚的印象では[53]のような音調で、開始点はやはり高い音域をとる。

（40）大家都聽倒 laa1 ↘。

（41）佢淨係得個樣 ze1 ↘。

　一方の日本語の文末助詞について見ると、さしあたり「ね」が共通認識形成や情報一致形成といった意味領域の一部を担う形式と見なせる。「ね」の意味についてはこれまで非常に多くの研究があるが、聞き手目当ての伝達態度としては、聞き手と話し手の情報とが一致する見込みがあると示したり（森山 1989a）、〈協応的態度〉の標識（所与の情報に対して聞き手に同一の認知状態を持つことを求める態度）（神尾 1990: 71）、文の内容を何かと一致させながら聞き手に示す（聞き手の知識や意向との一致や話し手自身の記憶や結論との一致）（宮崎ほか 2002: 280–281）などと記述される。*12
このように、日本語では「ね」が聞き手との情報一致形成に関わる意味を表す形式と見てよいだろう。

　そして、「ね」は先述のように3種類の音調があり得るのであった。

（42）あなたが田中さんですね。　【疑問上昇】　　　（（24）再掲）

（43）今日はいい天気ですね。　　【アクセント上昇】

　さらに、（43）は上昇下降調で発音することも可能である。

（44）今日はいい天気ですね。　　【上昇下降】 *13

　このように、「ね」はいずれも上昇の要素を含んでおり、そのため、終点ないし一部が高音域に属している。*14

　そして、上で何度か触れた「ね」の上昇下降調の下降部（「長く急激な下降イントネーション」（橋本 1992））は、広東語の laa1、ze1 に見られる高下り調 [53] と聴覚印象的に酷似している。こうした高下り調がどういうニュアンスを表すのか現在のところ不明であるが、両言語に共通して見られる音調タイプの1つを成すことは興味深い。例えば、日本語の上昇下降調は他にも「な」や「よ」などの文末助詞に現われ（轟木 2008、2016）、広東語の高下り調は他にも ne1 や me1 といった第1声（高平ら調 [55]）の文末助詞に現われる。

　次に類似点が見られるのは、「受容」ないし「受け入れ」といった意味領域をカバーする文末助詞についてで、これらは両言語でい

ずれも低い音域の平坦ないし下降調となって現れる。

受容や受け入れといった伝達態度は、4章で論じたように、広東語では2つの形式によって表される。

1つはaa4で、本書4章で「聴取による受容」と見なした形式である。これは、対話相手（聞き手）が言った内容をどのように受け止めたかを示す。以下の例の下線部にあるlaa4は、lə-（「新事態としての位置付け」）にaa4が組み合わさった連鎖形式である。

(45) 阿水：我　決定　咗…　送　你　番　屋企 laa3, 兩點幾
　　　　　　私　決める［完了］送る あなた 帰る 家　SP　2時過ぎ

　　　　laa3 !
　　　　SP

　　　　〔家まで送ってやることに決めたよ。もう2時過ぎだよ！〕

　　阿煩：兩點幾　laa4？咁　　快　ge2？唔使　　送　laa3,
　　　　　2時過ぎ SP　そんな 早い SP　必要ない 送る SP

　　　　我搭　的士　　得 laa3 !
　　　　私 乗る タクシー OK SP

　　　　〔もう2時過ぎなんだ？ずいぶん早いなぁ。送らなくていいよ。タクシー乗ればいいから。〕　　　　　　（四：74）

もう1つ受容ないし受け入れといった意味を表す形式はwo4で、本書4章で「認識更新による受容」と定義した形式である。Lee and Law（2001）でも、話し手の知識貯蔵庫に元々無かった情報を示すと述べている。

(46) 原來　佢　　食　過　大麻　　wo4。
　　　なんだ 彼（女）食べる［経験］マリファナ SP

　　“(I discovered that) s/he tried marijuana before.”
　　〔なんと彼（女）はマリファナを吸ったことがあったんだ。〕
　　　　　　　　　　　　　　　　　　　　（Lee and Law 2001）

このように、広東語では受容の仕方によって異なる形式が用いられるが、いずれも受容という点では共通していた（4章参照）。そしてaa4もwo4もともに第4声すなわち、低下り調[21]をとる。これは初めから低く始まり低く終わる音調である。

一方の日本語においては、同様の意味領域をカバーする文末助詞としては、情報の受け入れを表す文に付される文末助詞「か」（森山1992のいう「疑問型情報受容文」の「か」）が挙げられる。こうした「か」は疑問上昇調ではなく、平坦調を取ることが知られている。「疑問型情報受容文」とは例えば以下のような例である（森山1992）。

（47）（勉強していて、ふと時計を見て）あ、<u>もう10時か。</u>

（48）「もう10時ですよ。」

　　　「ああ、<u>もう10時になりましたか。／なったのですか。</u>」

　後者の例（48）のように当該情報を他から伝達された用法（「伝達用法」森山1992）の場合は、聴取による受容を表す広東語のaa4（例（45））とかなり接近する。

　以上、個別の意味領域に絞って大雑把に見てきたが、音調と意味との相関の仕方が、言語の別を越えて広東語と日本語でかなり共通していることが窺われる。ただし、上で述べたことは、あくまで同意形成や情報一致を意図する文末助詞が高い音域と結びつき、受容の意味を表す文末助詞が低い音域と結びつくということであり、その逆ではないことに注意しなければならない。高い音域と結びつく形式は広東語の場合ほかにもいくつかある。そのうち、me1は高平ら [55] というよりは上昇調になる（Wu2008、2013）とされるが、驚きや不可思議さの表明という意味から高音域と結びついているのかもしれない。その他、低い音域にも受容の意味以外の形式（le4やlo4等）がある。このように、音調と意味の関連については両言語ともまだまだ精査すべき点が多い。

　しかしそれでも、全体として見れば、上昇調が聞き手反応を伺う意味、下降調が聞き手の反応を特に伺わない意味という、森山（1989a）が日本語の文末助詞について指摘する意味と音調の相関の傾向が広東語にも共通して見られることは否めない。少なくとも、上昇調が聞き手反応伺いとして働き、下降調が非聞き手反応伺いとして働き、その逆ではないという、意味と音調の相関の仕方は、言語の別を越えた普遍的な傾向ではないかと思われる。

3.2 文末助詞の使用の義務度

以上のように、広東語と日本語の文末助詞については、統語的、音韻的特徴の様々な面において偶然とは思えない類似点が見られた。

さらに両言語の文末助詞は対話での使用の義務度が高いという点でも非常に似ている。

先に述べたように広東語の対話では文末助詞の使用頻度が高い。その結果、逆に文末助詞が欠けた発話はしばしば不完全に響く。その典型的なケースが疑問文である。

広東語の疑問文には、yes-no（正反）疑問文、wh 疑問文、選択疑問文といった下位類型がある（3 章参照）が、いずれのタイプも文末に文末助詞が伴われるのが普通で、その際、特によく用いられるのが「聴取要請」の伝達態度を表す aa3（4 章参照）である。

(49) 買　咗　　個波　　未　　　aa3 ？
　　 買う〔完了〕CL ボール〔未実現〕

　　〔ボール買った？〕　　　　　　　　　　　　（Kwok 1984 : 71）

(50) 我哋　幾時　去　　aa3 ？
　　 私達　いつ　行く

　　〔私達いつ行くの？〕　　　　　　　　　　　（Kwok 1984 : 72）

(51) 男仔　　定　　　　女仔　aa3 ？
　　 男の子　それとも　女の子

　　〔男の子？それとも女の子？〕

こうした疑問文における aa3 は文法構造的にはなくても問題ないのであるが、ないとぶっきらぼうに響いてしまう（張洪年 1972 : 176、Kwok1984 : 71）。

これは疑問文が表す標準的な発話行為が「質問」であり、よって、典型的には聞き手からの明示的な反応を要求するという点でとりわけ聞き手目当て性が高いため、伝達態度を欠くと不適切になってしまうからであろう。

他方、日本語についても、対話における文末助詞の義務性について様々な研究で指摘されている。例えば、メイナード（1992 : 120–121）、井出・櫻井（1997）には英語と比べた時の日本語の文末助詞の使用の義務性が挙げられている。また、日本語記述文法の立場

からも、自然会話のデータを例に、文末助詞が用いられないと不自然な会話になるということが指摘されている（宮崎ほか2002：261）。

　むろん、日本語においても、文末助詞ではなく文末のイントネーションが伝達態度を担ったり、あるいは普通体スタイルで独話的な場合は「裸の文末形式」（すなわち、文末助詞がつかない形式）が用いられる傾向があったり（上原・福島2004）するなど、必ずしも文末助詞が義務的というわけではない。しかし、日本語においても、独話ではなく対話の文では文末助詞の使用の義務度が比較的高い。その裏返しとして、先に見た広東語の場合と同様、文ごとに文末助詞を生起させても不自然にならないという事実が指摘できる。

　試みに先の広東語例文の筆者による日本語訳を見よう。上述のように、独話の場合や文末イントネーションで伝達態度を表す場合は付けない方が自然なこともある。しかし、そうしたケースを除けば、1つ1つの文ごとに文末助詞を付けても、日本語として特に違和感はない。

(52)阿煩：もういいわよ、ねえ、陳占、私ここでバス待つから、
　　　　　帰りなさいよ。
　　　陳占：いいよ、俺、別にやることなんかないしさ、一緒にバ
　　　　　ス待っててやるよ。
　　　阿煩：土曜の夜よ。やることないの？
　　　陳占：ないさ…。なあ？
　　　阿煩：あら？バスが来たわ。
　　　陳占：小銭あんのか？
　　　阿煩：オクトパス持ってるわ。
　　　陳占：ならいいや。またな！
　　　阿煩：誰かと付き合ってるの？今。
　　　陳占：俺？　（まあ）いる…かな…
　　　阿煩：私もいるの……。バス、乗るね。じゃあね！
　　　陳占：じゃあな。

ただし、広東語と異なり、日本語の場合は、文末助詞により伝達態度だけでなく話し手の性別も示される。この例では陳占は男性で、

262

阿煩は女性であることが人物名を見なくてもすぐに見て取れる。この例で用いられた文末助詞のうち、「わ」は若い世代では使用が少なくなっているとも言われる（日本語記述文法研究会2003: 253）。したがって、現実にこのような発話の仕方をする人は多くないかもしれない。

　しかし、だからと言って文末助詞を削除し裸の文末形式にするとやはり不適切になってしまう。

　したがって、現実の日本語では、以下のように、文末助詞の代わりに接続助詞や名詞化標識に由来する文末表現が使われる方が自然かもしれない。

(53)阿煩：いい<u>よ</u>、ねえ、陳占、私ここでバス待つ<u>から</u>。帰りな<u>よ</u>。

　　陳占：いい<u>よ</u>、俺、別にやることなんかない<u>し</u>。一緒にバス
　　　　　待っててやる<u>よ</u>。

　　阿煩：土曜の夜だ<u>よ</u>。やることない<u>わけ</u>？

　　陳占：ない<u>けど</u>…ねえ？

　　阿煩：あれ？バスが来た。

　　陳占：小銭ある？

　　阿煩：オクトパスある<u>から</u>。

　　陳占：ならいい<u>や</u>。また！

　　阿煩：誰かと付き合ってる？今。

　　陳占：俺？　いる…<u>けど</u>…

　　阿煩：私もいる<u>んだ</u>……。バス、乗る<u>ね</u>。じゃあ！

　　陳占：じゃあ<u>な</u>。

日本語では文末助詞以外にもこうした疑似的文末助詞が発達しており、裸の文末を避けることができる。これらの疑似的文末助詞は本来は接続助詞や名詞化標識であり、伝達態度を専ら表すものではない。しかし、接続助詞で終結する文を包括的に分析した白川（2009）は、「けど」、「から」による「言いさし表現」にも聞き手の認識状況に配慮しながら命題内容を提示する対人的態度表明の機能を見い出している（白川2009: 170）。また、小野寺（2017a）も「言いさし」（「し」）や「名詞化節」（「こと」）に対して同様に聞き手配慮の語用論的機能があると見ている。このように、これらの

第9章　文末助詞の位置付け　　263

疑似的文末助詞も聞き手目当てないし対人的態度表明の機能を獲得してきているとも言える。

　同じように、広東語でも、文法化型の周辺形式が、裸の文末を避ける効果を持っている。例えば、7章で議論した"先"、"添"は、文末において中心形式を欠き、そのままでは座りが悪いところへその代わりを果たすことがある。以下の例ではそれぞれ"先"、"添"を省くと不自然になる。

(54)李：排 完 舞　　　　　之後　就 Book　laa3！
　　　　リハーサル–終わる　〜の後　予約する SP

　　　　〔リハーサルが終わったら（チケット）予約するわ。〕

　　陳：好　aa1,　返　香港 返　香港。
　　　　よい SP　帰る 香港 帰る 香港

　　　　〔いいね。香港に帰国だ〜！〕

　　李：買　張 頭等　　　　　　先。
　　　　買う CL ファーストクラス

　　　　〔ファーストクラスを買おうっと。〕　　　　　　　　(19:206)

(55)Tony：咁　　　耐　　ge2。
　　　　　こんな 長い時間 SP

　　　　〔ずいぶん長いなぁ。〕

　　何生：等　吓 laa1,　唔　係　好　　耐,　　幾分鐘
　　　　　待つ CL SP　[否定] 〜だ とても 長い時間 数分

　　　　ze1。
　　　　SP

　　　　〔もうちょっと待って。そんなに長くない。数分じゃない？〕

　　Tony：我 以為 等 咗　三個鐘 添。
　　　　　私 思う 待つ [完了] 3時間

　　　　〔3時間待ったかと思ったよ。〕　　　　　　　　　(冬瓜:26)

　これら周辺形式のここでの用法はそれぞれ"先2"「動作の優先的実行」、"添3"「予定外の事態発生」に当たり、特に前者の方は文末助詞に完全になりきれていない用法である（7章）。したがって、8章で述べたように、これらはあくまでもそれぞれの由来語の

意味を引き継いだ上記の意味の標示を中心機能とするが、同時に伝達態度（ただし独話的伝え方）を付随的に表すことで、裸の文末を防ぐ効果を果たしていると見られる。*15

このように、両言語において、裸の文末を防ぐ疑似的文末助詞（周辺形式）が中心的文末助詞（中心形式）の代わりを務める要素として機能しているのも、文ごとに伝達態度を標示することがあたかも文法規則の一部のように相当程度義務的になっているがゆえに、対話において文末に何も生起しないのは不完全に響いてしまうからではないかと思われる。いわば、文末に伝達態度標示のためのスロットができてしまっているため、そこに新たな疑似的文末助詞が入り込みやすい素地ができているのである。*16

既に述べた通り、広東語と日本語とでは様々な点で言語類型が異なっている。周辺形式ないし疑似的文末助詞の起源が異なるのはその反映の1つである。にもかかわらず、全体として見た時には、伝達態度標示の義務度が非常に高いという共通点が見られる。

4. 言語横断的研究への示唆

前節では、広東語の文末助詞と日本語の文末助詞とは、言語系統や類型が異なるにもかかわらず、伝達態度の表し分けを行う文法的手段である文末助詞が発達しており、統語的、音韻的特徴において、互いに偶然とは思えない多くの類似性を見せることを指摘した。また、広東語と日本語では文ごとの伝達態度の標示が可能かつ義務度が高いことを述べた。

他方で、1章で述べたように、文末助詞というのはこれら2つの言語だけに見られる語類というわけではない。そこで、以下ではさらに視野を広げて、文末助詞という語類が持つ一般言語学的な意味合いを模索してみたい。

4.1 共時的な視点から

1章で述べたように、近年では、周辺部（periphery）の研究の高まりと相まって、ヨーロッパ言語も含めた様々な言語における文

末助詞ないし終助詞に関する言語横断的な視点からの考察が海外で出てきている（Hancil et al.2015b）。しかし、共時的に見た場合、1つの語類として確立した言語カテゴリーである広東語や日本語など「アジア言語の終助詞」とヨーロッパ言語などの終助詞的形式とを同列に扱うことには慎重であるべきという問題提起を行った。

　振り返って、本章における広東語と日本語の文末助詞の共通性に関する議論を見て来ると、やはり広東語や日本語のような言語の文末助詞については、ヨーロッパ言語の終助詞的形式とは大きな違いが存在することが見て取れる。すなわち、節への統合度の高い、第一義的に文末に現れる形式であり、限られた成員からなる閉じた集合を形成し、文ごとに生起が可能という点で、質的な違いが存在する。

　したがって、広東語や日本語の文末助詞は、こうした「ヨーロッパ言語の終助詞」とはにわかに同一視せず、Chappell and Peyraube（2016）のように、東アジア・東南アジアという言語地域（linguistic area）に特有の言語カテゴリーと当面位置付けておくのがよいと考える。この言語地域の言語は、広東語と日本語がそうであるように、統語論、形態論、音韻論などの類型において必ずしも一致していない。にもかかわらず、文末助詞という語類を言語横断的に共有している。*17 このように、東アジア・東南アジア言語地域において文末助詞という語類が広く見られるということは、伝達態度標示の文法化が1つの地域特徴を成している可能性を示唆するものである。

　このように言語系統や類型の別を越えて特定の言語地域に特有の言語カテゴリーを形成する例は色々ある。文末助詞と機能的に近いものでは、例えば、南米・北米のインディアン言語、コーカサス言語、チベット・ビルマ諸語に頻繁に見られる証拠性（evidentiality）標識（Aikhenvald 2004）や、またあるいは、ドイツ語、オランダ語、エストニア語、フィンランド語などに見られる心態詞（modal particle）（Degand, Cornillie and Pietrandrea 2013）が挙げられよう。

4.2 通時的な視点から

　前節では、共時的な視点からすると、広東語や日本語を含む東アジア・東南アジア言語における、語類として確立した文末助詞とヨーロッパ言語における「終助詞」とはひとまず区別すべきという考え方を提出した。

　しかしながら、本書では両者の間に全く関連性を見出していないわけではない。それどころか、共時的な終助詞現象が、通時的な変化の結果、語類としての文末助詞の発生につながるかもしれないという点で、両者の間には連続性があると考える。すなわち、広東語や日本語など東アジア・東南アジア言語における文末助詞も、元来は非終了位置に出現する言語形式が発話の終了位置（右の周辺部）に出現し、それがさらに文法化することによってできたのかもしれない。

　実際、文末助詞の発生についてそうした経路を想定する見解が、広東語でも日本語でもある。

　広東語については例えば、Yap, Yang and Wong（2014）ではwo5 並びに wo3 が、"（人哋）話"（(yan4dei6) waa6)「（人々が）言うには」という「主語＋発話動詞」構造の文末（右の周辺部）への右方転移、そして前に来る補文節との統合が起こったことによって生じたものであると述べられている。*18 また、別の文末助詞gwaa3 については、過去の広東語教科書である Chao（1947 : 110）が "估"（gu2）＋"呀"（aa3）の融合したものと解釈しており、実際、広東語の歴史文献資料にはそのように表記する例があるという。*19 ここで出て来る "估 aa3"「（私は）推測するんですよ」は「思考動詞＋文末助詞」の構造であり、後にそれ全体が文末に右方転移されたという解釈である。

　一方、日本語については、例えば藤原（1953）が日本語の様々な方言における文末助詞の由来を類型化しているが、そこでは動詞「来い」や代名詞「ワレ」系（標準語や近畿方言の「わ」の由来）が文末で定着したと思しき文末助詞が多数挙げられている。

　こうした通時的変化に関する主張の是非を判断することは本書の射程を越えるが、もしこれらが妥当なものだとしたら、広東語を含

めた中国語方言及び日本語でもヨーロッパ言語の終助詞現象に類似するプロセスから文末助詞が発生したということになる。そうすると、広東語や日本語などの「アジア言語の終助詞」と先述の「ヨーロッパ言語の終助詞」とはさほど異質なものではないということになる。

5. 本章のまとめ

本章では広東語の文末助詞という語類について、広東語という個別言語の文法体系内においてと、言語横断的な視点の両面からの位置付けを検討した。

まず、広東語の文法体系内において、文末助詞は伝達態度の標示を本質的機能とする語類であると述べた。そして、付加疑問形式や、談話標識、文末イントネーションなど、同じく伝達態度を表すと見られる他の言語手段と比べて、①節への統合度の高い形式であり、②限られた成員からなる閉じた集合を成し、③文ごとに生起が可能という点で、違いが存在すると述べた。すなわち、文末助詞はこれらと異なり文法化度の高い言語カテゴリーである。

次に、言語横断的に文末助詞を位置付けるべく、言語の系統や類型を異にする日本語の文末助詞と対照し、いくつかの類似点を明らかにした。すなわち、統語的には文末以外にも一定の伝達内容を持つ語、句や従属節末尾といった文中位置にも生起すること、音韻的には、多くが聞こえ度の高い母音を持つ開音節であること、音調の類型や音調と意味の相関に共通の傾向が観察されることなど、いずれも伝達態度を文法化した語類であるがゆえの偶然とは見なしがたい共通点が挙げられた。また、対話における使用頻度の高さという点でも共通点が見られた。

このように、広東語と日本語はいずれも文ごとの伝達態度の標示が半ば義務的な、高度に伝達態度を文法化させた言語であり、文末助詞はその文法的手段として存在していることを主張した。

最後に、本書が持ち得る、広東語と日本語以外の諸言語を視野に入れた文末助詞・終助詞の言語横断的研究への示唆を述べた。

＊1　むろん、こうした位置付け方ばかりではない。共通語に関しても、文末助詞の機能として間主観的態度の表明を主眼に置いた徐晶凝（2008）は本書の位置付け方と近い。

＊2　談話標識の代表的研究としてはSchiffrin（1987）やFraser（1996）などを参照。談話標識は、それぞれの研究者の問題意識、アプローチによって他にも語用標識（pragmatic marker）あるいは談話辞（discourse particle）といったように、名称や定義が様々に異なり、具体的な形式も様々に異なる。

＊3　文末イントネーションの類型化や意味記述は広東語ではそれほど進んでいないが、代表的なものに郭張凱倫・陸鏡光（1986）、麦耘（1998）、Fox, Luke and Nancarrow（2008）がある。

＊4　このほかにne1①（4章参照）も頻繁に文中の語句の末尾に生起するが、こちらは文末用法との関連が不明なため、ここでは挙げないでおく。

＊5　日本語の「ね」（とそのグループ（「な、のう」））については、Onodera（2004）で通時的に文末助詞から文中助詞そして談話標識への文法化のプロセスが述べられている。

＊6　文末助詞に [u] という母音が現れないわけではない。例えば、lu3 という形式の存在が時折言及されるが、これは laa3（B類自由形式：5章参照）の持つ [a] 母音が梁仲森（1992: 128）の言うように円唇化・中央化してできた自由変異形である。

＊7　ちなみに、中国語共通語の基礎方言である北京語についても似た状況である。韻母は /a, o, e/（ただし韻母 /e/ は音声的には広東語や日本語のそれとかなり異なる）に偏っている。

＊8　藤原（1990: 20）も、日本語の方言の文末助詞を例に「より広い母音の方が、よりけざやかに、相手への訴えの効果を発揮するのではないでしょうか」と述べている。

＊9　声調言語であっても文末助詞が声調を持つとして記述されるとは限らない。例えば、北京語は声調言語であるが、文末助詞には固定した声調はなく軽声となる。

＊10　日本語の文末助詞にかぶさる音調については、その表現機能を文末助詞の付かない文の文末音調とは区別するべきという考え方が郡（2003）で提出されている。

＊11　小山（1997）は「よ」に対して、このほかに昇調よりも継続時間がさらに長い、話し手の強い疑念を表す降昇調という音調を見い出している。

　（例）ねえ、お鍋ふいてるよ。

　これは轟木（2008）では平坦調の変異形の1種として扱われている音調であると思われるので、ここでは特に別の音調としては立てなかった。

＊12　一方で、そもそも「ね」の意味を聞き手目当ての伝達態度に着目せず説明する先行研究もある。そうした「ね」の研究史の概観は宮崎（2005: 134）を参照されたい。

＊13　轟木（2008）によると、上昇下降調の上昇部はアクセント上昇のような上昇であるという。

＊14　「ね」が平坦調や下降調とは結びつかないわけではないが（犬飼2001、

森山2001など参照)、その場合は「返答を待つまでもない」(犬飼2001)、「聞き手の反応を伺おうとしない」(森山2001)といったニュアンスになる。

＊15　なお、この例のように、周辺形式"先"、"添"は文末に位置した場合、高下り調を伴うのが普通であり、その意味では、ここでは音調(文末イントネーション)が伝達態度を分担しているとも言える。

＊16　Yap, Yang and Wong (2014) では広東語について、同様の趣旨のことが指摘されている。

＊17　むろん、単に地理的な分布を言っているのではない。東アジア・東南アジアに分布する言語であっても、語類としての文末助詞を持たない言語はある。

＊18　広東語のwo3、wo5の由来についてはLeung (2010) の通時的考察も参照。

＊19　竹越美奈子さんのご指摘による。

第 10 章
結論

1. 本書の見解の総括

本書は、中国語主要方言の 1 つである広東語の文末助詞について、包括的・体系的記述を行い、さらに文末助詞という語類を言語横断的視点も交えつつ位置付けることを目指したものである。

2 章では広東語という言語についての概要を述べた後、広東語文末助詞の研究史を概観し、具体的に以下のような未解決の問題に取りくむ必要があることを述べた。

①広東語の文末助詞の体系分析
②個々の文末助詞の意味記述
③文末助詞という語類の位置付け

このうち①の問題に取りくんだのが 3 章と 8 章である。②の問題は 4 章から 7 章で取り上げ、③の問題は 9 章で取り組んだ。以下では、問題ごとに本書の見解を総括しておく。

1.1 文末助詞の体系分析

まず、①の問題について本書の見解を述べる。

広東語の文末助詞は夥しい数があるように思えるが、無秩序に存在しているわけではなく、そこには一定の体系性がある。そこで 3 章では形態統語的振る舞いや音韻的特徴に基づき体系の整理を行った。

まず、必要なこととして、文末助詞を中心形式と周辺形式とに分けた。中心形式は、体系の中核を構成するメンバーを指す。これらはいずれも語彙的意味の由来を辿ることが不可能で、統語的配列が厳格に固定されている。

次に、中心形式について、連用現象を手掛かりに体系を整理し、

271

以下のような本書独自の解釈を提示した。

表1　本書による文末助詞中心形式の体系分析

A類	B類	C類	音声的調整
gə-	lə-	aa3 wo3 me1 aa1maa3 laa1 lo1	[-k (ʔ)] [＼]（高下り音調） ([a] 母音中央化) など
	zə-	aa4 wo5 gwaa3　　など	
	laa3 lo3		
	ze1		
ge3			

　本書の分析の最大の特色は、文末助詞の連用を自由形式が連続的に生起したものと見ないことで、非終止位置に生起するのは自立性を喪失した接辞的な拘束形式と見る点である。すなわち、文末助詞連鎖は終止位置の自由形式を語根として、前方の非終止位置に拘束形式が接頭辞として付加された形態論的結合と見る（表2参照）。拘束形式はあいまい母音 [ə] と中音域 [3] の高さを既定値として持つ軽声音節である。

表2　文末助詞連鎖の可能なパターンとその一例
（1）A類＋B類＋C類：　gə-lə-me1
（2）B類＋C類：　　　　lə-wo3
（3）A類＋C類：　　　　gə-laa1
（4）A類＋B類：　　　　gə-ze1

　そして、A～Cの各類の類固有の意味については、4～6章での意味分析（次節で後述）を積み上げた結果、A類は〈恒常化〉、B類は〈相対定位〉、そしてC類は各種の〈伝達態度〉であると考えた。
　しかしながら、5、6章におけるB類、A類の意味分析を経た結

果、この両類の自由形式は、類固有の意味のほかに〈伝達態度〉をも融合的に含むかばん形態素であることがわかった。であるならば、上述表2のいかなる連鎖パターンも、〈伝達態度〉が含まれているということになり、意味的観点からは別の一般化ができる。

そこで、8章では中心形式の体系に対し意味の観点から捉え直しを行った。その結果は以下の2点である。

1. 文末助詞中心形式は〈時間的安定性〉、〈相対定位〉、〈伝達態度〉の3つの範疇からなる。3つの範疇の配列は、節に近い2つの範疇が事態構成に関係する作用を担い、節から遠く発話終了位置を占める範疇が伝達内容の表出段階の作用、典型的には聞き手目当てないし対人的作用を担うという配列になっており、発話産出プロセスと類像性を持つ。

2. 文末助詞中心形式は、単用・連用のいずれの場合にも、全て〈伝達態度〉が含まれる。これが意味することは、広東語の文末助詞中心形式は〈伝達態度〉の表出を本質的機能とするということである。

以上が文末助詞の中心形式の体系に関する分析であるが、このほかに周辺形式があった。周辺形式のうち語彙的意味を持つ内容語に由来する「文法化型」の代表が"添"及び"先"である。これらは文法化の段階によりいくつかの異なる用法が区別されるが、文法化がより進んだ用法については、統語的配列の点で、中心形式のパラダイムへの浸食が見られた。

しかしながら、全体として見ると、周辺形式の文末助詞は類としてのまとまりはなく、意味についても、中心形式と異なり、伝達態度は付随的に獲得された意味であると見られた。

1.2　個々の文末助詞の意味記述

続いて、②の問題「個々の文末助詞の意味記述」について総括する。この問題に対しては、統語的な配列とは逆に、最も最後尾に位置するC類から順に、本書の4章から7章において取り組んだ。いずれもコーパスを利用し言語事実を丹念に拾いあげながら、多義的形式については複数の意味・用法を統一的に説明できるような記述

を心がけた。

　4章ではC類の個々の形式の意味を分析し、その結果を積み上げてC類の類共通の意味を〈伝達態度〉であると見なした。本書でいうところの伝達態度とは、節が表す伝達内容を話し手が発話場においてどのようなものとして表出・伝達しようとしているのかという態度や方略を総称したものでかなり広いが、中心となるのは聞き手目当ての態度である。

　C類は夥しい数の形式が含まれ、その中には音韻形態や意味の類似するものが多いことから、それらをなるべく互いに関連付けながら意味分析を行った。その結果、まず、専ら聞き手への伝達の仕方を表し分ける形式が取り出され、それらは一方向型の伝達を行うタイプ（aa3、wo3）と同意形成型の伝達を行うタイプ（laa1、lo1）とに区別された。そして、これらの形式と音韻形態や意味の上で類似するいくつかの形式（aa4やwo4、aa1など）の意味を、これらと関連付けて分析した。

　C類には他に、伝達態度とともに対命題的態度をも同時に含むいくつかの形式（aa1maa3、gwaa3など）が見出された。そのほか、上記のタイプには収まらないいくつかの形式もあるが、それらについては個別に伝達態度を記述した。

　5章ではB類に属す諸形式が共通に表す意味の分析を行った。すなわち、拘束形式lə-/zə-及び自由形式（laa3、lo3、ze1）が共通に持つ意味である。この結果、この類はいずれも所与の事態に対し他の事態と比べたときの相対的な位置付けを与える〈相対定位〉という類共通の意味が抽出された。これには、時間軸を背景にした定位と、序列を背景にした定位の2種類がある。前者はl系形式（lə-、laa3、lo3）によって表される「新事態としての位置付け」で、後者はz系形式（zə-、ze1）によって表される「低ランク事態としての位置付け」である。なお、いずれのタイプにも、基本的用法のほかに、様々な拡張的用法が認められる。

　6章ではA類に属す形式が共通に表す意味の分析を行った。すなわち、拘束形式gə-及び自由形式ge3が共通に持つ意味である。その結果、この類の共通の意味は事態の「恒常化」であると結論付け

274

た。そしてこの意味は、その由来となる構造助詞"嘅"(ge3)の名詞化の機能が節の表す事態目当てに発揮されるようになったもので、それにより事態を時間的に安定した恒常的に成立するような性質のものに変える働きを持つに至ったと考えた。すなわち、8章での再解釈を取り入れてより正確に言えば、A類の共通の意味は〈時間的安定性〉という範疇における「恒常化」の値を表すことである。

7章では文法化型の周辺形式をいくつか取り上げ、意味分析を行った。ここではまず、"添"(tim1)と"先"(sin1)を詳細に分析した。いずれもそれぞれ「追加する」、「先に」という元の語彙的意味を何らかの点で引き継ぎながら、文法化・機能拡張しており、その段階ごとで異なる用法を持つ多義形式である。"添"には「動作の追加」、「事態の追加」、「予定外の事態発生」、「指令の追加」という用法が区別され、"先"には「事態の先行発生」、「動作の優先的実行」、「返答の優先的実行」という用法が区別された。そのほか、文法化型周辺形式として動詞"話""話す"に由来すると思しき"話"(waa2)、及び構造助詞"嘅"(ge3)に由来すると思しきge2を取り上げ、意味を記述した。

1.3 文末助詞という語類の位置付け

本書のもう1つの問いである③「文末助詞という語類の位置付け」については9章でまとめて論じた。

この問いについては、広東語という個別言語の文法体系内においてと、言語横断的な視野の下の両面から検討を行った。

まず、広東語の文法体系内においての位置付けを以下のように考えた。先の①「体系分析」の結果から、伝達態度の表し分けこそが文末助詞の本質的機能であると結論付けたが、他にも談話標識や文末イントネーションなど、同じく伝達態度を表すと見られる隣接カテゴリーがある。しかし、文末助詞はそれらと比べて、①節への統合度が高く、②限られた成員からなる閉じた集合を成し、③文ごとに生起が可能という点で違いが存在する。すなわち、文末助詞は文法化度の高い言語カテゴリーである。

次に、言語横断的に文末助詞を位置付けるべく、言語の系統や類

型を異にする日本語の文末助詞と対照し、いくつかの偶然とは見なし難い共通点を指摘した。すなわち、文末以外でも一定の伝達内容を持つ語、句や従属節末尾といった位置に生起し得るという統語的特徴、聞こえ度が高い母音を持つ開音節であることや、音調の類型や音調と意味の相関に共通の傾向が観察されることといった音韻的特徴である。これらはいずれも伝達態度を文法化した語類であるがゆえの特徴であり、したがってこのように言語の別を越えて見られても不思議ではない。また、両言語では、対話における使用の義務度の高さという点でも共通点が指摘できる。

このようなことから、広東語と日本語はいずれも文ごとの伝達態度の標示が半ば義務的な、高度に伝達態度を文法化させた言語であり、文末助詞はその文法的手段として存在していることを主張した。

最後に、広東語と日本語以外の諸言語を視野に入れた文末助詞・終助詞に関する言語横断的研究への本書の示唆を述べた。

近年、ヨーロッパ言語も含めて「終助詞」という通言語的に有効なカテゴリーを定義付けようという潮流がある（Hancil et al.2015a）。しかし、そこで論じられている「終助詞」という言語カテゴリーは、本来、文末に生起するものではない言語形式が発話の終了位置に出現し手続き的意味を持つようになった現象を指し、広東語や日本語のような、高度に文法化された伝達態度の標示手段である文末助詞とはかなり異なる。広東語や日本語の文末助詞は、むしろ、東南アジアのいくつかの言語に見られる文末助詞と近く、このような〈伝達態度〉標示の文法化という現象が1つの地域特徴を成している可能性がある。したがって、本書の知見は、共時的な観点からは、東アジア・東南アジア言語の文末助詞に対し、いわゆる「終助詞」現象とは異なる独自の位置付けを与えるべきだという提案を行い、そのための材料を提供するものである。

他方で、通時的に見た場合、広東語や日本語の文末助詞も、現在のヨーロッパ言語に見られる「終助詞」現象のような右方転移を経て文法化されてきたものである可能性がある。その意味では、両者の間には根本的な差異があるというのではなく、連続的なものとして捉えることが可能であり、本書の研究は先の通言語的な「終助

詞」研究を補完こそするものの、否定するものではない。

「終助詞」研究は、文末位置に特別な意義を認め着目しているという点で、歴史語用論や談話研究で昨今研究が進んでいる右の周辺部に関する言語横断的研究の1つとして位置付けられる（澤田・小野寺・東泉2017参照）。そこでは例えば左の周辺部と右の周辺部とではどういった差があるのか、といった興味深い問いが言語横断的に探究されているが（特にBeeching and Detges 2014）、右の周辺部で働く文末助詞について広東語を例に包括的に論じた本書がこれらの探究が導く一般化に対して有用な知見を提供できれば幸いである。

2.　本書の課題と今後の展望

次に本書の課題を述べる。

本書は広東語の文末助詞をなるべく体系的に取り上げようとしたため、細部については行きとどかない面がある。例えば、先行研究で取り上げられている広東語の文末助詞の全てを分析できたわけではない。その意味で、包括的記述にはなっていないため、今後はさらに意味記述を充実させていく必要がある。

また、広東語の文末助詞の体系及び個々の形式の分析においては、専ら共時的側面に着目しており、通時的視点が欠けている。特に、C類wo系の形式の意味分析がそうであるが、全般的に、通時的変化を扱った他の研究（張洪年2009、Leung2010、Yap, Yang and Wong2014など）が明らかにするような歴史資料における言語事実との整合性が問われるであろう。

最後に、伝達態度の文法化という現象に関する言語横断的見解についても、日本語しか取り上げられておらず、現状では一般化に耐えうるものではないかもしれない。例えば身近なところでは、日本語と類型の近い韓国語の状況はよくわからない。今後、東アジアや東南アジア、さらにはその他の言語における文末助詞との本格的な言語横断的比較対照が待たれる。

参考文献及び例文出典一覧

参考文献

〈日本語文献〉

安達太郎　1999『日本語疑問文における判断の諸相』東京：くろしお出版.

遠藤喜雄　2014『日本語カートグラフィー序説』東京：ひつじ書房.

藤原与一　1953「日本語表現法の文末助詞―その存立と生成―」『国語学』11, 64–74.

藤原与一　1990『文末詞の言語学』東京：三弥井書店.

藤原与一　1993『言語類型論と文末詞』東京：三弥井書店.

橋本修　1992「終助詞「ね」の、意味の型とイントネーションの型―長く急激な下降イントネーションの解釈を中心に―」『日本語学』Vol.11, No.12, 89–97.

井出祥子・櫻井千佳子　1997「視点とモダリティの言語行動」田窪行則（編）『視点と言語行動』, 119–153. くろしお出版.

飯田真紀　2016「広東語の文末助詞aa1maa3の意味変化」日本言語学会第153回大会（2016年12月3日，福岡大学）.

飯田真紀　2018b「広東語の文末助詞連鎖の形態論的分析」『ことばとそのひろがり(6)―島津幸子教授追悼論集―』, 31–58. 立命館大学法学会.

井上優　1993「発話における「タイミング考慮」と「矛盾考慮」―命令文・依頼文を例に―」『研究報告集』14, 333–360. 国立国語研究所.

井上優・黄麗華　1996「日本語と中国語の真偽疑問文」『国語学』184号, 93–106.

犬飼隆　2001「低く短く付く終助詞「ね」」音声文法研究会（編）『文法と音声III』, 17–29. くろしお出版.

神尾昭雄　1990『情報のなわ張り理論』東京：大修館書店.

木村英樹　1982「テンス・アスペクト―中国語」森岡健二ほか（編）『講座日本語学11　外国語との対照II』, 19–39. 明治書院.

木村英樹　2006「「持続」・「完了」の視点を越えて―北京官話における「実存相」の提案―」『日本語文法』6巻2号, 45–61.

木村英樹・森山卓郎　1992「聞き手情報配慮と文末形式―日中両語を対照して」大河内康憲（編）『日本語と中国語の対照研究論文集（下）』, 3–48. くろしお出版.

郡史郎　2003「イントネーション」上野善道（編）『朝倉日本語講座3　音声・音韻』, 109–131. 朝倉書店.

小山哲春　1997「文末詞と文末イントネーション」音声文法研究会（編）『文法と音声』, 97–119. くろしお出版.

メイナード，泉子・K. 1992『会話分析』東京：くろしお出版.

宮崎和人　2005『現代日本語の疑問表現　疑いと確認要求』東京：ひつじ書房.

宮崎和人・安達太郎・野田春美・高梨信乃　2002『モダリティ』（新日本語選書）東京：くろしお出版.

森山卓郎　1989a「文の意味とイントネーション」宮地裕（編）『講座日本語と日本語教育1　日本語学要説』, 172–196. 明治書院.

森山卓郎　1989b「認識のムードとその周辺」仁田義雄・益岡隆志（編）『日本語のモダリティ』, 57–120. くろしお出版.

森山卓郎　1992「疑問型情報受容文をめぐって」『語文』59, 35–44.

森山卓郎　1997「「独り言」をめぐって―思考の言語と伝達の言語」川端善明・仁田義雄（編）『日本語文法　体系と方法』, 173–188. ひつじ書房.

森山卓郎　2001「終助詞「ね」のイントネーション―修正イントネーション制約の試み―」音声文法研究会（編）『文法と音声III』, 31–54. くろしお出版.

日本語記述文法研究会　2003『現代日本語文法4　第8部　モダリティ』東京：くろしお出版.

上神忠彦　1968「文末語気助詞類内連用のきまりについて」『中国語学』179, 1–8.

小野寺典子　2017a「語用論的調節・文法化・構文化の起きる周辺部―「こと」の発達を例に」小野寺典子（編）『発話のはじめと終わり―語用論的調節のなされる場所』, 99–117. ひつじ書房.

小野寺典子（編）　2017b『発話のはじめと終わり―語用論的調節のなされる場所』東京：ひつじ書房.

大島デイヴィッド義和　2013「日本語におけるイントネーション型と終助詞機能の相関について」『国際開発研究フォーラム』43, 47–63.

定延利之　2002「時間から空間へ？―〈空間的分布を表す時間語彙〉をめぐって」生越直樹（編）『シリーズ言語科学4　対照言語学』, 183–215. 東京大学出版会.

澤田淳・小野寺典子・東泉裕子　2017「周辺部研究の基礎知識」小野寺典子（編）『発話のはじめと終わり―語用論的調節のなされる場所』, 3–51. ひつじ書房.

白川博之　2009『「言いさし文」の研究』東京：くろしお出版.

曹泰和　2000「反語文の"不是…（吗）？"について―日本語と比較しながら―」『中国語学』247, 311–327.

杉村博文　1982「"是…的"―中国語の「のだ」の文」森岡健二ほか（編）『講座日本語学12　外国語との対照III』, 155–172. 明治書院.

轟木靖子　2008「東京語の終助詞の音調と機能の対応について―内省による考察―」近畿音声言語研究会（編）『音声言語VI』, 5–28.

轟木靖子　2016「終助詞の音調の記述方法について」『日本語学』通巻459号, 12–23.

上原聡・福島悦子　2004「自然談話における「裸の文末形式」の機能と用法」

日本語教育論集『世界の日本語教育』14, 109–123.

山口治彦　2009『明晰な引用，しなやかな引用―話法の日英対照研究―』東京：くろしお出版.

好井裕明・山田富秋・西阪仰（編）　1999『会話分析への招待』京都：世界思想社.

〈中国語文献〉

曹志耘（主編）　2008《汉语方言地图集》（第2版）北京：商务印书馆.

鄧思穎　2002〈粤語句末助詞的不對稱分布〉,《中國語文研究》第2期，75–84.

邓思颖　2006〈粤语疑问句末"先"字的句法特点〉,《中国语文》第3期，225–232.

鄧思穎　2015《粤語語法講義》香港：商務印書館.

丁恒顺　1985〈语气词的连用〉,《语言教学与研究》第3期，34–40.

饭田真纪　2015〈粤语句末助词"嘅ge2"的两种功能和交互主观化现象〉,孙景涛・姚玉敏（主编）《第十八届国际粤方言研讨会论文集》，113–127.　暨南大学出版社.

饭田真纪　2017〈粤语句末助词"嘅"ge2的语义和语法化途径〉,《中国语文》第4期，421–437.

飯田真紀　2018a〈粤語句末助詞gE2的語義和語義變化〉,《中國語文通訊》，第二十屆國際粤方言研討會特刊，65–77.

方小燕　2003《广州方言句末语气助词》广州：暨南大学出版社.

馮淑儀　2000〈廣州話語氣詞的語法化現象（發言提綱）〉,紀念王力先生百年誕辰語言學國際學術研討會（2000年8月14–16日，北京大學）.

高華年　1980《廣州方言研究》香港：商務印書館.

郭張凱倫・陸鏡光　1986〈粤語語調初探〉,《語文雜誌》第13期，32–40.

贺阳　1992〈试论汉语书面语的语气系统〉,《中国人文大学学报》第5期，59–66.

胡明扬　1987〈北京话的语气助词和叹词〉,《北京话初探》，74–107.北京：商务印书馆.

胡裕樹（主編）　1992《現代漢語》（增訂本）　香港：三聯書店.

黃卓琳　2014〈粤語複合助詞的研究〉香港中文大學中國語言及文學課程哲學博士論文，香港.

李新魁・黄家教・施其生・麦耘・陈定方　1995《广州方言研究》广州：广东人民出版社.

李炜　1993〈广州话研究与教学〉,《广州话研究与教学》，51–63.

梁慧敏　2016〈论粤语句末助词"啫"的主观性〉,《中国语文》第3期，339–348.

梁仲森　1992〈香港粤語語助詞的研究〉M.A.thesis, Hong Kong University of Polytechnic.（2005《當代香港粤語語助詞的研究》香港：香港城市大學語言資訊科學研究中心）.

刘丹青　2001〈汉语方言的语序类型比较〉,《现代中国语研究》第2期，24–38.

劉丹青　2013〈粤語"先"，"添"虛實兩用的跨域投射解釋〉,《*Breaking Down the Barriers: Interdisciplinary Studies in Chinese Linguistics and Beyond*》

(Cao Guangshun, Hilary Chappell, Redouane Djamouri and Thekla Wiebusch (eds.) 語言暨語言學系列50), 951–970.

刘丽艳　2011《汉语话语标记研究》北京：北京语言大学出版社.

陆镜光　2005〈汉语方言中的指示叹词〉,《语言科学》, 第4卷第6期, 88–95.

麦耘　1993〈广州话"先"再分析〉,《广州话研究与教学》, 63–73.

麦耘　1998〈广州话语调说略〉,《广州话研究与教学（第三辑）》, 269–279.

欧阳觉亚　1990〈广州话的语气助词〉,《王力先生纪念论文集》464–476. 商务印书馆.

歐陽偉豪　2004〈粵語起始助詞的研究〉,《中國語文研究》第2期, 44–62.

彭小川　2010《广州话助词研究》广州：暨南大学出版社.

齐沪扬　2002《语气词与语气系统》合肥：安徽教育出版社.

平田昌司（主編）　1998《徽州方言研究》（平田昌司・赵日新・刘丹青・冯爱珍・木津佑子・沟口正人（著））東京：好文出版.

森宏子　2007〈试论"不知（道）"的语法化〉, 张黎・古川裕・任鹰・下地早智子（主编）《日本现代汉语语法研究论文选》, 125–139. 北京语言大学出版社.

杉村博文　2006〈句尾助词"了"的语义扩张及其使用条件〉,《汉语教学学刊》第2辑, 87–98.

邵敬敏　1997〈"非疑问形式＋呢"疑问句研究〉,《语言学论丛》第19辑, 179–192.

石定栩　2009〈汉语的语气和句末助词〉,《语言学论丛》第39辑, 445–462.

施其生　1995〈论广州方言虚成分的分类〉,《语言研究》第1期（《方言论稿》广州：广东人民版社1996）

王晓梅・何元建　2016〈从语言接触看马来西亚华语疑问句尾的"的"字〉,《中国语文》第6期, 621–629.

伍巍　2007〈粵語〉,《方言》第2期, 167–176.

香港語言學學會粵語拼音字表編寫小組　2002《粵語拼音字表（第二版）》香港：香港語言學學會.

徐晶凝　2008《现代汉语话语情态研究》北京：昆仑出版社.

张斌（主编）　2010《现代汉语描写语法》北京：商务印书馆.

張洪年　1972《香港粵語語法的研究》香港：香港中文大學.

張洪年　2009〈Cantonese Made Easy：早期粵語中的語氣助詞〉,《中國語言學集刊》第3卷第2期, 131–167.

张谊生　2000《现代汉语虚词》上海：华东师范大学出版社.

周小兵　1993〈论广州话的语序〉,《广州话研究与教学》, 101–113.

〈欧文文献〉

Aikhenvald, Alexandra Y. 2004 *Evidentiality.* Oxford University Press.

Aikhenvald, Alexandra Y. 2016 Sentence types. In Jan Nuyts and Johan Van Der Auwera (eds.) *The Oxford Handbook of Modality and Mood*, 141–165.

Bauer, Robert S. and Benedict, Paul K. 1997 *Modern Cantonese Phonology.* Berlin: Mouton de Gruyter.

Beeching, Kate and Ulrich Detges. 2014 *Discourse Functions at the Left and Right Periphery: Crosslinguistic Investigations of Language Use and Language Change*. Leiden: Brill.

Blakemore, D. 1987 *Semantic Constraints on Relevance*. Oxford: Blackwell.

Bybee, Joan. 1994 The grammaticization of zero: Asymmetries in tense and aspect systems In William Pagliuca (ed.), *Perspectives on grammaticalization*, 235–254. Amsterdam: John Benjamins.

Bybee, Joan L, Revere D, Perkins and William Pagliuca. 1994 *The Evolution of Grammar: Tense, Aspect and Modality in the Languages of the World*. Chicago: University of Chicago Press.

Chao, Yuen Ren. 1947 *Cantonese Primer*. Harvard University Press.

Chao, Yuen Ren. 1965 *A Grammar of Spoken Chinese*. University of California Press.

Chappell, Hilary and Alain Peyraube. 2016 Modality and mood in Sinitic. In Jan Nuyts and Johan Van Der Auwera (eds.) *The Oxford Handbook of Modality and Mood*, 296–329.

Cheng, Siu-Pong. 2015 Cantonese zaa and ze: Focus function and discontinuous constructions.《第十八届国际粤方言研讨会论文集》(孙景涛・姚玉敏主编, 暨南大学出版社), 219–243.

Cheung, Hung-nin Samuel. 1992 The pretransitive in Cantonese.《中國境內語言暨語言學 第一輯》, 241–303.

Cheung, Kwan-hin. 1986 The phonology of present-day Cantonese. Doctoral thesis, University of London.

Cruse, Alan. 2011 *Meaning in Language: An Introduction* to Semantics and Pragmatics. 3rd edition. Oxford University Press.

Degand, Liesbeth, Bert Cornillie and Paola Pietrandrea. 2013 Modal particles and discourse markers: Two sides of the same coin? Introduction. In Degand Liesbeth, Bert Cornillie and Paola Pietrandrea (eds.), *Discourse Markers and Modal Particles*, 1–18. John Benjamins.

Egerod, Søren. 1984 Verbal and sentential marking in Indo-European and East Asian Languages. *Computational Analysis of Asian and African Languages* 22: 71–82.

Enfield, Nick. 2007 *A Grammar of Lao*. Berlin: Mouton de Gruyter.

Fox, Anthony., Kang. Kwong. Luke and Owen. Nancarrow. 2008 Aspects of intonation in Cantonese. *Journal of Chinese Linguistics* 36（2）: 321–367.

Fraser, B. 1996 Pragmatic markers. *Pragmatics* 6: 167–190.

Fung, Roxana Suk Yee. 2000 Final particles in standard Cantonese: Semantic extension and pragmatic inference. PhD dissertation, Department of East Asian Languages and Literatures, The Ohio State University.

Gibbons, J. 1980 A tentative framework for speech act description of the utterance particle in conversational Cantonese. *Linguistics* 18: 763–775.

Givón, Talmy. 1984 *Syntax: A Functional-Typological Introduction 1*. Amsterdam / Philadelphia: John Benjamins.

Hancil, Sylvie, Alexander Haselow and Margje Post. 2015a Introduction: Final particles from a typological perspective. In Hancil, Sylvie, Alexander Haselow and Margje Post (eds.). *Final Particles*, 3–35. Berlin: De Gruyter.

Hancil, Sylvie, Alexander Haselow and Margje Post (eds.). 2015b *Final Particles*. Berlin: De Gruyter.

Heine, Bernd and Heiko Narrog. 2015 Grammaticalization and linguistic analysis . In Bernd Heine and Heiko Narrog (eds), *The Oxford Handbook of Linguistic Analysis*, 401–423.

Heine, Bernd, Ulrike Claudi, and Friederike Hünnemeyer. 1991 *Grammaticalization: A Conceptual Framework*. Chicago: University of Chicago Press.

Hopper, Paul and Elizabeth C.Traugott. 1993 *Grammaticalization*. Cambridge: Cambridge University Press.

Huang, Chu-Ren and Dingxu Shi (eds.). 2016 *A Reference Grammar of Chinese*. Cambridge University Press.

Kwok, Helen. 1984 *Sentence Particles in Cantonese*. Centre of Asian Studies. University of Hong Kong.

König, Ekkehard. 1991 *The Meaning of Focus Particles: A Comparative Perspective*. London and New York: Routledge.

König, Ekkehard and Peter Siemund. 2007 Speech act distinctions in grammar. In Timothy Shopen (ed.), *Language Typology and Syntactic Description. Second edition. Volume I: Clause Structure*, 276–324.

Law, Sam-po. 1990 The syntax and phonology of Cantonese sentence-final particles. PhD dissertation, Boston University.

Lee, Thomas Hun-tak and Patricia Man. 1997 Notes on an evidential conditional particle in Cantonese. Paper presented at the 1997 Y.R. Chao Center Annual Seminar, City University of Hong Kong, Hong Kong.

Lee, Thomas Hun-tak and Carine Yiu. 1998 Final 'de' and 'ge3' -A nominalization analysis for cleft sentences in Mandarin and Cantonese. Paper presented on December 5–6, 1998, Annual Research Forum of Linguistics Society of Hong Kong.

Lee, Thomas Hun-tak and Ann Law. 2001 Epistemic modality and the acquisition of Cantonese final particles. In M. Nakayama (ed.), *Issues in East Asian Language Acquisition*, 67–128. Tokyo: Kuroshio Publishers.

Lehmann, Christian. 1995 *Thoughts on Grammaticalization*. (LINCOM Studies in Theoretical Linguistics 1.) Munich: LINCOM EUROPA.

Leung, Wai-mun. 2010 *On the Synchrony and Diachrony of Sentence-Final Particles - The Case of WO in Cantonese*. Lambert Academic Publishing.

Li, Boya. 2006 *Chinese Final Particles and the Syntax of the Periphery*. The Netherlands: LOT.

Luke, Kang Kwong. 1990 *Utterance Particles in Cantonese Conversation*. Amsterdam / Philadelphia: John Benjamins.

Luke, Kang Kwong and Owen Nancarrow. 1997 Modal particles in Cantonese:

A corpus-based study. Paper presented at the Annual Meeting of the Yuen Ren Society, March 24–25 1997, University of Washington.

Lyons, John. 1977 *Semantics* 2. Cambridge: Cambridge University Press.

Matisoff, J. 1973 *The Grammar of Lahu*. University of California Press.

Matthews, Peter. H. 1991 *Morphology*. (2nd edition) Cambridge: Cambridge University Press.

Matthews, Stephen and Virginia Yip. 1994, 2011 (2nd edition) *Cantonese: A Comprehensive Grammar*. London and New York：Routledge. (千 島 英 一・片岡新 訳 2000『広東語文法』東方書店)

Matthews, Stephen. 1998 Evidentiality and Mirativity in Cantonese: wo3, wo4, wo5! Proceedings of the International Symposium on Chinese Languages and Linguistics, Academia Sinica.

Norman, Jerry. 1988 *Chinese*. Cambridge University Press.

Onodera, O. Noriko. 2004 *Japanese Discourse Markers*. John Benjamins.

Ricaud, Philippe. 1992 La particule wõ et wǒ en cantonais. *Cahiers de Linguistique Asie orientale* 21–2: 291–308.

Sadock, Jerrold, M. and Arnold. M. Zwicky. 1985 Speech act distinctions in syntax. In Timothy Shopen (ed.) *Language Typology and Syntactic Description, Volume I, Clause Structure*, 155–196. Cambridge University Press.

Schiffrin, D. 1987 *Discourse Markers*. Cambridge: Cambridge University Press.

Searle, John R. 1976 A classification of illocutionary acts. *Language in Society* 5 (1): 1–23.

Sio, Joanna Ut-Seong. 2011 The Cantonese ge3. In Foong Ha Yap, Karen Grunow-Hårsta and Janick Wrona (eds.) *Nominalization in Asian Languages: Diachronic and Typological Perspectives*, 125–146. Amsterdam / Philadelphia: John Benjamins.

Sweetser, Eve E. 1990 *From Etymology to Pragmatics*. Cambridge University Press. (澤田治美訳 2000『認知意味論の展開』研究社)

Sybesma, Rint and Boya Li. 2007 The dissection and structural mapping of Cantonese sentence final particles. *Lingua* 117: 1739–1783.

Tse, Ming San Crono. 2015 On the Interaction between speaker's knowledge state and mai6 in Cantonese. Paper presented at the 20th International Conference on Yue Dialects, The Chinese University of Hong Kong, Hong Kong.

Wakefield, John C. 2010 The English equivalents of Cantonese sentence-final particles: A contrastive analysis. Doctoral dissertation, The Hong Kong Polytechnic University.

Wu, Wing-Li. 2008 An acoustic phonetic study of the intonation of sentence-final particles in Hong Kong Cantonese. *Asian Social Science*, Vol.4, No.2: 23–29.

Wu, Wing-Li. 2013 Cantonese prosody: Sentence-final particles and prosodic focus. Doctoral thesis, UCL (University College London).

Yap, Foong Ha, Ying Yang and Tak-Sum Wong. 2014 On the development of sentence final particles (and utterance tags) in Chinese. In Kate Beeching and Ulrich Detges (eds.), *Discourse Functions at the Left and Right Periphery: Crosslinguistic Investigations of Language Use and Language Change*, 179–220. Brill.

Yau, Shun-Chiu. 1980 Sentential connotations in Cantonese.《方言》1: 35–52.

Yiu, Yuk-man Carine. 2001 Cantonese final particles 'LEI', 'ZYU'and 'LAA': An aspectual study. Mphil thesis, The Hong Kong University of Science and Technology, Hong Kong.

Yue-Hashimoto, Anne. O. 2015 The Yue Language. In William S-Y. Wang and Chaofen Sun (eds.), *The Oxford Handbook of Chinese Linguistics*, 173–188. Oxford University Press.

例文出典一覧

　出典を括弧で記していないものは筆者の作例、あるいはネイティブによる作例である。また、インターネットで検索して得られた例文に適宜ネイティブチェックを入れたもの（本文中では（ネ）と表記）や、映画などの音声メディアに現れた例文も用いた。そのほか、広東語を用いて書かれた書籍からも例文を引用したが、本文中では略称を用いて言及した。以下がその出典一覧である。

(John)：《John & Mary》鄧藹霖　1988　博益出版集團有限公司（香港）

(阿 JAN ①)：《阿 JAN 日記①》阿 JAN　1989　友禾製作事務所有限公司（香港）

(財經)：《財經仔日記》何攻玉　1990　明窗出版社（香港）

(金融)：《金融小販》何攻玉　1990　明窗出版社（香港）

(係咩)：《係咩？唔係嘛！》謝芷靈　1990　香港周刊出版社（香港）

(電影)：『香港電影的廣東語』陳敏儀　1995　キネマ旬報社（東京）

(我和)：《我和春天有個約會》杜國威　1995　次文化有限公司（香港）

(小男人 上)：《小男人周記（上）（第二版)》阿寬　1996　皇冠出版社有限公司（香港）

(愛情)：《愛情觀自在》杜國威　1997　次文化有限公司（香港）

(誰)：《誰遣香茶挽夢回》杜國威　1998　次文化有限公司（香港）

(香港仔 4)：《香港仔日記4》黃霑　1998　文林社出版（香港）

(電影 2)：『香港電影的廣東語續集』陳敏儀　1998　キネマ旬報社（東京）

(誘惑・完)：《誘惑年月日 完結篇》鄭丹瑞　1998　商台製作有限公司（香港）

(梁祝)：《梁祝》杜國威　1998　文林社出版有限公司（香港）

(咪)：《鄭振初劇本集：《咪玩嘢》、《玩反轉》》鄭振初　1999　國際演藝評論家協會（香港）

(澳門)：《澳門當代劇作選》鄭煒明, 穆欣欣　2000　澳門基金會（澳門）

(讓我)：《讓我愛一次》杜國威　2000　皇冠出版社有限公司（香港）

(冬瓜)：《冬瓜・豆腐》關頌陽等　2000　糊塗戲班（香港）

（一籠）：《一籠風月》杜國威　2000　次文化有限公司（香港）

（閃）：《閃令令第六個》少爺占　2000　一本堂（香港）

（出租）：《新城廣播劇團—出租男人廣播劇文本》何利利　原創故事及文本　2001　新城動力 Multi-Metro Limited（香港）

（四）：《四點水廣播劇小說》少爺占　2001　商台製作（香港）

（好天氣）：《好天氣》少爺占　2001　商台製作（香港）

（愛才）：《愛才是力量：廣播劇文本》Henry Fong　2001　新城動力 Multi-Metro Limited（香港）

（903）：《903 巴治奧》林海峰, 小克編劇・原著　2002　商台製作（香港）

（19）：《19 歲—好天氣廣播劇小說續集》少爺占　2002　商台製作（香港）

（何家）：《何家爸爸何家媽》周曉　2003　商台製作有限公司（香港）

（男上）：《男上女下廣播劇小說》林海峰 卓韻芝　2003　商台製作有限公司（香港）

（八王子 01）：《八王子廣播劇小說（上集）》少爺占 王貽興　2005　青春文化事業出版有限公司（香港）

（八王子 02）：《八王子廣播劇小說（下集）》少爺占　2005　商台製作（香港）

（黃金 上）：《黃金少年 season1 上集》火火編劇　2006　青春文化事業出版有限公司（香港）

（黃金 下）：《黃金少年 season1 下集》火火編劇　2006　青春文化事業出版有限公司（香港）

（海盜）：《海盜啤》葉文輝 徐逸珊　2006　青春文化事業出版有限公司（香港）

（森）：《森之愛情》森美　2007　青春文化事業出版、商台製作（香港）

（落雨路）：《落雨路》少爺占　2007　青春文化事業出版有限公司（香港）

（自修室）：《自修室，學界嘅蘭桂坊》少少肥　2015　日閱堂出版社（香港）

索　引

A–Z

-k 韻尾　46, 47, 138, 256
SVO 語順　16
wh 疑問文　61, 79, 80, 209, 212, 213, 223
yes-no 疑問文　61, 63, 64, 125, 212
　→正反疑問文

あ

あいまい母音　44, 174

い

異化　42
一時的　176, 221
一方向型伝達　96
意味の希薄化　229, 231
依頼　113
イントネーション　244, 252, 253, 262
　上昇——　107, 210, 244
　上昇下降——　184, 189, 244
韻尾　15, 29, 256
韻腹　15
韻母　15
引用　85, 89, 92, 209

う

疑い　128, 131, 142

え

粤語　1

お

思い惑い　128
音韻形態　28, 251
音声的調整　46, 47, 138, 165
音節構造　15
音調　253, 254

か

カートグラフィー　29, 35
蓋然性　121
階層構造　226, 227, 228
会話組織化　31, 243
会話分析　30
確認要求　98, 119, 120, 133
仮想（発話の）引用　85, 92, 210
語り　101
かばん形態素　158-160, 181-183
間投詞　55, 131, 240, 241

き

聞き手情報依存　96, 128
聞き手反応伺い　260
聞き手目当て　137, 226, 234, 261
聞こえ度　81, 252
疑似的文末助詞　251, 263
既知　102, 132, 214
既定値　52, 211
機能拡張　55, 58, 191
機能語　229, 237
義務度　261
疑問文　61, 116, 128
逆接　156, 184

289

共通認識 97

け

形式 9
軽声 16, 44

こ

語彙的意味 58
恒常的 176, 220
構造助詞 16, 48, 49, 172-174, 180
拘束形式 44, 45, 54
語気（助）詞 7, 240
語気副詞 240, 241
語根 46, 228
語声調 253, 256
語類 1, 6

さ

再分析 210, 232
三重連鎖 53

し

時間軸 148, 167
時間的安定性 181, 219
質問 21, 65, 66, 83, 123, 157, 261
自明 117, 141
尺度 152
自由形式 44, 45, 54, 217
終助詞 3, 5, 239
　アジア言語の―― 6, 7, 266
　ヨーロッパ言語の―― 7, 266
周辺形式 39, 54
周辺部 6, 8, 265, 267
　右の―― 6, 267, 277
終了位置 5, 6, 226, 243, 267
縮約 41, 173
主題 75, 85, 127
受容 82, 86, 258, 260
証拠性 86, 88-91, 266

焦点 152, 173, 203, 223
譲歩 156, 184
情報価値 73, 74, 81
情報の一致 257
省略疑問文 141
処置構文 16
序列 152, 167
指令 21, 66, 100, 201
心態詞 266
シンタグマティック 32, 43, 45

す

スコープ 90, 237, 243
勧め 100, 113, 136

せ

生起環境の広がり 229, 231
声調 15, 252, 253
正反疑問（文）61, 63, 125, 212, 213,
　222, 223 →yes-no疑問文
声母 15
責任逃れ 93
節 8
接辞 44, 54
接続助詞 263
ゼロ 219, 221 →無標
ゼロ形式 220, 232 →無標形式
宣言 181, 231
選択疑問文 61

そ

相対定位 167

た

対人的 138
対命題的 120, 122, 123, 126, 138
対話 137, 241
高い音域 257
高下り（音）調 47, 125, 138, 257, 258

高平ら調　257
脱範疇化　229
単用　52
談話標識　74, 241, 242, 246

ち

中音域　44
中国語（諸）方言　13, 16, 58, 141
中心形式　38
中立の質問　63
陳述　21, 66

て

提案　64, 65, 99, 111, 136
手続き的意味　5
伝達態度　137, 161, 181, 221, 225, 240, 243
伝聞　89, 90

と

同意　97
同意形成型伝達　97
同化　40, 41
統合度　142, 245
動詞（句）末助詞　18, 55, 193, 204, 220
遠ざけ　90, 91
独話　235, 262　→独り言
取り立て　152

な

内容語　38, 55
「なぜ」疑問文　212

に

二重連鎖　53
認識的態度　117

は

ハイブリッド型　54
裸の文末　262
発話行為　23, 64, 201, 207
発話行為理論　23
発話場　137, 176, 226
パラディグマティック　32, 43, 46
反語　81, 91
範疇　221
　上位概念——　218

ひ

低い音域　259
低いランク付け　152
独り言　78, 79, 129　→独話

ふ

付加疑問　243, 245
分節音　28, 59
文法化　55, 58, 191, 220, 229, 248
文法化型　55, 191
文類型　21, 22, 60, 61
分裂文　173

へ

平叙文　62
返答　157, 207

む

無標　219, 221　→ゼロ
無標形式　220, 232　→ゼロ形式

め

名詞化　180, 181, 210
名詞化標識　48, 173, 263
命令文　62, 116

も

モダリティ 241

ゆ

誘導 95, 134

よ

呼びかけ 73, 245

り

留保 185

れ

列挙 76, 102
連鎖 3　→連用
連体修飾 48, 172
連用 3, 40, 52　→連鎖

ろ

ローマ字表記 15

飯田真紀（いいだ まき）

略歴

北海道大学大学院メディア・コミュニケーション研究院准教授。東京外国語大学外国語学部中国語学科卒業。東京大学大学院人文社会系研究科博士課程修了（2005 年）。博士（文学）。2000 年から約 2 年間、香港中文大学中国文化研究所にて客員研究助手を務めた。2006 年より現職。

主な著書

『NHK テレビ アジア語楽紀行―旅する広東語』（2006 年、日本放送出版協会、監修・執筆）、『ニューエクスプレス広東語』（2010 年、白水社、単著）、「広東語」『事典 世界のことば 141』（2009 年、大修館書店、分担執筆）、「共通語と方言―バイリンガリズム」『中国文化事典』（2017 年、丸善出版、分担執筆）。

ひつじ研究叢書〈言語編〉第 158 巻

広東語文末助詞の言語横断的研究

Cantonese Sentence-Final Particles
from a Cross-Linguistic Perspective
Iida Maki

発行	2019 年 3 月 12 日　初版 1 刷
定価	8400 円 + 税
著者	© 飯田真紀
発行者	松本功
ブックデザイン	白井敬尚形成事務所
印刷所	日之出印刷株式会社
製本所	株式会社 星共社
発行所	株式会社 ひつじ書房

〒 112-0011　東京都文京区千石 2-1-2 大和ビル 2 階
Tel: 03-5319-4916　Fax: 03-5319-4917
郵便振替 00120-8-142852
toiawase@hituzi.co.jp　http://www.hituzi.co.jp/

ISBN978-4-89476-958-8

造本には充分注意しておりますが、落丁・乱丁などがございましたら、小社かお買上げ書店にておとりかえいたします。
ご意見、ご感想など、小社までお寄せ下されば幸いです。

刊行のご案内

アムド・チベット語文法

海老原志穂 著　定価 8,800 円＋税

刊行のご案内

〈神奈川大学言語学研究叢書　3〉

古代中国語のポライトネス
歴史社会語用論研究

彭国躍 著　定価 4,800 円 + 税

〈神奈川大学言語学研究叢書　8〉

現代中国語の意味論序説

松村文芳 著　定価 5,000 円 + 税

刊行のご案内

〈真田信治著作選集　シリーズ日本語の動態　第 1 巻〉

標準語史と方言

真田信治 著　定価 1,800 円 + 税

〈真田信治著作選集　シリーズ日本語の動態　第 2 巻〉

地域・ことばの生態

真田信治 著　定価 1,600 円 + 税

〈真田信治著作選集　シリーズ日本語の動態　第 3 巻〉

アジア太平洋の日本語

真田信治 著　定価 1,800 円 + 税